LA
MER LIBRE DU POLE

J. HAYES, Isaac Israel

LA
MER LIBRE
DU POLE

ABRÉGÉE

PAR J. BELIN-DE LAUNAY

SUR LA TRADUCTION
DE M. F. DE LANOYE
Et contenant une carte et 14 gravures sur bois

PARIS
LIBRAIRIE HACHETTE ET Cⁱᵉ
BOULEVARD SAINT-GERMAIN, 79

1872
Tous droits réservés.

INTRODUCTION

C'est récemment qu'on a séparé la recherche de la mer libre du pôle boréal et celle du passage qui, en prenant au nord, devait permettre aux commerçants des nations placées dans le nord-ouest de l'Europe de parvenir à ces régions de l'Inde et du Cathay où leurs rivales du sud-ouest, maîtresses des routes méridionales, avaient fait une si éclatante et si rapide fortune. Il a fallu, pour renoncer à l'espoir de trouver une route septentrionale, qu'on eût découvert le passage désiré et qu'on se fût convaincu qu'il n'était pas praticable à la navigation. Alors, satisfaite de ce côté, la curiosité humaine, dans son insatiable nature, s'est tournée vers le pôle : elle s'est contentée de prendre pour prétexte de raison les investigations scientifiques et a voulu savoir l'état des mers polaires du nord en se leurrant passionnément de l'espoir qu'elles sont plus navigables que les détroits connus. Ainsi une idée a succédé à l'autre; mais, comme la première a seule rendu possible la seconde, on nous permettra bien, en suivant l'ordre naturel de ces deux pensées, de commencer par rappeler ici les tentatives des siècles antérieurs, puisqu'elles ont donné naissance à celles d'aujourd'hui. Beaucoup des hommes courageux qui s'y sont dévoués y ont trouvé la mort; mais, comme il faut toujours mourir, le mieux est encore de se préparer une fin qui couronne une honorable et laborieuse existence, employée à l'avancement de la science et de la civilisation.

Le premier, Christophe Colomb, chercha le passage occidental vers les Indes et le Cathay. Il y échoua, mais rencontra le Nouveau Monde (1492).

Jean Cabot, navigateur vénitien, fut le premier que l'Angleterre chargea de chercher le passage par le nord-ouest; il descendit jusqu'au 56e parallèle septentrional et trouva Terre Neuve (1497).

En 1500, le Portugal, non content de la route orientale que Vasco de Gama, revenu l'année précédente, lui avait ouverte jusqu'aux Indes en doublant l'Afrique méridionale, dépêcha, sur les traces de Cabot, Gaspard de Cortereal. Celui-ci retrouva Terre Neuve, découvrit le golfe de Saint-Laurent et ce qu'il prit pour une terre propre au labour, le *Labrador*. Il la côtoya jusqu'à un détroit qu'il appela d'Anian et qu'on croit être le détroit de Hudson; mais, l'année suivante, s'étant engagé beaucoup plus vers le nord, il y disparut pour n'en jamais revenir.

Une trentaine d'années plus tard, la France, avec l'espoir de lutter aussi sur mer et dans les Indes contre la domination de l'empereur Charles Quint, envoyait à son tour Jacques Cartier. Celui-ci, après avoir contourné Terre Neuve, examiné le golfe et remonté le fleuve de Saint-Laurent, y conduisait en 1540 la première colonie qu'ait eue la France.

De nouveaux essais dans cette direction n'ayant pas réussi, l'Angleterre chercha vers le nord-est. Sir Hugh Willoughby, en 1553, allait périr près du hâvre de Kegor et de l'île Kilduyn, sur la côte orientale de la Laponie; mais son pilote Chancelor atterrissait en Russie et se rendait à Moscou. Un autre de ses compagnons, Burrow, en 1556, débarqua dans l'île de Waïgatch et aperçut la Nouvelle Zemble.

Cependant Martin Frobisher retournait vers l'ouest et trouvait le cap Farewell à l'extrémité méridionale du Groënland (1576); les années suivantes, il descendait le long des terres qui sont au nord du Labrador jusqu'au 63e parallèle, les appelait *meta incognita* (la limite inconnue), et s'efforçait inutilement de pénétrer dans le détroit qui porte aujourd'hui son nom.

Davis, dès 1585, avait trouvé la terre de Cumberland et parcouru le bras de mer auquel son nom est resté. L'année suivante, il alla au 70e parallèle. En 1587, après avoir vu l'île Disco, il dépassait le 72e, revenait vers le sud-ouest, et appelait cap Chidley celui qui termine le Labrador au nord-est.

Lancaster, en 1591, retourna jusqu'à ce cap; mais ne le dépassa guère.

Alors les Hollandais reprirent la recherche par le nord-est. Une expédition partit sous les ordres de J. van Heemskerck, ayant pour pilote W. Barentz. Elle crut avoir dépassé le 84e parallèle ; mais vraisemblablement elle n'alla pas plus haut que le Spitzberg, dont elle parcourut l'archipel, puis, revenant vers le sud-est, elle longea toute la côte occidentale de la Nouvelle Zemble, en doubla l'extrémité septentrionale et fut contrainte d'hiverner sur la côte nord-est. Elle redescendit à l'île de Waïgatch, puis suivit les côtes moscovites et lapones, et enfin rencontra à Kilduyn, près de l'endroit où était mort Willoughby, trois navires hollandais qui rapatrièrent ses malheureux débris. Le voyage avait duré du mois de mai 1596 au mois de novembre 1597. On avait remarqué avec étonnement qu'au 80e parallèle, dans le Spitzberg, poussaient des graminées et du trèfle, et que les rennes s'en nourrissaient, tandis que, dans la Nouvelle Zemble, qui se termine à une dizaine de degrés plus au sud, il n'y avait aucune herbe et l'on ne rencontrait que des animaux carnivores (1).

---

(1) Le tome IV des *Voyageurs anciens et modernes*, par M. Charton, donne la relation complète de ce voyage avec des gravures et des cartes, excellentes à consulter.

Le xvi⁰ siècle était donc parvenu dans l'ouest entre la *meta incognita* de Frobisher et le Groënland danois au 72⁰ parallèle ; dans l'est, il avait reconnu l'île de Waïgatch et la Nouvelle Zemble qui atteint le 78⁰, et, dans le nord, en visitant le Spitzberg, il croyait avoir navigué jusqu'au 84⁰, mais avait certainement dépassé le 80⁰. Enfin il se terminait par l'observation et par la preuve, que nous venons de citer, de l'adoucissement de la température dans une certaine partie des mers polaires.

Le siècle qui le suivit fut plus stérile en tentatives arctiques.

Il s'ouvre par une revendication du Danemark qui se rappelait, un peu tard, qu'au xi⁰ siècle il avait dominé dans ces parages. L'amiral Lindenau visita la côte orientale du Groënland, descendit au nord jusqu'au 69⁰ parallèle et remarqua, dans le détroit de Davis, l'existence de deux courants dont l'un portait au nord et l'autre au sud.

Presque à la même époque, l'Angleterre mettait sous les ordres de Henry Hudson trois expéditions pour chercher le passage septentrional à la fois par le pôle, par le nord-est et par le nord-ouest. Hudson ne put pas franchir les mers du Spitzberg, bien qu'on ait aussi prétendu de lui qu'il avait, sur son navire, été au-delà du 81⁰ parallèle; il ne réussit pas mieux vers le nord-est, et, reprenant la direction opposée, il passait près de l'Islande, louvoyait en vue du Groënland du 70° au 59°, apercevait le Labrador, puis s'enfonçait dans le détroit qui porte son nom et où il mourait, abandonné par son équipage mutiné, en 1611.

La tenacité anglaise fit reprendre cette route par Th. Bulton en 1612 et, en 1615, par Bylot, qui atteignit 65° 25′, dans le détroit de Davis.

Dès l'année suivante, Bylot y retournait avec W. Baffin pour pilote. C'est alors qu'il découvrit le golfe des Cornes (Horn-sound) et la baie de la Baleine (Whale-sound), très-voisine de l'anse à laquelle Hayes devait, deux siècles plus tard, imposer le nom de Port Foulke. Il vit le détroit de Lancastre, et en un mot parcourut à peu près entièrement la mer que la postérité appelle la mer de Baffin.

Ce très-important voyage termina les explorations du xvii° siècle. Le découragement causé par l'échec d'espérances si persévérantes est-il une des causes de ce long temps d'arrêt? C'est possible; mais il faut se souvenir que, d'une part, l'Angleterre entrait dans sa période révolutionnaire et que, de l'autre, l'Europe, en 1618, ouvrait cette interminable série de guerres qui, commencée par celle de Trente Ans, avec la défénestration de Prague, ne se termina, avec les traités d'Utrecht (1713), que par celle de la Succession d'Espagne.

En somme, le xvii° siècle n'avait fait de progrès réels que ceux qu'il devait à Bylot et à Baffin, parvenus au détroit de Lancastre et à l'entrée du détroit de Smith. Le xviii° en fera-t-il plus?

Non; pas précisément; de ce côté du moins, et en naviguant.

Une nouvelle nation prend alors sa part de ces recherches : la nation russe, tirée de la barbarie par ses grands souverains, qui la violentent mais qui la poussent au niveau de ses devancières. Elle était appelée évidemment, par l'habitude de ces climats, par sa légitime ambition et par sa situation géographique, à s'en occuper avec beaucoup de chances de succès et un intérêt personnel bien facile à comprendre.

Le Danois Behring, au service du tzar Pierre-le-Grand, s'il ne franchit pas le détroit auquel on a donné son nom, acquit du moins la conviction, en 1728, que l'Asie était séparée de l'Amérique.

Morovieff, parti d'Arkhangel, sortit de la Mer Blanche en 1734, traversa l'année suivante le détroit de Waïgatch, mais ne réussit pas à doubler le cap qui sépare la mer de Kara et le golfe de l'Obi. Schurakoff pénétra du même côté dans ce golfe en 1738, tandis que Koskeleff et Offzin en sortaient et réussissaient à entrer dans l'Ienisséï; mais Menin, qui voulut partir de l'Ienisséï pour arriver à la Léna, ne put trouver aucun passage dans les glaces, et l'on sait dans quels héroïques efforts s'est, plus tard, épuisé vainement le lieutenant Prondtschikoff pour doubler le Severovostochnoï. Cependant, dès 1735, Routshiftcheff avait déjà au rebours voulu partir de la Léna pour aller à l'Ienisséï; l'année suivante, il était entré dans l'Anabara, avait remonté le golfe de Khathangha et, après avoir doublé le Severovostochnoï, était entré dans le golfe de Taïmour ; mais il fut forcé de revenir sur sa route antérieure.

L'ensemble de ces voyages, s'il n'établissait pas l'utilité pratique et commerciale des découvertes, avait du moins fait à peu près connaître le littoral depuis la Léna jusqu'à la Mer Blanche. Quant à l'est de la Léna, jusqu'à la Kolyma, le passage semble rester praticable l'été. Est-ce parce qu'il est couvert au nord par les îles Liakhoff, qui arrêteraient les glaces polaires? L'hypothèse n'a aucune certitude.

Dans la seconde moitié du siècle, Schalauroff, de 1761 à 1763, parvint en effet, en longeant la banquise, de la Léna à la Kolyma, et si, comme on le croit, il périt massacré avec son équipage par les Tchoukchis du golfe de l'Anadyr, il avait en fait réussi à passer de l'Océan Glacial dans la mer de Behring.

C'est l'époque même où Synd venant du sud reconnaissait, au centre du détroit de Behring, entre le cap Oriental d'Asie et le cap du Prince de Galles en Amérique, les îles de Saint-Diomède.

Quant aux Liakhoff que nous indiquions tout à l'heure, elles ne furent connues que quelques années plus tard, de 1770 à 1775, lorsque la curiosité y mena le hardi chasseur dont elles ont retenu le nom. Celui-ci d'abord s'y rendit en passant la mer dans son traîneau. Il put ensuite naviguer au nord de ces îles par

76° de latitude boréale et y trouva l'eau fort salée, avec un courant venant de l'est. Ces plages étaient alors couvertes de bois flotté, et l'île de Kotelnoï, l'une d'elles, avait conservé en grandes quantités des restes de mammouths et d'autres animaux antérieurs aux temps historiques.

Le siècle se termine pour les Russes par le voyage de Billings qui, reprenant la route de Schalauroff, à l'extrémité la plus orientale qui en fût certainement connue, partit de la Kolyma et cingla vers le nord-est en essayant de descendre vers le pôle, mais toujours repoussé vers le continent. L'eau marine resta douce jusqu'à la pointe Barrow, sur la côte américaine, où elle redevint complétement salée quand les vents soufflaient du nord-est. On y voyait des phoques et des baleines, et Billings rentra dans la Kolyma persuadé qu'il avait été jusqu'à l'entrée d'une communication avec l'Atlantique.

On le voit, la part des découvertes dues aux Russes fut alors considérable. Ils avaient fait connaître au monde savant tout le littoral septentrional de l'Asie et le détroit de Behring.

Leurs seuls rivaux dans ces parages sont, à cette époque, les Anglais, dont les voyages généralement accomplis à pied ou en traîneau appartiennent à la seconde moitié du xviii° siècle. Les plus remarquables sont ceux de Hearne et de Mackenzie. Le premier, voyageant pour le compte de la Compagnie de la baie ae Hudson, se dirigea obstinément vers le nord pendant les années 1769, 70 et 71, vit l'embouchure de la rivière de la Mine de Cuivre et parvint à 71° 54' latitude nord, à quelques kilomètres à l'est de la baie qu'on appelle aujourd'hui baie de Franklin. Le second, en 1789, descendit le fleuve Mackenzie jusqu'à son embouchure dans l'Océan Glacial et, en 1792, après avoir remonté la rivière de la Paix et traversé les Montagnes Rocheuses, il arriva sur le bord de l'Océan Pacifique, en face de l'île Quadra et Vancouver. L'une de ces deux routes ne semblait pas alors beaucoup plus praticable que l'autre.

Par mer, nous comptons trois voyages remarquables ceux de Phips en 1773, de Cook en 1778 et de Clerke en 1779.

Phips trouva dégagées de glace les côtes occidentales et septentrionales du Spitzberg, comme Barentz les avait vues ; il chercha inutilement une ouverture dans la banquise, qui se tenait immobile à plusieurs kilomètres du littoral, et il observa à perte de vue, dans le nord et dans l'est, l'apparence d'une plaine de glace semblant assez unie pour que les voitures y pussent voyager.

Quant au célèbre Cook, il tenta de descendre vers le pôle par le détroit de Behring. M. G. Lambert pense que, si une mort prématurée n'avait pas arrêté cet habile navigateur, le pôle septentrional aurait été visité, connu, depuis un siècle. Cependant Cook, après avoir doublé, le 10 août 1778, le cap du Prince de Galles, fut arrêté, le 17, par une plaine de glace située à 70° 45' latitude nord. Elle était aussi compacte qu'un mur et, s'élevant de trois à quatre mètres au-dessus de l'eau, devait avoir une épaisseur d'une vingtaine de mètres. Il la côtoya sans y trouver de passage, constata que, à mesure qu'elle s'éloignait de l'Amérique, elle inclinait au sud jusqu'à la côte d'Asie, et, craignant d'être enveloppé, il revint au détroit de Behring, bien persuadé que « le soleil ne parvient pas à fondre les glaces polaires, dont il doit rester toujours un immense fonds en réserve. »

Pourtant Clerke reprit cette tentative en 1779 ; mais toute sa persévérance ne le conduisit pas à dépasser le 70e parallèle 26'. La banquise était aussi puissante que Cook l'avait vue, et Clerke écrivit : « Il est hors de toute vraisemblance que le reste de l'été puisse fondre cet amas prodigieux de glace... Je crois donc qu'il n'y a rien de mieux à faire que de chercher s'il n'existe pas d'ouverture qui permette de longer la côte d'Asie... » A peine arrivé en vue de ce littoral, Clerke y mourut d'épuisement, après avoir signalé à ses équipages de reprendre la route du détroit de Behring et de l'Angleterre.

En résumé, durant le xviiie siècle, les Russes avaient relevé la côte septentrionale de l'Asie et découvert le détroit de Behring ; les Anglais, qui étaient entrés dans la mer polaire par cette route, l'avaient trouvée barrée au nord par une énorme banquise et n'avaient pas su reprendre dans l'ouest les passages qui s'étaient séparés devant les Russes. Du côté du Spitzberg, la muraille de glace était de dix degrés plus rapprochée du pôle que vers le détroit de Behring, mais elle s'y montrait tout aussi infranchissable. Enfin les voyages de Hearne et de Mackenzie avaient démontré que l'Amérique du nord était tout continentale, depuis la baie de Hudson jusqu'à l'Océan Pacifique et aux eaux glaciales du pôle nord. Rien de nouveau n'ayant été fait ni vu dans la mer de Baffin, on en était de ce côté resté aux connaissances publiées par le xvii° siècle.

Voilà où l'Europe en était lorsqu'éclata la révolution française qui arrêta ces recherches, comme elles l'avaient été déjà par les autres guerres gigantesques qui avaient occupé les trois quarts du xvii° siècle. Elles ne recommencèrent que quand la paix fut rétablie, et elles donnèrent lieu d'abord à trois voyages remarquables, ceux du Russe Kotzebue, du Danois Henderson et de l'Anglais Franklin.

Kotzebue, dans le premier voyage qu'en qualité de commandant il fit autour du monde, de 1815 a 1818 pénétra dans le détroit de Behring, l'étudia mieux qu'il ne l'avait encore été et découvrit au nord du cap de Prince de Galles le golfe qui porte son nom.

Henderson est, dit-on, le premier qui ait vu la Polynie ou Mer Libre que les cartes de MM. Hayes et Lambert mettent au nord des îles Liakhoff.

Franklin, recommençant les voyages de Hearne et de Mackenzie, descendit deux fois vers l'Océan Glacial, en 1819-22 et en 1825-27. La première, il fit, le long d'un rivage parfaitement libre de glace, environ mille kilomètres; la seconde, s'étant porté à la rencontre de Beechey, qui arrivait du détroit de Behring, il fut obligé de revenir sur ses pas, comme l'autre le fit, au moment qu'ils n'étaient plus qu'à deux cents kilomètres l'un de l'autre. On doit à Franklin et à son lieutenant Richardson la connaissance du littoral depuis le cap Back jusqu'au cap Turnagain ou du Retour.

Durant ces voyages, en partie pédestres, plusieurs expéditions importantes avaient eu lieu.

Scoresby, dans sa jeunesse et jusqu'à 1820, où, après avoir publié ses intéressants *Voyages arctiques*, il prit le grade de docteur en théologie et entra dans les ordres; Scoresby avait, à la poursuite des baleines, fait une douzaine de navigations polaires du côté du Spitzberg. Il était parvenu au 81e parallèle 30', c'est-à-dire à la plus avancée latitude scientifiquement constatée qu'on eût encore atteinte avec un navire. Familiarisé depuis ses premières années avec les phénomènes polaires au milieu desquels il avait vécu pour ainsi dire, il n'hésitait pas à considérer les ouvertures qui se font dans les glaces du Spitzberg comme des indices d'une mer libre existante aux environs du pôle.

Ed. Parry, après avoir été en 1818 jusqu'au 70e parallèle, hiverna en 1819 à l'île Melville et tenta vainement de passer entre cette île et la Terre de Banks.

La navigation dans ces parages ne lui parut possible qu'à la condition de profiter des passages qui s'ouvrent occasionnellement entre la terre et la glace, d'où il concluait, pour cette navigation, à la nécessité de longer continûment un littoral. De 1821 à 1823, il découvrit l'archipel Parry et proclama l'existence d'une mer libre dans le détroit de Wellington, tout près de l'endroit où Belcher devait, trente ans plus tard, être pris dans les glaces. En 1825, il suivit la côte depuis le cap des Glaces jusqu'à l'embouchure de la Mackenzie. Alors, ayant quatre fois échoué dans ses essais de découvrir le passage du nord-ouest, il se rendit au Spitzberg, en 1827, pour se lancer sur la plaine glaciale qu'avait cru voir Phips. Avec l'aide de ses bateaux-traîneaux, il arriva au 82° 45'; d'autres disent au 84° parallèle ; mais en même temps il était parvenu à une vaste mer libre où flottaient à peine quelques glaçons isolés, et depuis quelques jours il s'était aperçu que son champ de glace dérivait vers le sud plus rapidement que lui et ses gens ne marchaient vers le nord. Parry rebroussa donc chemin. La glace se brisa sous lui, le laissant à la dérive du courant sur la mer libre, et il se hâta de rentrer dans son navire après une absence de soixante et un jours. La banquise vue par Phips au nord du Spitzberg pouvait donc n'être qu'une ceinture relativement peu large.

De 1820 à 1824, l'amiral russe Wrangell, alors simple lieutenant, marcha pendant quarante-six jours sur la glace jusqu'à 72° 2'. Ayant aperçu vers le nord une chaîne de montagnes, il désira s'y rendre; mais la glace sur laquelle il était se dégagea et il erra cinq jours entraîné sur une mer libre; après quoi, son glaçon se souda à une banquise. Au nord comme à l'est des îles Liakhoff, ne s'arrêtant jamais qu'à l'extrême bord des glaces solides, il a souvent rencontré la glace nouvelle et pourrie. Suivant les uns, ce ne sont que des fissures dans la calotte glaciaire qui recouvre le pôle ; suivant les autres, c'est la mer libre qui existe environ à 500 kilomètres au nord des îles Liakhoff. « Les entreprises de Wrangell, dit Hayes (1), prouvent qu'en toute saison la mer reste ouverte au nord. Lui et ses compagnons furent invariablement arrêtés par les eaux, et l'existence de la Polynia ou mer libre, au nord des îles de la Nouvelle Sibérie, est maintenant un fait aussi bien établi que celui de la pente des rivières vers l'Océan. » Si ces déductions sont erronées, si ces considérations sont fausses, comment l'erreur n'a-t-elle pas été irréfragablement prouvée? *Le voyage le long de la côte septentrionale de la Sibérie et sur la mer glaciale* a été publié en allemand, à Berlin, en 1839, et son auteur a vécu de longues années depuis lors, puisqu'il n'est mort qu'en juin 1870, à Dorpat, en Russie.

Nous avons déjà nommé Beechey, à l'occasion de Franklin. Deux fois, dans le voyage autour du monde

---

(1) Page 200 du présent volume.

que Beechey accomplit de 1825 à 1828, il franchit le détroit de Behring, et navigua le long des côtes de l'Amérique jusqu'à ce que les glaces l'eussent obligé à retourner passer l'hiver dans l'Océan Pacifique. Il a relevé et corrigé le contour du littoral depuis le cap du Prince de Galles jusqu'à la pointe Barrow.

Sir J. Ross, de 1829 à 1833, a étudié le détroit du Prince Régent, reconnu le golfe et l'isthme de Boothia, qui ferment le passage cherché de ce côté. Un autre résultat plus considérable de ce voyage, c'est la fixation, en 1830, par J. C. Ross, neveu de sir John, du pôle magnétique à 70° 5′17″ latitude nord et environ à 101° de longitude occidentale. Or, si le pôle magnétique n'indique pas absolument l'existence du plus grand froid ; si même, dans l'hémisphère boréal, on prétend connaître deux pôles de froid, il n'en est pas moins vrai que ces pôles de froid sont situés à peu près sur le parallèle où a été constaté le pôle magnétique et que, l'un d'eux étant au nord de l'Asie non loin des îles Liakhoff, l'autre oscille dans les îles occidentales de l'archipel polaire, conséquemment tout près du pôle magnétique reconnu par J. C. Ross.

Arrêtons-nous et indiquons en somme ce qu'avait jusqu'ici produit le travail du xixe siècle. Dans l'est, on connaissait à peu près jusqu'au 101° de longitude occidentale. Dans le nord, l'archipel Parry. Dans l'ouest, la côte de l'Amérique était dessinée du cap du Prince de Galles à la baie Franklin (130° long. occidentale). La mer libre, vue par Henderson au nord des îles Liakhoff, devinée par Scoresby à 81° 30′ vers le Spitzberg, a été vue dans les mêmes parages par Parry à 82° 45′; et retrouvée au nord des îles Liakhoff à 72°2′ par Wrangell. Enfin le pôle magnétique et les pôles du froid sont calculés et placés au sud de ces flots de la mer libre, vers 70° 5′17″ de latitude nord.

C'est alors qu'eut lieu le dernier voyage de Franklin qui fut l'occasion d'une série d'entreprises dont le résultat principal a été qu'elle compléta la découverte du passage nord-ouest.

Depuis le 12 juillet 1845, que sir J. Franklin était dans le détroit de Lancastre, deux ans et demi s'étaient écoulés sans qu'on eût reçu de lui aucune nouvelle. Lady Franklin mit alors toute sa fortune à la disposition de ceux qui voudraient se dévouer à rechercher son mari. De son côté, l'Amirauté anglaise fit des expéditions et promit des récompenses considérables. Les États-Unis, que stimulait le président Polk, en firent autant. Le Prince Albert, la Compagnie de la baie de Hudson, une foule de particuliers et, parmi eux, le négociant Grinnell de New-York, vinrent, par des souscriptions et des sacrifices pécuniaires, à l'aide du dévouement des marins et des voyageurs. Il y eut un admirable élan, une rivalité d'héroïsme aussi consolante que digne d'éloges, à ne considérer que les sentiments, mais qui en outre fut l'occasion de nombreuses découvertes géographiques.

En 1848, Kellett et Moore se dirigèrent par le détroit de Behring, sir J. C. Ross et Bird, par les détroits de Lancastre et de Barrow, vers l'endroit où l'on supposait pouvoir apprendre des nouvelles de Franklin. L'expédition de Ross eut peu de résultats. L'autre découvrit en 1849 les îles Kellett et fut empêchée par la tempête d'atteindre des terres situées plus au nord, mais dont on voyait le rivage et les pics élevés. L'année suivante, la glace, descendue vers le sud, mit obstacle à la reprise des investigations de l'année précédente.

Penny et Steward, partis en 1850 avec Austin et Ounnaney, hivernèrent sur l'île Beechey, à l'entrée du canal Wellington, et de là lancèrent dans tous les sens sur la glace des expéditions divergentes. Tandis que l'une d'elles, dépassant l'île Melville, arrivait à la terre du Prince Patrick, deux autres, commandées par Penny et Steward, exploraient en allant au nord le canal Wellington. Tout à coup Steward fut arrêté par des eaux libres qui emplissaient le canal de la Reine, au nord de l'île Baillie-Hamilton; et Penny, qui contournait la même île, fut également arrêté. Revenu en hâte à bord de son bâtiment, il réussit à faire traîner sur la glace un canot avec lequel il explora les deux rives du canal de la Reine. En somme, les glaces qui retenaient les navires dans le canal Wellington furent pour lui les seuls obstacles à ce qu'il naviguât sur ces eaux libres.

Mac Clure et Collinson, officiers pleins d'énergie et de persévérance, passent en 1850 par le détroit de Behring. Le premier atteint d'abord les îles Kellett; mais partout arrêté par les glaces, où ne pouvaient pénétrer que les légers kayaks des Esquimaux, qui restent permanentes à vingt ou vingt-cinq kilomètres du continent où elles s'appuient à la Terre de Banks (îles Baring et du Prince Patrick), il a navigué vers le nord-est. Après avoir inutilement essayé de pénétrer dans les eaux du bassin Melville, il tente, en 1851, de descendre au nord en passant à l'ouest de la Terre de Banks. Porté vers le sud, il reste enfermé dans les glaces du bassin Melville, l'été de 1852 et l'hiver de 1853. Enfin, après avoir marché cinq cent cinquante kilomètres sur la glace, jusqu'au canal Wellington, il rencontre, le 8 août, un parti de l'expédition Belcher. Mac Clure affirme que tout navire entré dans les glaces polaires doit inévitablement y périr enfermé. Pendant ce temps, Collinson, en longeant le continent, arrivait jusqu'au détroit Simpson, bien près de l'endroit où Franklin avait péri peu auparavant; puis il revenait par la mer de Behring en 1854.

Ces voyages avaient donc alors fait connaître deux passages; mais, comme nous l'avons annoncé, deux passages impraticables, à cause de l'abondance et de la mobilité des montagnes de glace qui les remplissaient.

Belcher, à la tête d'une expédition considérable,

ayant pour lieutenant Kellett, fut envoyé en 1852 dans le canal Wellington. Il le trouva libre, le descendit jusqu'à 76° 52', ne cessant pas de voir la mer libre, à perte de vue, dans la direction du nord-ouest. Kellett s'était dirigé vers l'île Melville. Ce sont ses officiers qui, après avoir découvert, sous le cairn de Winter Harbour, une dépêche de Mac Clure, ont rencontré ce capitaine et son lieutenant sur la glace, le 8 avril 1853. Cependant, dès le 20 mai, Belcher voyait les glaces disparaître de ce canal, auquel on donne son nom et qui paraît être un détroit sillonnant un archipel encore mal connu. Il fut obligé d'abandonner plusieurs navires dans les glaces, qui recouvraient le canal Wellington où lui et Parry avaient déjà navigué.

Le capitaine Inglefield, qui communiqua avec lui en 1852, avait trouvé libre le canal de Smith; mais, l'année suivante, Kane et, sept ans plus tard, Hayes, y étaient invinciblement enfermés dans la glace, à vingt-cinq kilomètres de là.

C'est dans cette expédition de Kane qu'au mois de juin 1854, Morton découvrit la mer libre à environ 81° de latitude septentrionale. Avec la meilleure foi du monde, Kane explique tous les indices d'histoire naturelle qui déposent en faveur d'un adoucissement de la température dans ces climats, en faisant observer combien petit serait le nombre de degrés dont la moyenne de l'été devrait s'élever pour y amener le renouvellement périodique de l'eau libre (1). Mais, à ces hypothèses, on répond par d'autres tendant à établir que, si la brise du nord, soufflant vingt-quatre heures, n'a pas amené sous les yeux de Morton un seul glaçon, ce fait suffit pour établir que ce n'était pas là une mer polaire, mais un détroit qu'à son extrémité, sans doute très-resserrée, la banquise fermait.

Mac Clintock, parti le 1er juillet d'Angleterre, fut pris dans les glaces vers le nord de la mer de Baffin et, quand il en fut délivré, le 26 avril 1858, il avait dérivé avec elles jusqu'au sud de cette mer. Ayant remonté le courant, il employa l'hiver de 1858 dans le détroit de Bellot à faire des expéditions sur la glace solide. L'une d'elles parvint à l'île du Roi Guillaume où, près du cap Félix, elle découvrit les reliques du désastre de Franklin, atteignant ainsi l'objet spécial de la plupart des voyages qu'on avait entrepris vers le pôle nord depuis 1845.

Enfin Hayes, dont nous avons résumé les travaux et les aventures, est emprisonné dans le Port Foulke. Ce même détroit de Smith où avait navigué Inglefield, Hayes le trouve, comme Kane, obstrué par les glaces. Il les franchit malgré leur entassement désordonné, arrive à la Terre de Grinnell, et, à l'entrée de la baie de Lady Franklin, le 18 mai 1861, à près de 82° de lati-

---

(1) Voir le chap. VIII du présent volume et le *Tour du Monde*, 1860, t. I, p. 257 à 274.

tude nord, il est arrêté par la mer libre qu'avait vue Morton.

Or, quels que soient les doutes avec lesquels on accueille l'existence de cette mer aux environs du pôle arctique, il ne se dégage pas moins, de toutes ces fatigues et de tous ces labeurs, un fait qui semble incontestable : sans doute, dans des espaces où d'autres avaient navigué, on peut être pris dans les glaces. Mais, si les bras de mer sont solidement gelés à l'ouest de l'isthme de Boothia, c'est-à-dire dans les environs du pôle magnétique et du pôle du froid scientifiquement constatés, on trouve généralement l'eau libre à une distance plus ou moins grande au nord de ces glaces solides.

Enfin Hayes conclut que les eaux ne se couvrent de glaces qu'à l'abri de la terre.

M. Élisée Reclus (1) tire, des faits que nous avons exposés, une théorie identique. « Les régions dont le climat est le plus rigoureux, dit-il, seraient donc situées sous des latitudes que l'homme a déjà visitées, et par conséquent le pôle proprement dit ne serait point cette formidable citadelle de glace que les géographes imaginaient autrefois. C'est à tort que l'on croyait à l'existence d'une banquise s'épaississant graduellement vers le centre et recouvrant toute la rondeur polaire. » « On peut admettre comme probable,

---

(1) *La Terre*, t. II, p. 484 et suiv.

ajoute-t-il, qu'il n'existe point de calotte de glace continue aux deux extrémités de la terre; il y aurait plutôt une mer libre, à température relativement élevée, et ceinte de toutes parts, soit par des îles et des archipels, soit par une ceinture de glace circulaire. »

Ces théories sont-elles contraires aux dépositions des Esquimaux? Non. Ross raconte une entrevue avec les indigènes du nord de la baie Melville, près du cap York (1) : « Sakheuse, un Esquimau du Groenland danois, montrant le sud, ajouta qu'il venait d'un pays situé de ce côté. — Cela ne peut pas être, répondirent les indigènes; il n'y a par là rien que de la glace..... Quant à eux, ils arrivaient du nord où il y avait beaucoup d'eau. » L'année suivante, Ross rencontre sur les côtes de la presqu'île Boothia un parti d'indigènes : « Ils étaient venus à l'endroit où nous les trouvions, afin d'être plus près de l'eau libre qui, nous dirent-ils, existait à quelque distance dans le nord. »

On finira bien par le savoir.

Trois projets principaux formés pour résoudre ce problème ont été publiés.

L'un, formé par l'Anglais Sherard Osborne, se propose de reprendre la route d'Inglefield, de Kane et de Hayes, par le détroit de Smith.

---

(1) *Biblioth. univ. des Voyages,* par Albert Montémont, t. XL, v. 8, et p. 90.

L'autre, conçu par Gustave Lambert, a résolu, en entrant par le détroit de Behring, de tourner vers l'ouest pour gagner l'archipel Liakhoff et la Polynie en laissant sur la droite les îles Kellett et la terre de Wrangell. Ce dont nous ne pouvons pas douter c'est que des navigateurs russes, partis de la Kolyma, sont arrivés d'un côté aux îles Liakhoff et de l'autre au détroit de Behring. Le passage est donc possible.

A l'instigation de MM. Aug. Peterman et Werner, un autre projet consiste à profiter de l'influence du Courant du Golfe du Mexique entre le Groënland et la Nouvelle Zemble, pour descendre le plus possible vers le pôle et essayer de trouver une entrée dans les banquises. Cette expédition, préparée la première, est en route. La *Germania* et la *Hansa*, parties le 15 juin 1869 de Bremerhaven, sont arrivées en vue de la côte orientals du Groënland le 29 juillet. Un parti devait s'en détacher et essayer de traverser le Groënland de part en part pour atteindre le cap Constitution, où Morton a vu la mer libre à l'entrée du détroit de Smith.

Enfin M. Hayes, qui dépeint d'une façon si touchante ses patriotiques regrets, et les douloureuses déceptions que lui cause la guerre civile éclatée en Amérique et reculant indéfiniment l'exécution de ses desseins, a eu le bonheur de pouvoir se remettre à leur réalisation. Il les a repris, comme il le désirait, avec un navire à vapeur. Le 15 juillet 1869, il était à Julianshaab sur la côte méridionale du Groënland occidental, à l'entrée du détroit de Davis. Souhaitons-lui tout le succès qu'il mérite, sans nous désintéresser des projets de ses rivaux et particulièrement de celui de M. G. Lambert, pour lequel nous avons déjà mis en œuvre nos ressources et notre influence.

Dans le livre de M. Hayes, on remarquera plusieurs faits que nous recommandons aux futurs compositeurs de morales en action. Nous citerons principalement deux actes de dévouement maternel. L'un concerne une ourse et l'autre une morse (1); ils nous rappellent le dévouement d'une éléphante, raconté avec sensibilité par Livingstone (2) : et ce n'est pas notre faute si tous ces exemples appartiennent au genre d'êtres animés que nous appelons des bêtes.

Un autre fait qui nous rappelle du moins au sentiment des services que nous tirons d'eux, non sans quelque ingratitude, on l'avouera, concerne les chiens de traîneau, sans lesquels l'homme ne peut guère ni voyager ni vivre dans les régions polaires. On va voir qu'une épidémie terrible a privé M. Hayes du service d'un grand nombre de ces indispensables animaux. Malheureusement pour lui et pour les Esquimaux, l'épidémie dure encore; elle sévit depuis le détroit de Smith jusqu'à Jakobshaven, et, l'Esquimau ne pouvant pas vivre sans chien, l'on se demande si le jour

---

(1) V. les pages 90 et suiv., et 236 de ce volume.
(2) V. p. 148 de notre volume intitulé : *Explorations dans l'Afrique australe.*

est loin où le dernier Esquimau verra mourir le dernier de ses chiens. Du reste, quant à Hayes, cette fois, il pourra peut-être, grâce à la vapeur, mieux se passer des chiens qu'il ne l'aurait pu précédemment.

Pendant l'impression de ce volume, est arrivé un événement dont le lecteur comprendra que nous lui parlions ici. L'auteur de l'excellente traduction que nous venons d'abréger, M. Ferdinand Tugnot de Lanoye est mort le 10 avril 1870, dans sa famille, à Vienne (Isère). Il appartenait, ainsi que son père, à l'opposition libérale. Outre une part active à la rédaction du *Tour du monde*, il avait écrit pour la librairie Hachette une série fort intéressante de volumes : *Voyages dans les glaces du pôle arctique*, 1854, avec M. Hervé; *l'Inde contemporaine*, 1856; *le Niger*, 1858; *Lettres écrites des régions polaires*, traduites de lord Dufferin, 1859; *les grandes Scènes de la Nature*, 1862; *la Mer polaire*, 1864; *Rhamsès-le-Grand ou l'Egypte il y a 3000 ans*, 1865; *Voyage aux anciens volcans de l'Auvergne*, etc.

M. Adolphe Joanne, qui le connaissait, a dit de lui (1) : « M. Ferdinand de Lanoye n'était pas seulement un géographe des plus instruits et un écrivain d'un rare talent, c'était aussi un excellent patriote, modéré, mais ferme dans ses opinions, jusqu'à sacrifier sa position à ses principes; un ami sûr et dévoué, un honnête

(1) *Revue de l'Instruction publique* du 12 mai 1870.

homme dans la plus large acception de ce mot. Tous ceux qui l'ont connu l'ont estimé autant qu'ils l'ont aimé; et sa mort prématurée (il n'avait que soixante-deux ans) a coûté à ses nombreux amis des regrets qu'ils n'oublieront jamais . »

Nous qui n'avions jamais eu l'honneur de rencontrer M. de Lanoye et qui ne pouvions juger en lui que l'écrivain, nous avons été heureux de substituer ici le témoignage de M. Ad. Joanne à notre appréciation, qui n'aurait pu être qu'incomplète.

J. Belin-De Launay.

Périgueux, 24 juin 1870.

LA

MER LIBRE DU POLE

CHAPITRE PREMIER

DE BOSTON A UPERNAVIK

Projet de rechercher la Mer libre du Nord. — Son utilité. — Obstacles et encouragements qu'il rencontre. — La goëlette *les Etats-Unis* et son équipage. — Départ le 8 juillet 1860. — Installation. — Passage du Cercle polaire arctique. — Magnificence d'une mer glaciale sous le soleil de minuit. — Prœven. — Le kayak. — Maladie des chiens. — Upernavik, ses habitants et son cimetière. — P. Jensen. — Nouvelles recrues. — Festin troublé par la nécessité du départ.

A l'époque où, en qualité de chirurgien, je faisais partie de la seconde expédition que le regrettable docteur Kane, mort en 1857 à la Havane, dirigeait de 1853 à 1855, aux frais du négociant Grinnell, pour essayer de retrouver, au milieu des régions arctiques, les traces de sir John Franklin (1), je conçus le dessein de renouveler et de pousser plus loin vers le pôle des recherches analogues.

(1) Le voyage du docteur Kane, publié en 1856 à Philadelphie en 2 vol. 8º, n'a jamais été traduit complétement en français. Nous n'en connaissons que les fragments publiés par le regretté M. de Lanoye dans le *Tour du Monde* (1860, I, p. 257 et suiv.) et dans l'utile volume intitulé *la mer polaire*. — J. B.

Bien que, lors de mon retour en octobre 1855, ce projet ne m'ait point paru encore exécutable, j'en ai toujours conservé et mûri la pensée. Je choisissais pour base de mes opérations, la Terre de Grinnell, que j'avais découverte dans le voyage dont je viens de rappeler le souvenir. J'en avais suivi les rivages jusqu'au 80º degré de latitude septentrionale et j'étais persuadé qu'elle m'aiderait à parvenir au but que je voulais atteindre.

Comme plusieurs éminents géographes et naturalistes, j'étais convaincu que l'océan ne peut être gelé autour du pôle Nord ; qu'une vaste mer libre, dont l'étendue varie avec les saisons, se trouve encadrée dans la formidable ceinture de glaces qui a défié tant d'audacieux assauts, et je désirais accroître encore les preuves accumulées à cet égard, d'abord par les anciens navigateurs hollandais et anglais, plus tard par les voyages de Scoresby, de Wrangel et de Parry, et tout récemment par l'expédition du docteur Kane [1].

On le sait, le plus grand obstacle qu'ait à vaincre l'explorateur, curieux de résoudre cet important problème de la physique du globe, consiste dans la difficulté de briser avec un navire l'immense barrière de glaces ou de la franchir en traîneau, de manière à conquérir enfin la seule preuve décisive. Mon précédent voyage m'avait amené à conclure que la voie du détroit de Smith offre le plus de chances de succès : j'espérais ouvrir une route à mon bâtiment jusqu'au 80º parallèle [2], puis, à l'aide des chiens indigènes, transporter sur la glace un canot, et enfin, si pareille

---

[1] Voir l'introduction et notre chap. VIII. — J. B.
[2] Nos lecteurs savent qu'on appelle parallèles les petits cercles inventés pour numéroter les degrés de latitude, c'est-à-dire ceux à l'aide desquels on calcule la distance de l'équateur aux deux pôles. — J. B.

fortune m'était réservée, le lancer dans la mer libre pour continuer ma route vers le nord.

Les courants aériens et maritimes, la température de l'eau et de l'air, la pression atmosphérique et les marées, les variations de la pesanteur, de la direction et de l'intensité des forces magnétiques, l'aurore boréale, la formation et la marche des glaciers, et d'autres importants détails de la physique du globe, forment un ensemble de questions, encore un peu confuses, qui, selon moi, ne pouvaient être élucidées que si on les étudiait au milieu même des régions polaires. Des années de séjour et les labeurs incessants d'un certain nombre d'hommes spéciaux me semblaient pouvoir être utilement employés à ces observations.

Pressé par ces motifs, je m'adressai avec confiance au monde savant et à mes concitoyens.

La réponse, quoique très-satisfaisante à la fin, fut plus lente à venir que je ne l'avais d'abord espéré. Plusieurs circonstances concouraient à décourager le public, et la principale était l'idée, alors généralement répandue, que toute entreprise ayant le pôle Nord pour but devait nécessairement avorter, et n'amener d'autre résultat que le coupable sacrifice de vies utiles et précieuses.

Après plusieurs vaines tentatives, les influences favorables à mes projets commencèrent à prévaloir, et j'aime à le reconnaître, le concours de ces Associations scientifiques, dont les opinions font loi dans le monde, contribua surtout à donner l'impulsion à ce mouvement.

C'est devant la Société américaine de géographie et de statistique que, pour la première fois, en décembre 1857, je développai mon plan d'exploration et les moyens que je comptais employer. C'est là que, pour la première fois aussi, j'éprouvai ce découragement auquel j'ai déjà fait allusion. Tous ceux qui s'intéressaient à mes desseins comprirent qu'il fallait, avant de faire appel aux amis de la science, prouver au public que le voyage proposé était, non-seulement praticable, mais encore ne présentait pas, à beaucoup près, autant de dangers qu'on pouvait le craindre.

Je me vouai à cette tâche que bien des gens croyaient sans espoir ; mais j'avais vingt-cinq ans, et à cet âge on se décourage malaisément. Aidé des personnes favorables à mon entreprise, je fis annoncer que j'étais prêt à accepter l'invitation des sociétés littéraires ou des clubs qui organisaient des conférences pour l'hiver ; — les lectures étaient alors fort en vogue, et chaque petite ville parlait de *ses cours* avec orgueil.

Les engagements affluèrent et toutes mes heures finirent par être employées. Les journaux littéraires et scientifiques, et même la presse quotidienne, toujours prompte à propager les idées libérales, me donnèrent leur appui cordial, si bien qu'au commencement du printemps de 1858, nous eûmes la satisfaction de constater que plusieurs des erreurs populaires sur les dangers de l'expédition aux terres arctiques étaient déjà dissipées.

L'intérêt manifesté par les géographes européens fut à peine moindre que celui des associations scientifiques des États-Unis. L'éminent président de la Société géographique de Londres, sir Roderick Impey Murchison, en annonçant à ce corps distingué nos projets d'une nouvelle expédition aux régions polaires, exprima les vœux les plus ardents pour le succès de notre entreprise, et le savant M. de la Roquette, alors vice-président de la Société géographique de Paris, souscrivit immédiatement une somme importante comme témoignage de sa haute sympathie.

D'autres secours, d'autant plus appréciés qu'ils étaient spontanés et tout à fait inattendus, nous vinrent des loges maçonniques de New-York, de Boston et de Philadelphie.

En dépit des efforts incessants de tous et de l'intérêt presque universel que notre entreprise avait enfin éveillé, il ne nous fut pas possible de commencer nos préparatifs avant les premiers jours de juin 1860.

La mission de choisir et d'acheter un bâtiment, convenant à la fois au service qu'on en attendait et à l'état de nos finances, fut remplie avec une intelligence remarquable par l'énergique président du comité de Boston, M. Richard Baker. Lorsque j'arrivai à Boston, peu de jours après la conclusion du marché, je trouvai le navire amarré au quai et encore encombré de la lourde cargaison qu'il rapportait des Antilles. C'était une goëlette (1) tirant deux mètres quarante-trois centimètres d'eau et jaugeant cent trente-trois tonneaux. Solide et bien membrée, elle était cependant gracieuse. Nous nous hâtâmes de changer son nom de *Spring Hill* en celui d'*United States*, nouveau baptême qui plus tard, à ma requête, fut confirmé par un acte du Congrès.

La saison s'avançait rapidement : déjà nous aurions dû être partis, et chaque jour de retard ajoutait à mon anxiété : je craignais de ne pouvoir plus franchir les glaces de la mer de Baffin, ni choisir un lieu d'hivernage avant que les banquises (2) eussent fermé tout accès.

Je fus assez heureux pour m'assurer rapidement le concours de mon ancien compagnon de la seconde

---

(1) La goëlette a deux mâts inclinés vers l'arrière et portant deux grandes voiles quadrangulaires et installées sur cornes. On peut charger de 30 à 150 tonneaux, ce navire qui, parmi ceux qui font de longues traversées, est un des plus petits, des plus rapides et des plus élégants. — J. B.

(2) Zones de glaces, fixes ou en dérive, empêchant les abords des régions polaires. — F. de L.

expédition Grinnel, M. Auguste Sonntag, revenu en 1859 du Mexique, où il dirigeait de savantes explorations qu'il m'avait proposé d'abandonner pour m'aider dans mes travaux préliminaires. Nommé à son retour directeur adjoint de l'observatoire Dudley, d'Albany, il sacrifia pour m'accompagner la position avantageuse qu'il venait d'obtenir.

Le choix fait, nous étions quinze :

Dr J. J. Hayes, commandant ;

L. J. Aug. Sonntag, astronome, commandant en second ;

S. J. Mac Cormick, officier de manœuvres ;

Henri W. Dodge ;

Henri G. Radcliffe, aide-astronome ;

George F. Knorr, secrétaire ;

Collin C. Starr ;

Gibson Carruthers, contre-maître et charpentier ;

Francis L. Harris et Hervey Heywood, volontaires ;

John Mac Donald, Thomas Barnum, Charles Mac Cormick, William Miller, John Williams, matelots.

De tous mes compagnons, M. Sonntag était le seul réellement instruit.

Le départ étant fixé au 4 juillet, les amis de l'expédition furent convoqués par M. O. W. Peabody, secrétaire du comité de Boston, pour venir nous dire un dernier adieu. Malgré le temps brumeux et sombre, plusieurs centaines de personnes se rendirent à l'appel. Notre petite troupe était réunie pour la première fois, et, quoiqu'un accident imprévu nous empêchât de lever l'ancre, nous fûmes aussi heureux qu'on peut l'être, en écoutant les discours et les vœux que nous adressèrent le gouverneur de l'État, le maire de la ville, le président du collége d'Harvard, d'illustres hommes d'Etat, des orateurs, des pasteurs et des négociants de Boston, des savants de Cambridge. Enivrés par l'intérêt enthousiaste que tous manifestaient en notre faveur, nous nous sentions préparés pour toutes les épreuves que nous gardait l'avenir.

Dans la soirée du 6 juillet 1860, la goëlette *les États-Unis* détacha les amarres qui la fixaient au quai, et se tint prête à partir le jour suivant.

Le matin se leva clair et brillant. Une demi-heure avant moi, plusieurs amis vinrent à bord, pour nous accompagner jusqu'à l'entrée de la baie, et parmi eux se trouvaient Son Excellence le gouverneur de l'État et les représentants des Comités de Boston, de New-York et de Philadelphie. Une société nombreuse et sympathique couvrait le pont du grand et beau remorqueur *le R. P. Forbes*, qui, se plaçant près de nous et saisissant notre câble, nous remorqua hors de l'ancrage. Sur le quai Long, une batterie, que le maire de la ville avait fait placer en notre honneur, nous salua au passage ; maints vivats d'adieu se succédaient à mesure que nous descendions la baie.

Le vent n'étant pas favorable, nous jetâmes l'ancre dans la rade de Nantuket ; le remorqueur ramena à Boston la plupart de nos amis et je restai dans ma cabine à conférer une dernière fois avec les promoteurs de l'entreprise. Une liasse de papiers, remise alors entre mes mains, me rendit seul propriétaire du navire et de son armement. Le soleil se couchait pendant nos causeries, et comme le vent menaçait de souffler de l'est jusqu'au lendemain matin, je retournai, dans le yacht de M. Baker, à Boston, où je passai la fin de cette nuit.

M. Baker me reconduisit à ma goëlette en compagnie d'amis décidés à ne nous quitter qu'après nous avoir vus en bon chemin ; notre escorte était complétée par les jolis yachts *Stella* et *Howard*, aux propriétaires desquels je suis heureux d'adresser ici de nouveaux remercîments.

La première aube nous envoyait ses lueurs grisâtres, quand la petite flottille leva ses ancres et fit voile vers la ville, pendant que, encore émus des derniers adieux de nos amis et poussés par un bon vent, nous gagnions la pleine mer.

Avant le soir, les côtes avaient disparu, et j'étais de nouveau bercé par les vagues du grand Atlantique ; de nouveau, je voyais le soleil disparaître sous la ligne des eaux, et je contemplais les nuages aux changeantes couleurs suspendus au-dessus de la terre, que je venais de quitter, jusqu'à ce que la dernière teinte d'or et de cramoisi se fût fondue dans le doux crépuscule. Me glissant alors dans mon humide et étroite cabine, je goûtai le premier repos profond et continu que j'eusse pris depuis plusieurs semaines. L'entreprise qui durant cinq ans avait absorbé toutes mes pensées, était maintenant en voie d'exécution. Appuyé sur la Providence et fort de mon énergie, j'avais foi dans l'avenir.

J'eus bientôt réglé ce qui concernait la discipline. Quant à notre goëlette, les difficultés étaient infiniment plus compliquées : impossible de rendre notre habitation actuelle un peu confortable, impossible de mettre un ordre quelconque dans le chaos de son chargement. Nous étions déjà secoués par les flots de l'océan que notre pont offrait encore le spectacle du plus désespérant pêle-mêle : barils, caisses, planches, canots, colis de toutes sortes étaient cloués ou amarrés aux mâts et aux œuvres mortes ; tout était encombré et il ne restait, de l'avant à l'arrière, qu'un anguleux sentier tracé dans l'entassement. Pour lieu de promenade, nous n'avions que la dunette, étroit espace de trois mètres soixante-cinq de long sur trois mètres de large, et où il nous avait fallu laisser maint objet dont la vraie place eût été à fond de cale : au-dessous des écoutilles, tout était bondé ; pas un coin, pas un recoin, pas un trou qui ne fût rempli, et le désordre du pont devait nécessairement durer jusqu'à ce qu'une lame complaisante vînt balayer tout ce bric-à-brac; je dis complaisante, car nous n'aurions pas pu nous décider à rien jeter à la mer. Cependant nous étions tellement chargés que le pont, par le travers des passavants, ne s'élevait que de quarante-cinq centimètres au-dessus de l'eau, et qu'en se courbant sur le bastingage on pouvait toucher la mer. La cuisine occupait toute la place entre le panneau de l'avant et le grand mât; l'eau, embarquant par-dessus les murailles, inondait les passavants; le feu de la cuisine et l'ardeur du cuisinier s'éteignaient souvent à la fois, et je laisse à penser si la régularité de nos repas en était compromise.

Ma cabine, ménagée tout à l'arrière du rouf, s'élevait de soixante centimètres au-dessus du pont, et mesurait trois mètres sur un mètre quatre-vingt-deux. Deux œils-de-bœuf pendant le jour, et, la nuit, une lampe grinçant dans ses supports, éclairaient mon réduit d'une faible lueur; de chaque côté, une soute servait de magasin pour les provisions et rechanges du navire. Le charpentier confectionna une couche étroite à mon usage, et lorsque je l'eus recouverte d'un magnifique tapis et entourée de brillants rideaux rouges, je fus ébloui du luxe qui allait être mon partage.

Devant ma cabine, un espace assez restreint était occupé par l'échelle du dôme, l'office du maître-d'hôtel, le tuyau de poêle, un baril de farine et la « chambre » de M. Sonntag. En descendant deux marches, on se trouvait dans le carré des officiers, petite pièce de trois mètres soixante-cinq de côté et d'un mètre quatre-vingt-deux de hauteur; elle était lambrissée de chêne et contenait huit cadres, dont, par bonheur, quelques-uns n'avaient pas de maîtres. On le voit, notre installation ne pouvait guère prétendre au titre de confortable. Celle des matelots n'était pas meilleure : ils se trouvaient logés sous le gaillard d'avant, tout contre les murailles du navire (1).

Bientôt nous fûmes enveloppés par les brouillards que les navigateurs rencontrent ordinairement dans les parages de la Nouvelle Ecosse. Le sixième jour d'une navigation où nous ne pouvions nous guider que par la sonde et par nos calculs, vers midi, nous manquâmes d'échouer sur ce cap Race, si fertile en naufrages et qui rend redoutables aux marins les approches de l'extrémité sud-est de Terre Neuve.

Le vent fraîchit enfin vers midi et nous délivra de nos angoisses. Résolus de laisser un vaste champ au redoutable cap, nous courûmes E. S. E. jusqu'à ce que la couleur de l'eau nous eût enfin rassurés sur l'éloignement de notre terrible voisin. La goëlette reprit sa route vers le cap Farewell; une bonne brise soufflait du sud, et à la nuit nous filions vent arrière sous le hunier aux bas-ris (2). Les latitudes fuyaient sous notre rapide sillage, et peu de jours après nous labourions les eaux qui baignent les côtes rocheuses du Groënland.

(1) Pour les lecteurs peu habitués à ces termes de la construction navale, nous donnerons l'explication de ceux qui seront employés, au fur et à mesure qu'on les rencontrera. *Dunette*, demi-gaillard qui est la partie la plus élevée de l'arrière. *Ecoutille*, ouverture carrée par laquelle on descend du pont dans l'intérieur. *Passavant*, passage, ménagé de chaque côté d'un navire pour communiquer d'un gaillard à l'autre. *Bastingage*, espèce de galerie construite sur des chandeliers de fer et posée autour des passavants. *Rouf*, partie honorable de l'entrepont, située à l'arrière et habitée par les officiers. *Gaillard*, partie élevée à chaque extrémité du pont d'un navire ; celui d'arrière, réservé aux officiers, s'étend du couronnement au grand mât, et celui d'avant, entre les haubans de misaine et la proue ou l'avant du navire, est occupé par les matelots. *Dôme*, abri construit sur l'ouverture placée au gaillard d'arrière et donnant accès à la galerie ou au carré des officiers. — J. B.

(2) *Sous le hunier aux bas-ris*, c'est-à-dire avec la voile au-dessus de la hune à moitié pliée. — J. B.

Le 30 juillet, à huit heures du soir, j'avais le bonheur de repasser le Cercle polaire arctique (1). Nous pavoisâmes le navire, tandis qu'une salve de canon témoignait de notre joie : nous entrions enfin dans le véritable champ de nos explorations.

Vingt jours à peine s'étaient écoulés depuis notre départ de Boston, et, en moyenne, nous avions fait cent quatre-vingts kilomètres par jour : la côte du Groënland, cachée par un nuage, était à une cinquantaine de kilomètres ; le cap Walsingham se trouvait par le travers de notre tribord, et, si l'état de l'atmosphère l'eût permis, nous aurions aperçu de la hanche de bâbord (2) le haut sommet du Suckertoppen. La terre était encore voilée à nos regards ; mais nous avions croisé le premier glaçon, nous avions vu le soleil de minuit et nous entrions dans le jour sans fin (3). Le soleil inondait encore ma cabine que la douzième heure sonnait à la modeste pendule qui faisait entendre son tic-tac au-dessus de ma tête. Ayant déjà vécu de cette étrange vie, elle n'avait plus d'inconnu

---

(1) Les deux cercles polaires sont à 66° 32' d'éloignement de l'équateur et à 23° 28' de chaque pôle, à l'endroit où se terminent les climats horaires et où commencent les climats mensuels, c'est-à-dire, pour ces derniers, ceux où la durée du jour est d'un mois plus longue que dans le climat précédent. — J. B.

(2) Le *bâbord* est à la gauche de celui qui regarde de l'arrière à l'avant : le *tribord* est à la droite. Ce dernier côté, pour les préséances, passe avant l'autre. — J. B.

(3) Cette expression, le jour sans fin, est une exagération, à moins qu'elle ne signifie que le jour y dépasse les limites ordinaires. Nous avons dit qu'à partir de 66° 32' la durée du jour s'augmente d'un mois par chaque climat ; il s'ensuit qu'en descendant vers les pôles, on rencontre des pays où l'été a une longue journée d'un mois ; plus bas, de deux; plus loin, de trois, et, ainsi de suite, jusqu'à ce que la durée du plus long jour finisse par atteindre six mois ; mais, par réciproque, dans ces latitudes, l'hiver a une nuit d'un mois, puis de deux et enfin de six mois. — J. B.

pour moi ; mais les officiers ne pouvaient dormir et erraient çà et là, comme dans l'attente du crépuscule ami, précurseur du sommeil.

Nous avions rencontré notre premier *iceberg* (1) la veille de notre arrivée au Cercle polaire. En entendant la mer se briser avec fureur contre la masse encore enveloppée de brume, la vigie fut sur le point de crier « Terre ! » Mais bientôt le formidable colosse émergea du brouillard; il venait droit sur nous, terrible et menaçant; nous nous hâtâmes de lui laisser le champ libre. C'était une pyramide irrégulière d'environ 90 mètres de largeur et 45 de hauteur ; le sommet en était encore à demi caché dans la nuée, mais l'instant d'après, celle-ci brusquement déchirée nous dévoila un pic étincelant autour duquel de légères vapeurs enroulaient leurs volutes capricieuses. Il y avait quelque chose de singulièrement étrange dans la superbe indifférence du géant. En vain les ondes lui prodiguaient leurs plus folles caresses ; froid et sourd, il s'éloignait, les abandonnant à leur plainte éternelle.

(1) *Ice-berg*, se prononçant *aïce berg*, signifie montagne de glace. Nous emploierons le mot assez souvent. Quant à la formation de ces monts de glace elle a lieu à terre. Ils sont des morceaux de fleuves de glace, poussés par un lent mouvement séculaire, vers la mer, où ils pénétrent jusqu'à ce qu'ils soient soulevés, brisés et emportés par l'action des flots, comme Hayes l'a expliqué (V. notre chap. IV). M. Gustave Lambert, l'auteur persévérant d'un *Projet d'exploration au pôle Nord*, parle ainsi de ce phénomène : « A la mer, l'*ice-berg* se reconnaît à la « transparence de la glace, à des détritus terrestres et organi-« ques, à une densité moyenne (plus grande que celle du « champ de glace [*ice-field*] qui se forme à la mer) et à ses di-« mensions colossales. On en a mesuré qui jaugeaient plusieurs « milliers de tonneaux et qui, ayant de 100 à 200 mètres au « dessus de l'eau, devaient avoir de 600 à 1,000 mètres d'épais-« seur totale. Quand ces masses se trouvent dans certaines « conditions calorifiques, elles se fendillent, se gercent et par-« fois éclatent brusquement, se brisant en mille pièces avec un « bruit terrible ». (V. notre chap. II.) — J. B.

Dans le détroit de Davis, nous eûmes à passer quelques heures des plus rudes.

Le 31 juillet, nous nous trouvions au S. de l'île de Disco, près de l'excellente rade de Godhaben et, le 1er août, nous filions devant l'entrée du golfe septentrional de Disco.

Pour la plupart de nos camarades, le Groënland était encore une sorte de mythe : depuis quelques jours, nous en suivions les côtes, mais, sauf l'apparition de cette île, les nuages et la brume l'avaient constamment dérobé à nos regards. Mais enfin il secouait son manteau de nuées et se dressait devant nous dans son austère magnificence : ses larges vallées, ses profondes ravines, ses nobles montagnes, ses rochers déchirés et sombres, sa terrible désolation.

A mesure que le brouillard s'élevait et roulait lentement de grisâtres traînées sur la surface des eaux bleues, les monts de glace se succédaient et défilaient devant nous, comme les châteaux fantastiques d'un conte de fées. Oubliant que nous venions de notre libre volonté vers cette région d'âpres réalités, à la poursuite d'un but peu attrayant par lui-même, nous pouvions nous croire attirés par une main invisible dans la terre des enchantements.

On ne peut guère s'imaginer une scène plus chargée d'impressions solennelles ; impossible de dire quel enthousiasme éveillait en nous chaque changement soudain de ce glorieux décor !

A minuit, je suis descendu encore tout transporté de la magnificence merveilleuse du soir. La mer est unie comme une glace, pas un pli, pas une ride, pas un souffle de vent ; le soleil chemine avec bonheur sur l'horizon du nord, de légères nuées flottent suspendues dans l'air, les monts de glace nagent autour de nous, les noires arêtes du littoral se profilent vivement sur le ciel, les nuages et la mer ; les glaces et les montagnes sont baignées dans une splendide atmosphère de cramoisi, de pourpre et d'or.

Dans mon précédent voyage, je n'avais contemplé rien de si beau. L'air rappelait, par sa mollesse, une de nos charmantes nuits d'été, et cependant nous étions entourés de montagnes nues et de ces icebergs que, dans notre terre aux vertes collines et aux forêts frémissantes, on associe à des idées de froide désolation. Le ciel était brillant et doux comme le poétique firmament d'Italie; les blocs avaient eux-mêmes perdu leur morne aspect et, tout embrasés des feux du soleil, ressemblaient à des masses de métal incandescent ou de flamme solide. Près de nous, pareil à un bloc de marbre de Paros, incrusté de gigantesques opales et de perles d'Orient, se dressait un immense mont de glace; à l'horizon et si loin que la moitié de sa hauteur disparaissait sous la rouge ligne des flots, un autre nous rappelait par sa forme étrange le vieux Colisée de Rome. Le soleil, poursuivant sa course, passa derrière lui et l'illumina soudain d'un jet de flammes éblouissantes.

Il n'appartient qu'au pinceau du peintre de retracer de telles splendeurs. Seul, dans sa grande toile des *Icebergs*, Church a pu traduire la magie d'une semblable vision.

L'ombre des montagnes de glace colorait d'un admirable vert l'eau sur laquelle elle se posait; mais plus belles encore étaient les teintes délicates des vagues légères glissant sur les pentes de ces îles de cristal. Partout où l'iceberg surplombait, les tons devenaient plus chauds; sous une cavité profonde, la mer prenait la couleur opaque du malachite alternant avec les transparences de l'émeraude, pendant qu'à travers la glace elle-même courait diagonalement une large bande de bleu d'azur.

La splendeur de cette scène était encore accrue par

les milliers de cascatelles qui, de toutes ces masses flottantes, ruisselaient dans la mer, et qu'alimentaient les flaques fondues de neige et de glace amassées dans les dépressions, à la surface accidentée de ces glaciers errants.

Parfois un bloc énorme, se détachant tout à coup de leurs parois, s'abîmait dans les profondeurs avec un fracas épouvantable, pendant que la vague roulait sourdement à travers les arceaux brisés.

Complétement oublieux du monde réel, j'étais depuis plusieurs heures absorbé dans ma rêverie, lorsque je fus rappelé à moi-même par le cri du contremaître :

« Glaçons à ranger le bord ! »

Nous dérivions lentement vers un iceberg qui avait la hauteur de nos mâts : les embarcations furent mises à flot en toute hâte, et, notre goëlette tirée d'embarras, je descendis m'étendre sur son cadre.

Quelques heures après, je m'éveillai tout grelottant de froid; l'œil de bœuf s'était ouvert et versait sur ma couche des torrents de brume glaciale. Je courus sur le pont : nous étions de nouveau ensevelis sous le brouillard; mer, montagnes de glace ou de rochers, tout avait disparu.

Le 6 août, quelques minutes après minuit, nous jetions l'ancre dans le plus commode des petits ports. L'aboiement des chiens et une odeur indescriptible de vieux poisson pourri nous annonçaient un établissement groënlandais. Celui-ci s'appelle Prœven. Nous y fûmes accueillis par la plus singulière flottille et les plus étranges bateliers qui aient jamais escorté un navire. C'étaient les Groënlandais et leurs fameux kayaks (1).

(1) Hall, qui a remarqué en quelques points la ressemblance de l'idiome des Groënlandais et de ces langues que plusieurs ap-

Le kayak est certainement la plus frêle des embarcations qui aient jamais porté le poids d'un homme. Construite en bois très-léger, la carcasse du bateau a vingt-trois centimètres de profondeur, cinq mètres quarante-huit centimètres de longueur et quarante-six centimètres de large, vers le milieu seulement; elle se termine à chaque bout en une pointe aiguë et recourbée par le haut. On recouvre le tout de peaux de phoque rendues imperméables, et si admirablement cousues par les femmes, au moyen de fil de nerfs de veau marin, que pas une goutte d'eau ne passerait à travers les coutures. Le dessus du canot est garni comme le fond; seulement, pour donner passage au corps du pêcheur, on a laissé une ouverture parfaitement ronde et entourée d'une bordure de bois sur laquelle le Groënlandais lace le bas de sa blouse, également imperméable; il est ainsi solidement fixé à son kayak où l'eau ne saurait pénétrer. Une seule rame d'environ deux mètres de long, aplatie à chaque bout, qu'il tient par le milieu et plonge alternativement à droite et à gauche, lui sert à diriger cette embarcation, aussi légère qu'une plume et gracieuse comme un caneton nageant. Elle n'a pas plus de lest que de quille et rase la surface de l'eau; la partie supérieure en est nécessairement la plus lourde, aussi faut-il une longue habitude pour conduire un kayak avec succès, et jamais danseur de corde n'eut besoin de plus de sang-froid que le pêcheur esquimau. Sur ce frêle esquif, il se lance sans hésiter dans la tempête et se glisse à travers les écueils blancs d'écume; cette lutte sauvage est sa vie, et, en dépit de la mer fu-

---

pellent aujourd'hui turco-finnoises, a rapproché ce mot *kayak* du mot *kaïk*, par lequel on désigne, à Constantinople, de légères embarcations. Il a également décrit la singularité de ces canots et les périlleux exercices de ceux qui les dirigent. (*Revue britannique*, août 1865, p. 317 et s.) — J. B.

La haute école du Kayak (page 16).

rieuse, il poursuit sa route sur les grandes eaux (1).

Pendant que l'accalmie nous retenait près de Svarte-Huk, Sonntag, pour ne pas perdre de temps, s'était rendu au village et nous avait rapporté les plus affligeantes nouvelles : l'année précédente, une sorte de maladie avait attaqué les chiens d'attelages et les avait réduits à la moitié de ce qu'exigeaient les besoins de ce peuple; aussi avait-on tout d'abord refusé nos offres d'acquisition, qu'elles fussent faites soit en argent ou en denrées.

M. Sonntag s'était, dès son arrivée, adressé au sous-

(1) Pour les besoins de leur ménage et le transport de leurs effets, du campement d'été à la station d'hiver, ces Groënlandais ont bien une autre embarcation, l'*oumyak*, large machine quadrangulaire, rappelant par sa forme et son peu de profondeur les bacs grossiers de nos petites rivières, mais n'ayant, du reste, que ces points de ressemblance avec ces inventions primitives de l'art nautique. Il est construit des mêmes matériaux que le kayak, c'est-à-dire d'une membrure de bois ou d'os de cétacés, revêtue de peaux de phoque, si bien cousues et tannées qu'elles sont imperméables, et si solides que, malgré leur transparence parcheminée, qui laisse entrevoir sous elles la couleur et la profondeur des ondes, elles supportent le poids de huit, dix et jusqu'à douze nautoniers. Ceux-ci, du reste, sont toujours choisis parmi le beau sexe; car jamais un Esquimau ne monte à bord d'un *oumyak*, même quand sa famille y voyage; il l'accompagne au besoin, scellé dans son kayak, lui servant de guide et de pilote; mais il laisse philosophiquement sa femme, ses filles et ses sœurs pagayer à tour de bras et diriger l'embarcation vers le point convenu entre eux. F. de L. — Lorsque Hall arriva à Holsteinborg, un indigène assis dans son kayak lui donna l'étonnant spectacle de culbutes faites de côté dans l'eau, par suite d'une secousse imprimée au frêle esquif et qui le faisait se renverser sur lui-même et se retourner complétement, le tout sans que le batelier perdît l'équilibre et que, grâce à ses épais vêtements de peau, il se mouillât autre chose que le visage et les mains. Tous néanmoins ne font pas ce tour de force, et ceux qui s'y hasardent ne le tentent que lorsqu'ils ont à leur côté, pour veiller sur eux, un de leurs compagnons monté dans son kayak et prêt à les secourir au besoin. (*Revue britannique*, août 1865, p. 318.) — J. B.

chef, qui l'avait de suite informé du fâcheux état du marché. Cependant ce fonctionnaire avait promis de s'intéresser personnellement à notre situation et avait conseillé d'attendre la venue du résident, M. Hansen. Celui-ci habitait Upernavik, ville située à une soixantaine de kilomètres dans le nord, et devait être à Prœven dans un jour ou deux. Evidemment on ne pouvait rien faire sans l'assistance de ce magistrat tout-puissant et nous n'avions d'autre alternative que de l'attendre. En effet, si nous partions pour Upernavik, nous courions grand risque de le manquer, et si nous avions à attendre son retour dans cette ville, nous nous exposions à perdre les avantages de sa prompte coopération.

M. Hansen arriva le lendemain et, tout en craignant de ne guère réussir, il me promit de faire ce qui dépendait de lui pour notre succès. Avec une courtoisie qui me donna quelque temps lieu de me demander si j'avais devant moi un grand de Castille égaré dans cette terre glacée et déguisé sous un vêtement de peau de phoque, il mit à ma disposition son propre attelage. Là se bornait à peu près toute son influence. Il n'avait aucune réserve publique d'où il pût prendre les chiens qui m'étaient nécessaires, et la maladie avait exercé de tels ravages parmi ces animaux que beaucoup de chasseurs avaient perdu tous les leurs et qu'aucun d'eux ne possédait plus son nombre ordinaire. Cependant M. Hansen envoya immédiatement des courriers à Upernavik et dans de moindres établissements, répandant ainsi la nouvelle que tout chasseur qui voudrait se défaire d'un de ses chiens, trouverait à le vendre avantageusement s'il l'amenait sans retard à Upernavik ou à Prœven.

Une telle façon d'agir était de la part du résident d'autant plus louable qu'elle était désintéressée, qu'elle n'avait pour origine ni une demande officielle ni une démonstration d'importance ou de dignité de la part de notre pauvre goëlette qui était à l'ancre à Prœven.

L'histoire de cet établissement, soit dans le passé ou dans le présent, n'a rien qui puisse éveiller l'attention de nos lecteurs. Tel quel, il s'élève sur le penchant méridional d'un éperon de gneiss formant l'extrémité d'une des nombreuses îles composant l'Archipel qui s'étend entre la péninsule de Svarte-Huk et la baie de Melville. L'hôtel du gouvernement est un bâtiment d'un étage, goudronné à l'extérieur; c'est l'édifice le plus remarquable de l'endroit. Ensuite viennent un magasin et un logis destinés aux quelques employés qu'envoie ici le Danemark. Des Danois, mariés à des Groënlandaises, occupent des habitations aussi goudronnées, mais moins importantes. Puis on voit des cabanes de pierre et de gazon recouvertes de planches, sur lesquelles l'herbe a poussé; d'autres semblables, si ce n'est qu'elles manquent de toiture en planches, et enfin une douzaine de tentes de peau de phoque sont perchées çà et là parmi les rochers. Telle est la ville (1). Près de la plage, s'ouvre un magasin pour le lard de baleine, et, sur la colline, un mât rabougri sert d'enseigne à la dignité de Prœven en livrant aux vents les plis gracieux du drapeau danois. La dignité de la civilisation y est encore garantie par un vieux canon couché sur le gazon au pied du drapeau, et qui eut assez de voix dans sa gorge rouillée pour faire retentir les échos, lorsque notre ancre avait mordu les roches du Groënland.

Cette « colonie », comme l'appellent les Danois, date presque des jours du vénérable Hans Egede; elle fut nommée Prœven (l'Essai), et cet *Essai*, comme ce fut

---

(1) Cette description de Prœven paraît applicable à toutes les villes du Groënland et nous rappelle celle que nous avons lue dans un charmant article de la *Revue britannique* (juillet 1868), et qui a pour titre : *Un Docteur au Groënland*. — J. B.

heureusement le cas pour mainte station groënlan-. daise, a très-bien réussi. Les habitants vivent presque tous de la chasse aux veaux marins, et peu d'établissements du Groënland setentrionalp sont dans un état aussi prospère : en quelques années, ils amassent assez de peaux et d'huile de phoque pour charger un brick de trois cents tonneaux. D'ailleurs il est facile, aux regards les moins attentifs, de constater le commerce du lieu : sur la grève, parmi les rochers, autour des huttes, sont amoncelés d'horribles débris à tous les degrés de décomposition, et ces ignobles voiries, dont l'odorat n'est pas moins choqué que la vue, rendirent assez désagréable notre séjour dans cette station.

Mais derrière la ville, comme tout était différent ! Entre les roches abruptes, s'ouvre la plus délicieuse des vallées arctiques. Profitant du court été de ces froides régions, elle s'était couverte d'un épais tapis de mousses et de graminées ; de petits ruisseaux de neige fondue gazouillaient entre les pierres ou se précipitaient follement en bas des rochers ; des myriades de petits pavots aux pétales d'or frissonnaient au-dessus du gazon; ils avaient pour fidèles camarades une dent de lion, très-proche parente de celle qui émaille nos prairies, et la renoncule des neiges, dont je retrouvais avec plaisir la jolie et souriante fleur ; la potentille, qui m'était moins familière, et la pédiculaire pourprée brillaient çà et là sur ce tapis d'émeraude. Je recueillis sept espèces différentes de saxifrages rouges, blanches et jaunes. Le bouleau nain et la belle andromède, qui au Groënland tient la place de nos bruyères, croissaient entrelacés dans une retraite abritée au nord par les roches, et je ne pus m'empêcher de sourire en couvrant de mon bonnet une forêt entière de petits saules qui poussaient dans le terrain spongieux.

Les courriers revenaient les uns après les autres, nous apportant tous des nouvelles désastreuses. Une demi-douzaine de vieux chiens et trois ou quatre jeunes, voilà tout ce que je recueillis pour me consoler de ma longue attente : la seule chose qui me rendît quelque espoir, c'est que M. Hansen était retourné à Upernavik, où je comptais être plus heureux.

Le 12 au matin, nous étions en mer, et le soir nous entrions dans Upernavik. L'accès du port est rendu assez difficile par un récif qui se trouve en dehors de l'ancrage, mais nous fûmes assez heureux pour aborder sans accident, grâce au pilote que nous avions amené de Prœven. Cet individu, parfait original dans son genre, était un païen converti, et savourait avec orgueil la joie d'être baptisé et de porter le nom d'Adam. Vêtu de peaux de phoque usées, notre Palinure n'aurait guère pu poser pour le portrait d'un « marin modèle; » mais nul pilote au monde n'était plus naïvement convaincu de sa propre importance. Son extérieur toutefois n'appuyait guère ses prétentions, et l'officier de manœuvres, peu confiant de son naturel, le questionna si longuement qu'Adam finit par s'impatienter et, concentrant sa vanité et sa science dans une courte phrase qui signifiait : « Je suis le maître de la situation, » il ajouta en mauvais anglais : « Assez d'eau dans le port.... pas de rochers du tout, je le sais bien, » puis il se retira d'un air de dignité offensée. Il n'en dirigea pas moins bien notre petit bâtiment.

Nous jetâmes l'ancre près du brick danois *le Thialfe*. C'était le premier navire que nous eussions vu depuis les pêcheurs de Terre Neuve ; il chargeait des huiles et des peaux pour Copenhague, et devait mettre à la voile sous peu de jours ; nous pouvions donc écrire à tous ceux qui là-bas attendaient anxieusement de nos nouvelles.

Les habitants de la colonie étaient déjà très-excités par l'arrivée du brick danois ; un second navire devenait pour eux un événement des plus remarquables. La colline tapissée de mousse, qui de la ville descend à la mer, était couverte, sur toutes ses assises rocheuses, de groupes bigarrés et pittoresques : hommes, femmes, enfants, tous étaient accourus pour nous voir débarquer.

L'aspect général d'Upernavik diffère fort peu de celui de Prœven ; plusieurs huttes et quelques Esquimaux de plus ne suffiraient pas à lui donner le premier rang, si la station n'avait l'insigne honneur de posséder le résident danois du district, une mignonne église et un joli presbytère. Une figure féminine entrevue derrière les blancs rideaux de bizarres petites fenêtres me fit penser que j'approchais de l'habitation du pasteur : je frappai à la porte, et fus introduit dans un charmant salon, dont l'exquise propreté annonçait la présence d'une femme, par la plus étrange servante qui ait jamais répondu à l'appel d'une sonnette ; c'était une grosse Esquimaude au teint cuivré, à la noire chevelûre nouée en touffe au sommet de la tête ; elle portait une blouse qui lui couvrait la taille, des pantalons de peaux de phoque, des bottes montantes teintes en écarlate et brodées d'une manière qui aurait surpris les blondes filles de la Saxe. La chambre était parfumée par l'odeur des roses, du réséda et de l'héliotrope qui fleurissaient au soleil près des rideaux de mousseline neigeuse ; un canari gazouillait dans une cage, un chat ronronnait sur le tapis du foyer, et un homme à l'air distingué me tendait sa main blanche et douce pour me donner la bienvenue. C'était M. Anton, le missionnaire. Mme Anton et sa sœur vinrent nous rejoindre, et nous fûmes bientôt assis autour de la table de famille ; vin de Médoc irréprochable, café de choix, cuisine danoise, hospitalité scandinave (1) : tout m'aurait vite fait oublier les misères inséparables de vingt-cinq jours à bord de notre goëlette encombrée, si ma visite à M. Anton n'eût été motivée par une bien triste mission : un membre presque indispensable de notre périlleuse entreprise, à la fois contre-maître et charpentier sur notre navire, M. Gibson Caruthers, était mort pendant la nuit, et je venais prier le pasteur de vouloir bien présider aux funérailles qui devaient avoir lieu le jour suivant.

Isolés comme nous l'étions du reste du monde, cette cérémonie nous semblait doublement navrante. Homme de tête et de cœur, le défunt s'était fait aimer de tous; sa mort soudaine nous avait atterrés : la veille, il se couchait en parfaite santé ; au matin, on le trouvait déjà refroidi dans son cadre. Pour notre expédition cette perte était des plus sérieuses. Avec M. Sonntag, c'était le seul de l'équipage qui connût les mers arctiques, et j'avais beaucoup compté sur son intelligente expérience, car il avait, sous les ordres de Haven, accompagné la première expédition Grinnell, 1850-51, et en avait rapporté la réputation d'un marin aussi hardi que persévérant.

Il me serait impossible de rendre la tristesse et la désolation du cimetière d'Upernavik. Situé sur la colline au-dessus de la ville, et ne possédant pas la moindre parcelle de terre, il consiste tout simplement en un escalier aux assises rocheuses, sur lesquelles on

---

(1) Cette description rend vraisemblable le récit dont nous parlions tout à l'heure et qu'on peut lire dans la Revue britannique, de juillet 1868, sous le titre d'*un Docteur au Groënland*. Il y est question d'une charmante servante métisse nommé Sophie, et de repas où l'on sert les vins des meilleurs crus de France, des radis et des laitues qui poussent dans un jardin clos et recouvert de chassis vitrés, enfin d'une étable chauffée l'hiver et où vivent des chèvres, des cochons et des poules. — J. B.

place les grossiers cercueils recouverts ensuite de pierres brutes. Morne et dure couche pour ceux qui dorment là dans l'éternel hiver ! Sur une de ces marches funèbres, et dominant la mer qu'il avait tant aimée, notre pauvre ami repose au bruit des vagues qui lui chantent un *requiem* sans fin.

Il nous fallut consacrer quatre jours entiers à l'achat des attelages et de notre garde-robe arctique : peaux de renne, de phoque et de chien.

Sur une population de deux cents âmes, Upernavik compte une vingtaine de Danois et un plus grand nombre de « sang-mêlés. »

Grâce au résident, M. Hansen, je recrutai à Upernavik trois chasseurs et un interprète. Ce dernier n'était pas moins que le résident du microscopique établissement de Tessuissak. Il avait obtenu un an de congé dont il comptait jouir à Copenhague et son passage était déjà arrêté sur *le Thialfe*; mais il ne sut pas résister aux offres brillantes que je lui faisais, et il se transporta du brick danois à bord de notre petite goëlette. C'était un garçon plein d'entrain et de courage, fait à la vie du Groënland, qu'il habitait depuis dix ans. Très-intelligent, du reste, il avait acquis à bord d'un baleinier anglais assez d'usage de notre langue pour nous devenir très-utile dans nos rapports avec les Esquimaux, dont il connaissait parfaitement l'idiome; enfin, il couronnait toutes ces qualités par son talent d'excellent chasseur et d'éminent conducteur de chiens. Il nous promettait même son attelage, un des meilleurs du Groënland septentrional; malheureusement, il l'avait laissé à son établissement de Tessuissak, à cent dix kilomètres plus au nord, et cette acquisition si désirable devait nous obliger encore à un nouveau retard.

Je réussis, en outre, à engager deux marins danois, qui élevèrent au chiffre de vingt notre nombre total.

Voici les noms de mes nouvelles recrues :

Pierre Jensen, interprète et surintendant des chiens ;

Charles-Émile Olsurg, matelot ;

Charles-Christian Petersen, matelot et charpentier ;

Peter, Marc et Jacob, Esquimaux convertis, chasseurs et conducteurs d'attelages.

La cordialité touchante des habitants d'Upernavik m'a laissé le plus doux souvenir. Je ne puis me rappeler sans émotion leur désir de nous être utiles et leurs généreux efforts pour nous procurer ce qui nous manquait encore ; j'ajoute, à leur louange, que tous ces services étaient complétement désintéressés. Ils refusaient opiniâtrément ce que je pouvais leur offrir, et c'est à peine si je parvins à faire accepter de temps en temps un baril de farine ou une boîte de conserves. « Vous n'en aurez que trop besoin pendant votre voyage, » répliquait-on partout.

Je répondais à leurs politesses affectueuses par une collation offerte aux dames et aux principaux habitants d'Upernavik, lorsqu'au beau milieu de la fête, des pas lourds ébranlèrent l'échelle du dôme et le contre-maître parut, comme autrefois le spectre de Banquo au festin de Macbeth :

« L'officier de quart, monsieur, vous fait dire, monsieur, que les chiens sont à bord, monsieur, et qu'on est prêt à lever l'ancre, comme vous l'avez ordonné, monsieur.

— Bien. Et le vent ?

— Léger et soufflant du sud, monsieur. »

Il n'y avait pas à hésiter, il fallait jeter les hôtes à la mer. Les messieurs cherchent en toute hâte les châles et les manteaux des dames ; les dames elles-mêmes sont précipitées dans le canot ; le docteur Rudolph se charge de notre courrier, promettant de le remettre au consul américain de Copenhague ; le cabestan crie, la goëlette déploie ses ailes blanches, nous sentons se rompre le dernier lien qui nous attachait au monde, au monde de l'amour, du soleil et des vertes prairies, en voyant sur la colline d'Upernavik disparaître les rubans aux brillantes couleurs et les mouchoirs blancs qui nous saluaient encore.

CHAPITRE II

Mer de Baffin

Traversée d'une chaîne de montagnes de glace flottante. — Désagrégation du *Ne me touchez pas*. — Tessuissak. — Nous sommes débloqués. — Baie de Melville. — Les eaux du nord, la glace du milieu, la glace de terre et la passe du rivage. — Les fleuves de l'océan. — Tempête. — Sortie de la chaîne des monts glaciaires. — Le chasseur Hans et sa famille. — Le *pack*. — Notre cuisinier. — Etreinte des champs de glace. — Refuge au fond de la baie de Hartstène.

Upernavik marque à la fois l'extrême limite du monde civilisé et de la navigation relativement facile ; le danger réel commençait pour nous lorsque nous distinguions encore la petite église à pignons, adossée à la noire colline : une ligne épaisse de montagnes de glace se présentait au travers de notre route, et nous n'avions d'autre parti à prendre que de nous y enfoncer bravement.

La tâche n'était pas aisée : nous avions à louvoyer péniblement dans un interminable archipel d'icebergs, aussi variés de forme que de volume. A côté de blocs gigantesques, mesurant soixante-dix mètres de hauteur sur une base de près de deux kilomètres, on en voyait d'autres qui ne dépassaient pas les dimensions de la goëlette : cathédrales gothiques aux clochers ruinés ;

prismes de cristal dont les pointes aiguës se dessinaient sur l'azur du ciel; lourdes figures géométriques d'une morne blancheur, à arêtes nettement coupées, sur lesquelles les cascades se précipitent à grand bruit, sans fin et sans nombre; en un mot, monts glacés aux formes les plus variées et les moins vraisemblables. Ils étaient si rapprochés, qu'à quelque distance ils paraissaient former sur la mer un immense revêtement. L'horizon en était encombré. Lorsque nous eûmes pénétré dans leur formidable enceinte, notre rayon visuel n'avait pas plus d'étendue que si nous eussions été enfoncés dans la plus épaisse futaie de la Forêt Noire. Le maître-d'hôtel, poète égaré sur notre navire, sortait de la cuisine au moment où les glaces se renfermaient derrière nous; il s'arrêta un instant, jeta un mélancolique regard sur la trouée par laquelle nous avions pénétré, et replongea dans l'écoutille en murmurant d'après Dante :

En franchissant ce seuil, laissez-y l'espérance !

C'était l'instant où les officiers réclamaient leur café à grands cris, et nous n'avons jamais été bien certains si la citation érudite du maître-d'hôtel avait trait aux icebergs ou à la cabine de ces messieurs.

Nous passâmes quatre jours à cheminer lentement dans les défilés de cet interminable labyrinthe ; nous y avancions à grand'peine : la faible brise qui nous poussait vers le nord nous laissait souvent en calme plat, et pendant de longues heures nous maintenait immobiles au milieu d'un brouillard glacé, ou sous l'intense clarté d'un plein jour permanent. Cet état de choses avait sans doute le charme de la nouveauté pour la plupart d'entre nous, mais il ne nous apportait pas moins beaucoup de dangers et de soucis. Les montagnes de glace, obéissant surtout à l'impulsion des courants inférieurs, étaient stationnaires par rapport à nous ; le courant de la surface qui nous drossait çà et là (1), en nous jetant en dehors de notre route, rendait la position du navire assez désagréable ; aussi, nous apprîmes bientôt à regarder ces masses comme nos ennemis naturels et à nous en défier.

Nous menions une étrange vie, et un peu de danger n'était peut-être pas le moindre attrait de ce monde d'enchanteresse beauté et de magnificence singulière.

Comme détail caractéristique de la navigation de ces mers, l'aventure suivante peut valoir la peine d'être rapportée.

Durant la nuit précédente, nous avions pu avancer de quelques kilomètres ; mais après le déjeuner, le vent tomba complétement, et notre bâtiment ne paraissait pas bouger plus qu'un soliveau. Nous ne pensions plus aux courants, et tous les regards étaient tournés vers le sud, occupés à guetter le moindre symptôme de brise, lorsqu'on s'aperçut que le flot avait changé et nous portait sans bruit vers un groupe d'icebergs situés sous le vent. Nous dérivions précisément sur un de ceux que l'équipage avait baptisés du nom significatif de *Ne me touchez pas!* Crevassé, érodé, creusé par le temps, il présentait en plusieurs endroits la structure alvéolée d'un vieux gâteau de miel. Le moindre choc, le moindre déplacement d'équilibre pouvait déterminer l'éboulement du colosse; malheur alors à l'infortuné navire exposé au choc de ses débris!

Le courant nous entraînait avec une vitesse inquiétante, et pendant que nous mettions le canot à la mer pour essayer d'amarrer notre câble à un bloc échoué à une centaine de mètres, nous rasions le bord de deux icebergs, dont l'un se dressait à plus de trente mètres

---

(1) *Drosser* signifie l'action d'un courant qui *entraîne*. — J. B.

au-dessus de nos mâts. A l'aide de gaffes (1), nous parvînmes à changer un peu la course de la goëlette ; mais, juste au moment où nous pensions avoir échappé à la collision redoutée, un remous nous fit encore dévier et nous jeta presque de flanc sur la masse flottante.

Le navire toucha à tribord, et le choc, quoique assez léger, détacha des fragments de glace qui auraient suffi pour nous abîmer, si l'avalanche ne se fût pas précipitée un peu plus loin; quelques morceaux cependant tombèrent au milieu de nous sans atteindre personne. Quittant en toute hâte l'arrière, nous nous précipitâmes tous sur l'avant pour suivre avec anxiété les manœuvres du canot remorqueur ; l'iceberg commençait à tournoyer et s'avançait lentement sur nous, les éclats de glace pleuvaient plus épais sur l'arrière, le gaillard d'avant, seul, était encore épargné.

Ce fut l'iceberg lui-même qui nous préserva de la destruction : une masse énorme, représentant douze fois au moins le cube de notre petit navire, se détachant de la partie immergée, s'abîma près de nous en faisant rejaillir d'immenses gerbes d'écume; cette rupture arrêta le mouvement de révolution, et le mont de glace reprit son équilibre dans la direction opposée. Nous allions nous réjouir quand les grincements de la quille nous révélèrent un autre danger : une longue pointe de glace s'avançait horizontalement au-dessous de la goëlette, et nous courions risque de chavirer ou d'être lancés en l'air comme une paume. Cependant les hautes parois de notre ennemi avaient cessé de se pencher sur nous, et la mitraille de glaçons qu'elles projetaient tombaient ailleurs que sur notre pont. Nous courûmes aux gaffes, et, avec une vigueur que redoublait le péril, nous essayâmes d'éloigner le na-

---

(1) *Gaffe*, perche munie d'un croc de fer à deux branches, dont l'une est droite et l'autre courbe. — *Dict. de l'Acad.*

vire ; tous les bras travaillaient : le danger ne permet pas de respecter la dignité du gaillard d'arrière.

Accablés de fatigue, nous nous laissions gagner par le découragement, lorsque l'iceberg vint encore à notre secours : une détonation effrayante nous fit tressaillir et se répéta à de courts intervalles, de plus en plus rapprochés, jusqu'à ce que l'atmosphère tout entière ne parut plus que comme un réservoir d'épouvantables retentissements.

Le côté opposé du géant s'était fendu ; bloc après bloc s'écroulaient dans la mer, ébranlant la vaste masse et la renvoyant vers nous ; le mouvement de rotation s'accélérait, les monstrueux grêlons recommençaient à tomber, et, effrayés déjà par ce terrible spectacle, nous nous attendions, à chaque seconde, à voir la partie de l'iceberg la plus voisine de nous se détacher et nous entraîner dans sa chute ; nous eussions été aussi inévitablement perdus que la cabane du berger sous l'avalanche des Alpes.

Par bonheur, Dodge, qui manœuvrait le canot, avait réussi à implanter une ancre à glace et à y amarrer solidement son aussière ; il nous faisait le signal si impatiemment attendu : « Tirez sur le câble ! » Il s'agissait de notre vie ; nous halâmes longtemps et avec vigueur ; les secondes étaient des minutes et les minutes des heures. Enfin la goëlette s'ébranla, lentement, majestueusement : l'iceberg s'éloignait, emportant notre grande vergue, et rasant la hanche du navire ; mais nous étions sauvés. A peine avions-nous franchi une vingtaine de mètres, que la masse glacée subissait la rupture tant redoutée : sa paroi la plus rapprochée de nous se déchirait avec un craquement effroyable et tombait lourdement dans la mer, nous couvrant de longues fusées d'écume, et soulevant une vague qui, après nous avoir secoués comme l'aurait fait le souffle de la tempête, nous laissa, harassés d'émotions et de fatigues, au milieu des débris de cette ruine immense.

A la fin, nous réussîmes à nous en dégager et à nous placer assez loin pour contempler avec calme l'objet de notre terreur. Cela se balançait, cela roulait comme un être vivant. A chacune de ses révolutions, de nouvelles masses se désagrégeaient, énormes avalanches qui se précipitaient en sifflant dans la mer écumante; quelques heures après, il n'en restait plus qu'un mince fragment, infime débris de sa grandeur passée, et les blocs qui s'en étaient détachés flottaient tranquillement bercés par la marée.

Faut-il attribuer ce qui suivit aux vagues créées par la dissolution de l'iceberg, aux chauds rayons du soleil ou à ces deux causes combinées? Je ne sais, mais toute la journée fut remplie par une suite prolongée de ruptures et de bris de glaces croulantes.

Vers l'orient, la mer était semée de petites îles, taches noires sur les eaux resplendissantes. Des icebergs de toutes tailles se pressaient dans les canaux de cet archipel, jusqu'à ce que, dans le lointain, ils parussent se masser pour défendre l'accès d'une plaine neigeuse, qui, se relevant en talus, se perdait vers l'horizon dans une étroite bande d'un blanc teinté de bleu.

Du nord au sud, aussi loin qu'il pouvait s'étendre, le regard suivait cette ligne d'albâtre derrière les dentelures de la crête : nous reconnaissions la grande mer de glace qui, de l'est à l'ouest et du nord au midi, recouvre tout le continent groënlandais. Ses pentes blanches, inclinées vers le littoral, ne sont que les abords d'un glacier gigantesque, fleuve de cristal qu'elle jette à l'océan, et d'où étaient tombés, les uns après les autres, la plupart de ces icebergs au milieu desquels nous venions de passer de longues heures d'admiration et de terreur.

Enfin le vent du sud ébranla les monts de glace et nous ouvrit notre dangereuse prison. Le soir du 21 août, nous entrions dans un port tout juste assez large pour permettre au navire de tourner sur lui-même. Nous jetâmes l'ancre près d'une berge rocheuse où se dressaient quelques tentes de peaux de phoque, habitations d'été d'Esquimaux, qui avaient l'air d'être assez « cossus » pour le pays : deux ou trois huttes étaient recouvertes d'herbes et de mousse; la plus belle de toutes appartenait à Jensen, notre interprète. Nous étions à Tessuissak, nom qui se traduit par *le lieu où se trouve une baie*. Sonntag emporta un horizon artificiel et un sextant, pour établir la position réelle de cet établissement, chose qui ne s'était jamais vue dans son histoire, et que les habitants, je le crains, ne surent point apprécier à sa juste valeur.

Nous comptions repartir dans une couple d'heures; mais l'attelage de Jensen était dispersé, et pendant qu'on courait après les chiens, un banc de glace dérivait à l'entrée du port et l'obstruait entièrement.

Les chiens furent enfin rassemblés et embarqués à notre bord. Après avoir donné ou troqué ceux qui n'avaient pas grande valeur, nous possédions quatre attelages superbes. Trente bêtes sauvages sur le pont de notre goëlette ! Plaignez notre sort, ô vous qui aimez une vie paisible et un navire bien propret. Quelques-uns de ces animaux logeaient dans des cages placées le long des passavants; d'autres couraient çà et là; tous horriblement agités par la peur et prêts à se battre. Leurs éternels hurlements rendaient nos jours et nos nuits insupportables.

Nos préparatifs étaient terminés. Nous avions complété notre garde-robe contre échange de fèves et de porc salé; notre matériel polaire se trouvait en bon ordre; on avait soigneusement enroulé les câbles, et placé les ancres à glace, les crampons, les cisailles, les gaffes, de manière à les trouver au moment du besoin. Le cabestan et le guindeau jouaient librement, et Dodge, qui n'avait pas oublié ses années de service, était venu me dire : « Tout est paré pour l'action. » La marée voudrait-elle bien entraîner la glace et nous rendre la liberté ?

Je ne pouvais plus maîtriser mon impatience : la saison s'avançait, la température était au-dessous du point de congélation, chaque nuit formait déjà une légère croûte de glace sur les mares d'eau douce; tout au plus si j'avais encore devant moi une quinzaine de jours utilisables. *Le Fox*, malgré sa machine à vapeur, fut complétement bloqué dans la glace, le 26 août 1857, et nous étions au 22 (1).

La mer se décida enfin à chasser l'ennemi qui nous barrait le passage, et, dans la soirée du 22, la goëlette reprenait sa marche sinueuse à travers les icebergs et les îlots. Nous avions par le travers de bâbord le cap Shackleton et la « Tête de Cheval, » et nous nous dirigions vers la baie de Melville.

Le soleil de minuit ne nous éclairait plus et, les nuits commençant à devenir sombres, la vigilance nous était plus nécessaire que jamais.

Pour les géographes, la baie de Melville est tout simplement une ligne courbe qui échancre la côte du

---

(1) *Le Fox* fut expédié en 1857 par lady Franklin à la recherche des reliques funéraires des deux navires qu'avait commandés son mari, *l'Érèbe* et *la Terreur*, disparus depuis douze années. Il était sous les ordres du capitaine Mac Clintock. Le 6 mai 1859, sur les côtes nord-ouest de l'île du Roi Guillaume, entre les caps Félix et Jane Franklin, l'expédition découvrit, après des prodiges de persévérance, un cairn ou entassement de pierres, sous lequel était un parchemin, où on lisait que sir John Franklin était mort le 11 juin 1847. La dernière date qu'il portait était le 25 avril 1848. Les survivants allaient abandonner le lendemain leur navire et tenter de revenir à pied par les terres et les glaces. Ils étaient tous destinés à succomber dans leur entreprise. (Voir le *Tour du Monde*, 1860, t. I, p. 18 et s.) — J. B.

La baie de Melville en été (page 34).

Groënland septentrional; mais les navigateurs lui donnent une aire bien autrement étendue, car, depuis longtemps, les baleiniers nomment ainsi la partie de la mer de Baffin qui commence au sud avec la *glace du milieu* et se termine vers les *eaux du nord*.

Ces *eaux du nord* se trouvent parfois près du cap York par soixante-seize degrés de latitude, mais souvent on les rencontre plus haut, et la glace moyenne, généralement connue sous le nom de *pack* (1), descend quelquefois jusqu'au cercle polaire. Ce pack est formé par des glaçons flottants de dimensions fort variables et dont la longueur se mesure par kilomètres et par mètres, et l'épaisseur par pouces ou par brasses. Gouvernés par les vents et les marées, tantôt ils se pressent les uns contre les autres, ne laissant guère d'espace libre entre eux; tantôt ils sont séparés par de larges fissures. La brise ou les courants les poussent sans cesse vers tous les points cardinaux, et cette dangereuse barrière ne se franchit qu'au prix de bien des fatigues; souvent on met des semaines et des mois à la traverser.

Depuis 1616 que Baffin, montant *la Discovery*, petit navire de cinquante-huit tonneaux, pénétra le premier dans ces parages, ceux-ci, malgré tous leurs périls, ont été le champ de pêche favori des baleiniers, dont la flotte, qui comptait autrefois plus de cent voiles par an, est réduite aujourd'hui à dix ou douze. Plus d'un brave navire a sombré, écrasé sans merci entre ces glaces aux côtes de fer; mais ceux qui parviennent à échapper, retournent au pays chargés de l'huile des pauvres baleines, que leur mauvaise fortune pousse vers le détroit de Lancaster, la baie de Pond ou les côtes qui s'étendent au-dessous.

(1) Ce mot désigne une vaste étendue de glaces flottantes, de toute forme et de toute origine, plus ou moins entassées et soudées les unes aux autres. — F. de L.

La *glace du milieu* ne reste pas stationnaire et n'est jamais complétement prise même au cœur de l'hiver. On se rappelle le sort du steamer *le Fox*, enveloppé vers la fin de l'automne, et délivré au printemps seulement, après une dérive pleine de périls, jusque vers le cercle polaire.

A mesure que l'été s'avance, le pack se désorganise de plus en plus jusqu'à ce que la solide ceinture, adhérente aux côtes et qu'on nomme *tablette* et *fast* ou *glace de terre,* soit elle-même entamée ; il en reste cependant presque toujours une bande étroite jusqu'à la fin de la saison. Les baleiniers, naturellement désireux d'éviter la banquise, et à leur exemple les navires chargés d'explorations scientifiques s'attachent opiniâtrément à suivre cette bande et essayent de se glisser vers le nord par la dernière crevasse entr'ouverte, « la passe du rivage, » comme ils la nomment ordinairement. En effet, si le vent d'ouest pousse la glace sur eux, ils peuvent toujours ou scier un dock pour leur navire ou trouver une crique pour l'amarrer. Enfin, si par hasard la glace flottante a disparu et qu'il n'y ait point de brise, ils ont encore la ressource de le faire haler par l'équipage. (Il est très-rare que, pour la pêche des baleines, on se serve de bâtiments à vapeur.)

Les *fleuves de l'océan* sont pour beaucoup dans la formation de cette barrière. Le grand courant polaire, venant de la mer du Spitzberg chargé de lourdes masses de glaçons, et amenant aux Groënlandais une maigre provision de bois flotté par les grands fleuves de la Sibérie, descend le long de la côte orientale du Groënland, contourne le cap Farewell et remonte au nord jusqu'au cap York, où il s'infléchit vers l'ouest. Là, s'unissant au large torrent encombré de glaces que vomit l'Océan Arctique à travers les détroits de Smith, de Jones et de Lancaster, il se dirige vers le sud, côtoie le Labrador et Terre Neuve, après s'être grossi des eaux de la mer de Hudson; puis, se glissant entre le courant du Golfe du Mexique et le rivage américain, il rafraîchit de ses froides ondes les baigneurs de Newport et de Long-Branch, pour se perdre enfin à l'orient des caps de la Floride.

Un seul regard jeté sur la carte de la mer de Baffin montre que cette marche du courant forme autour de la banquise une sorte de lent tourbillon qui enferme les glaces et les empêche de descendre plus rapidement vers le sud. On comprend aussi que, vers la fin du mois d'août, les dimensions de la *glace du milieu* soient réduites de beaucoup : fondue par le soleil, érodée par les eaux, une grande partie a déjà disparu, et le reste se trouve dans un état de dissolution plus ou moins avancée. Cette époque serait donc très-favorable pour la navigation, si l'approche rapide de l'hiver ne devenait une source de dangers sérieux : lorsqu'on est ainsi au milieu des glaces, le premier abaissement de la température peut vous *engluer* pour dix mois. Aussi les baleiniers essayent-ils de traverser la barrière en mai ou en juin, et quelquefois plus tôt, quand la glace est encore dure et que la débâcle commence à peine.

Huit jours seulement nous séparaient de la fin du mois d'août; aussi regrettais-je, plus que jamais, mes inévitables étapes aux établissements groënlandais.

Pendant que je songeais, le vent s'éleva et souffla grand frais; la mer devint très-houleuse derrière nous; un nuage sombre, qui planait sur le sud depuis quelques moments, s'étendit au-dessus de nos têtes et, couvrant le ciel de ses lambeaux déchirés, nous inonda de vapeurs glacées qui se changèrent bientôt en trombes de neige. Impossible dès lors de rien voir à quelques mètres autour de soi : aussi m'empressai-je de redescendre du perchoir incommode dont m'avait servi a vergue de misaine.

Quel parti prendre à présent ? Poursuivre notre route, ou mettre à la cape et attendre un temps plus favorable? — Dans ce dernier cas, le navire abandonné à lui-même dériverait dans les ténèbres et courrait grand risque de heurter un iceberg isolé, ou les champs de glace qui ne pouvaient pas tarder à nous barrer le passage; de plus, et c'était pour moi l'objection principale, nous ne profiterions pas de la bonne brise qui nous poussait rapidement vers le nord. — En continuant notre course, au contraire, il était à craindre, par cette atmosphère épaisse, que nous ne tombassions droit sur l'ennemi sans l'apercevoir à temps pour en détourner le navire. Mon irrésolution ne fut pas de longue durée : péril pour péril, je préférai celui où nous pouvions déployer notre énergie. Faisant donc prendre tous les ris, je dirigeai notre course sur le cap York (1).

Je me promenais lentement sur le pont en proie à la plus vive anxiété. Nous traversions une mer que pas un navire n'a parcourue sans y rencontrer les glaces : avais-je à prétendre à une autre fortune?

Le brouillard était si intense qu'à peine je pouvais distinguer la vigie sur le gaillard d'avant. Parfois, il s'élevait un peu et, sous le dais pesant de vapeurs sombres qui semblaient soutenues par les icebergs errants, mon regard portait sur la mer à une distance de plusieurs kilomètres. Puis la neige recom-

---

(1) Les *vergues* sont les longues pièces de bois rondes et attachées en travers des mâts pour soutenir les voiles ; celle de misaine est attachée au mât de ce nom, qui est à l'avant du navire, près du mât de beaupré. — La *cape* est la position du navire en travers du vent avec fort peu de voiles ouvertes. — *Prendre les ris*, c'est raccourcir les voiles au moyen des petites cordes ou *garcettes* passées dans les *ris* ou œillets qui se trouvent dans la voile au-dessous de la vergue. — J. B.

mençait à tomber, la grêle bruissait, le vent sifflait à travers le gréement, et les lourdes vagues, déferlant sur nous, inondaient les ponts et menaçaient de nous engloutir : je n'oublierai jamais nos dix premières heures dans la baie de Melville.

Vers la fin de cette course folle et désordonnée, mon oreille, attentive au moindre son, saisit le clapotis de l'eau sur les brisants : un instant après, la vigie donnait l'alarme.

« De quel côté?

— Je ne peux pas l'apercevoir, commandant. »

Cependant le bruit se rapprochait. Tout à coup, un mont de glace projeta faiblement sa blancheur indécise au milieu du brouillard. Le temps de réfléchir nous manquait et il était trop tard pour nous détourner. En serrant le vent, nous précipitions de flanc la goëlette sur l'obstacle. Sur quel point gouverner? Nous l'ignorions : on ne distinguait pas les contours de la montagne, seulement on entrevoyait une énorme lueur et une ligne de brisants couverts d'écume.

Je l'ai toujours pensé : quand on ne sait à quoi se résoudre, le plus sûr est de ne rien faire, et, dans les circonstances présentes, ce fut notre salut. Si j'avais obéi à ma première impulsion et mis la barre au vent, nous courrions vers la ruine. Au contraire, nous glissâmes tout près de l'affreux monstre, en échappant à une collision qui aurait été immédiatement fatale à notre pauvre navire et à tous ceux qui le montaient; la vergue de misaine en effleura le bord, le mur de glace nous couvrit de son embrun, et quelques instants après l'iceberg rentrait dans les ténèbres d'où il avait émergé si soudainement.

« Rasés de près, » dit maître Dodge, toujours de sang-froid.

« Très..... très-près! » grelotta Starr, frissonnant encore, comme s'il venait de recevoir une douche glacée.

Le vieux cuisinier avait été sommé de comparaître sur le pont pour aider à la manœuvre, et au milieu de la terreur générale, on l'entendait murmurer : « Je voudrais savoir comment le dîner de ces messieurs sera prêt si on me dérange comme cela! pour tirer sur des câbles! » — Le bonhomme ne se doutait guère qu'un instant auparavant *ces messieurs* pensaient ne plus avoir jamais besoin de ses services.

De cette aventure, notre équipage tira la plus aveugle confiance : deux boulets, à ce qu'on dit, ne tombent jamais au même endroit, et sans doute nos gens supposaient qu'il en est ainsi des icebergs. Quoi qu'il en soit, tout alla bien. Maintes fois la vigie cria : « Brisants à l'avant! » mais un examen plus attentif nous montrait les glaces à droite ou à gauche, et nous passions sans avaries. Puis le vent tomba peu à peu, la neige cessa, les nuages se dissipèrent et le soleil reparut. Pendant que les hommes secouaient le gréement et déblayaient le pont couvert de grêle et de givre, je remontai avec ma lunette : on ne voyait plus de champs de glace, mais ils se reflétaient encore sur le ciel occidental (1).

C'était merveille d'avoir à si bon compte traversé cette chaîne de montagnes de glace : la mer en était semée.

Près du cap York, je longeai le rivage, cherchant les indigènes. Les lecteurs des récits du docteur Kane n'ont peut-être pas oublié que ce navigateur avait emmené des établissements groënlandais un chasseur nommé Hans, qui, après lui avoir été fidèle pendant près de deux années, l'abandonna pour une belle et alla vivre avec les Esquimaux sauvages qui habitent les bords septentrionaux de la mer de Baffin. Suppo-

(1) La réverbération des glaces blanchit l'horizon et donne à l'atmosphère une apparence particulière, que les Anglais appellent *ice-blinck*. — J. B.

sant qu'il n'avait pas tardé à se lasser de son exil volontaire et attendait probablement au cap York un navire quelconque qui voulût bien l'emmener, je m'avançai à une portée de fusil de la falaise, sur laquelle je découvris bientôt un groupe d'êtres humains qui faisaient force signes pour éveiller notre attention. Je descendis dans un canot, et de vrai, il était là, devant nous, l'objet de mes recherches, nous regardant de tous ses yeux; il me reconnut parfaitement, ainsi que M. Sonntag, et se rappela même nos noms (1).

Six ans de séjour parmi les naturels de cette côte désolée l'avaient entièrement abaissé au niveau de leur laideur repoussante. Il était accompagné de sa femme, portant son premier-né sur son dos dans un capuchon de cuir; de son beau-frère, jeune garçon au regard vif et brillant, et de sa belle-mère, « vieille commère à la langue bien pendue. » Ils étaient tous vêtus de peaux. Nos hommes les examinaient avec la plus grande curiosité, car, jusque-là, nous n'avions pas rencontré d'Esquimaux entièrement sauvages.

A travers des rochers abrupts et de hauts amas de

---

(1).... Au moment de notre départ, Hans nous faisait défaut depuis deux mois. Il était parti pour Étah, sous le prétexte d'y commander une paire de bottes, dont il avait grand besoin, à une vieille Esquimaude fort experte en semblables confections; mais d'Étah il avait poussé plus loin, jusqu'à Pétérawik, où résidait une petite créature, assez jolie pour la race dont elle sortait et le sol qui l'avait nourrie.... Tout le long de la côte, sur la route de notre retour, je m'informai du déserteur et, si les réponses recueillies différaient quant aux détails, elles avaient toujours le même fond. Mon fidèle Hans (je devrais dire maintenant l'infidèle) avait été vu se dirigeant de Pétérawik, vers le sud, en traîneau indigène, avec une jeune fille à ses côtés et ne cachant pas son intention d'aller fonder un fief indépendant à Ouwarrow Souk-Souk, sur les bords de l'entrée de Murchison. — Hélas! hélas! pauvre Hans! homme marié! (*Kane's artic Explorations, in the years* 1853, 54, 55, vol. 2, p. 234 et 235.) — F. DE L.

neige, Hans nous conduisit à sa tente, située sur une colline escarpée à une soixantaine de mètres au-dessus du niveau de la mer ; position étrangement incommode pour un pêcheur, mais très-convenable comme poste d'observation. C'est là que, pendant de longues années, il avait guetté le navire tant désiré ; les étés s'enfuyaient et Hans soupirait toujours après sa patrie et les amis de sa jeunesse. La tente était un assez triste logis à l'esquimaude, en cuir de phoque et à peine assez large pour abriter la petite famille qui se pressait autour de nous.

« Hans voudrait-il venir avec moi ?
— Oui.
— Avec la femme et le marmot ?
— Oui.
— Voudrait-il venir sans eux ?
— Oui. »

Je n'avais pas le loisir d'examiner à fond l'état de son esprit, et sachant, par ouï-dire, que la séparation de deux époux est un événement regrettable, je donnai à la jeune femme le bénéfice des conventions de notre monde civilisé, en l'emmenant à bord avec le mari, le poupon, la tente et tous leurs pénates. La vieille et le jeune drôle aux yeux noirs criaient et voulaient nous suivre ; mais, n'ayant point assez de place pour tout ce monde, je les abandonnai aux soins du reste de la tribu, qui pouvait compter une vingtaine de personnes. Ces Esquimaux accouraient joyeusement sur la colline ; je leur distribuai quelques cadeaux, et retournai vers le navire.

La placidité de maître Hans n'avait pas été un seul instant troublée. Il eût certainement été tout aussi satisfait de laisser sa femme et son enfant à leur sauvage parenté, et, si je l'avais alors connu tel que j'appris plus tard à le faire à mes dépens, je n'aurais pas perdu quelques heures à interrompre le cours de

Le Groënlandais Hans (page 42).

sa barbare existence. Hans était dans la jubilation et le laissait voir autant que le permettait sa stupide nature. Sa femme montrait un curieux mélange d'orgueil et d'ébahissement ; tout écrasée par l'imprévu de sa nouvelle situation, elle semblait avoir contracté une grimace chronique. Quant au marmot, il criait, hurlait, riait, comme tous ceux de son âge.

Armés de seaux d'eau chaude, de savons, de peignes et de ciseaux, les matelots se mirent en devoir de préparer ces intéressants personnages aux chemises rouges et autres bienfaits de la civilisation. Cette dernière partie du programme les ravissait d'aise : ils se pavanaient sur le pont avec l'air d'importance comique de nos petits garçons le jour de leur première culotte ; mais hélas ! l'eau et le savon !... La femme, que les préparatifs avaient d'abord mise en belle humeur, commença à pleurer et à demander à son mari si c'était là un rite de la religion des hommes blancs, et l'expression de son visage indiquait qu'elle y voyait un mode de terrible torture. La cérémonie faite, le matelot qui remplissait le rôle de chambellan et ne paraissait pas très-enthousiaste de cet accroissement de notre famille, les fourra pour la nuit parmi les toiles et les câbles des écubiers, tout en grommelant à demi-voix : « Là, du moins, ils seront utiles à quelque chose : ils serviront de doublure à nos bossoirs (1) ! »

Vers l'aube, le vent tourna au nord-est, dissipa les nuages et nous montra la terre ; le cap Alexandre, dont les hautes falaises gardent l'entrée du détroit de Smith, paraissait à trente-six kilomètres tout au plus, et le cap Isabelle, qui en est éloigné de soixante-

---

(1) *Ecubiers*, trous ronds, percés à l'avant du navire pour laisser passage aux amarres des ancres. — *Bossoirs*, pièce de bois forte et saillante pour servir à manœuvrer les ancres et sur lesquelles on pose les sentinelles chargées la nuit de veiller à la sûreté du bâtiment. — J. B.

quatre, était visible sur la côte opposée. Cinglant vers le cap Saumarez, nous trouvâmes un chenal entre le champ de glace et le rivage ; mais nous passâmes la plus grande partie du jour à maugréer contre le calme irritant pendant lequel un fort courant de marée nous promenait alternativement au nord et au midi de la côte. Il nous fallait avoir presque constamment recours aux canots pour nous garer des monts de glace très-nombreux dans ces parages et dont quelques-uns étaient de dimensions formidables. A la fin cependant, un bon vent nous poussa vers le détroit de Smith, où tendaient nos désirs. Tournés vers le cap Isabelle, nous eûmes un instant toutes les bonnes chances pour nous ; mais notre joie fut de courte durée : du haut des mâts, on signala une immense banquise, et nous ne fûmes pas longtemps à l'atteindre.

Ce *pack* était composé des plus énormes champs de glace que j'eusse jamais rencontrés ; courant du nord-est au sud-ouest, il barrait notre route vers le rivage occidental. Plusieurs de ses glaçons s'élevant de soixante centimètres à trois mètres au-dessus de la mer, mesuraient par conséquent une épaisseur totale de six à trente mètres. S'ils avaient été moins compactes, je me serais risqué à m'ouvrir un passage, mais, dans l'état où ils se présentaient, c'eût été faire marcher la goëlette à une perte assurée.

Ces glaces paraissaient interminables : on ne découvrait plus d'espace libre dans la direction du cap Isabelle. Le vent, soufflant de terre, nous interdisait tout espoir du côté du nord-est et nous dûmes nous résigner à descendre au sud-ouest à la vaine recherche d'un chenal conduisant vers le nord.

Cependant nous ne tardâmes pas à être délivrés de toute indécision : une affreuse tempête fondit soudain sur nous et ne nous laissa d'autre alternative que de tâcher d'atteindre la côte pour y trouver un abri.

Notre position était des plus critiques : le large champ de glace que nous avions dépassé la nuit précédente s'étendait sous le vent; nous le voyions du haut du mât; il nous coupait la retraite et nous enlevait toute possibilité de courir vent arrière.

29 *août*. Deux heures après midi. — La côte, qui ne nous abrite que par intervalles, est d'aspect assez sinistre; les falaises ont près de trois cent soixante mètres d'élévation, et leurs sommets, ainsi que les montagnes qui les dominent, sont couverts de neige récemment tombée. La tourmente la roule par-dessus les crêtes et la précipite sur nous en lourds tourbillons. Ce doit être un beau spectacle.... de loin. L'hiver sera précoce. En 1853, ces mêmes hauteurs, deux semaines plus tard, n'avaient pas encore revêtu leur manteau blanc.

A dix heures du soir. — La terre est tout aussi éloignée, et nous avons à peine changé de place depuis midi. Impossible de voir une scène plus magnifiquement terrible que celle qui se déploie autour de nous.

Quel contraste entre le froid, l'horreur, le fracas du dehors et la douce chaleur, le calme qui règne autour de moi! J'écris dans la chambre des officiers; le poêle est chauffé au rouge, la bouilloire chante sa familière chanson; Jensen lit, et Mac Cormick, harassé de fatigue et d'anxiété, dort profondément; Radcliffe et Knorr lui tiennent compagnie. Le cuisinier nous apporte le café en chancelant; je vais prendre du cœur en en buvant une tasse, puis j'irai relever Dodge, qui fait le quart, et l'enverrai à son tour jouir d'un peu de repos.

Le pauvre cuisinier a eu bien du mal à arriver jusqu'à la cabine, sur les ponts glissants.

« Je suis tombé plus d'une fois ; mais le commandant voit que je n'ai pas renversé le café. Ah! il est fort, il est bon, il est chaud! D'un coup, il descendra jusqu'au fond de vos bottes !

— Mauvaise nuit sur le pont, maître coq !

— Oh ! c'est affreux, monsieur. Je n'avais jamais vu si rude souffle de vent, et je navigue depuis quelques quarante ans ! Et il fait si froid ! si froid ! La cuisine est pleine de glace, et l'eau a gelé sur mon fourneau !

— Tenez, cuisinier, voici une jaquette de laine bien épaisse, un vrai Guernsey ; cela vous garantira du froid.

— Merci, monsieur, » et il part avec sa conquête ; mais, encouragé par cette réception, il s'arrête au pied de l'escalier. « Le commandant serait-il assez bon pour me dire où nous sommes ! Ces messieurs se gaussent de moi.

— Certainement, maître coq. La terre que vous voyez du pont est le Groënland. Ce grand cap est le cap Alexandre ; au delà se trouve le détroit de Smith, et nous ne sommes qu'à quinze cents kilomètres du pôle Nord.

— Le pôle Nord ! qu'est-ce c'est que ça ? »

Je le lui expliquai de mon mieux.

« Merci, monsieur, mais pourquoi y allons-nous ? pour la pêche ?

— Non, mon ami, pour la science.

— Oh ! voilà donc ! Et ils me disent que c'est pour la pêche. Merci, monsieur ! » et replaçant son bonnet crasseux sur sa tête chauve, qui n'en est pas beaucoup plus savante après ma réponse, il rentre en trébuchant par l'échelle du dôme en pleine tempête. Quelques loustics du bord avaient entretenu le bonhomme dans la pensée que nous allions pêcher des phoques.

Le matin du 31 août, j'ai essayé d'atteindre le cap Isabelle, mais je n'ai fait que longer le pack jusqu'à l'endroit même où il nous avait déjà détenus. Quelques flaques d'eau libre s'étendaient encore au milieu ; pourtant nous n'avons pas pu réussir à traverser la glace qui nous en séparait. La seule chance qui me reste est de suivre les côtes du Groënland, de m'attacher, pour ainsi dire, à la glace de terre et de profiter des moindres passages que le vent a pu pratiquer dans le détroit, pour tâcher de parvenir enfin sur le rivage opposé. Je ne désespère pas d'y arriver, quoique, au premier abord, les difficultés paraissent insurmontables, vu l'énorme quantité de glace amoncelée par les vents. J'ai l'œil sur Fog Inlet (l'Entrée du Brouillard), à trente-six kilomètres au-dessus du cap Alexandre, et j'essayerai d'atteindre ce point pour y recommencer ma tentative.

Le vent fraîchit maintenant, et sous les voiles au bas-ris, nous avançons quelque peu. Mes pauvres matelots font une triste besogne : il est presque impossible de manier les câbles raidis ; au-dessus de la ligne de flottaison, le navire est entièrement cuirassé de verglas. Trois de nos chiens sont morts, tués par le froid et par l'humidité.

1er *septembre*, huit heures du soir. — Nous avons encore été chassés du détroit. La brise soufflait avec violence, et en virant de bord pour éviter un iceberg, la vergue de misaine s'est cassée par le milieu ; incapables de porter d'autre toile qu'une voile d'étai aux bas-ris, nous avons encore une fois été forcés de chercher un abri derrière notre ancien protecteur, le cap Alexandre. Mac Cormick raccommode tant bien que mal nos avaries et prépare le bâtiment pour de nouveaux combats.

Deux jours après, nous avions réussi à nous glisser dans un espace triangulaire formé par le contact de trois champs de glace et, quoique tout à fait renfermés, nous pouvions nous tourner en pleine liberté et nous croire à l'abri d'un danger immédiat ; mais, les coins des glaçons protecteurs étant bientôt emportés, notre petit havre se rétrécit peu à peu ; enfin, consternés, à bout d'espoir, nous écoutions les grincements, les craquements horribles de la glace, nous en suivions les progrès avec terreur ; elle approchait, elle touchait le navire.

Celui-ci gémit comme un mourant dans sa dernière agonie, et, tremblant dans chacune de ses membrures, depuis les pommes des mâts jusqu'à la quille, il se tordit et se débattit comme pour échapper à cette formidable étreinte. Ses flancs allaient céder ; les rivures du pont se courbèrent en dessus et les coutures des bordages s'ouvrirent. Je la crus perdue, cette pauvre goëlette qui nous avait si bravement portés au milieu de tant de dangers ; mais ses murailles étaient solides et ses couples résistants. La glace à bâbord, agissant peu à peu sur ses œuvres vives, détermina une secousse qui nous fit tous chanceler et souleva le navire ; les glaçons s'amassaient, se pressaient toujours ; de leurs débris se formait graduellement un entassement immense autour et au-dessous de nous ; et comme si un millier d'énormes crics eussent à la fois travaillé sous le bâtiment, nous le sentions s'élever doucement au-dessus de la surface de la mer. Je craignais maintenant qu'il ne finît par se coucher sur le côté, ou que les masses qui se dressaient au-dessus de notre accastillage (1) ne vinssent à s'écrouler, et, retombant sur le pont, ne nous ensevelissent sous leurs décombres.

Huit mortelles heures se passèrent dans ces angoisses.

Par bonheur cette terrible torture finit par se relâcher : l'ennemi s'éloigna en tournant sur lui-même ; la pression cessant tout à coup, le navire retomba dans l'eau en oscillant d'avant en arrière et de droite à

---

(1) L'*accastillage* est la partie la plus élevée des deux côtés d'un navire dans son pourtour. — J. B.

gauche. Il fut longtemps agité d'un roulis formidable, pendant que la glace, cherchant à retrouver son équilibre, plongeait avec bruit dans la mer et se vautrait près de nous avec une sauvage énergie.

Délivrés enfin du péril le plus immédiat, nous fîmes tout notre possible pour nous dégager au plus vite des débris de cet affreux champ de bataille. Notre premier soin fut d'examiner sommairement les avaries du bâtiment : la cale se remplissait d'eau à vue d'œil, le gouvernail était fendu, il avait deux aiguillots cassés ; l'étambot était enlevé et des morceaux de l'étrave et de la quille flottaient le long du bord. Suivant toutes les probabilités, nous étions en voie de sombrer ; aussi devions-nous avant tout recourir aux pompes.

Nous restâmes plusieurs heures au milieu des glaces, torturés par le doute et l'incertitude : nous ne pouvions manœuvrer qu'avec les plus grandes précautions ; notre navire, dans son état déplorable, exigeait des ménagements infinis, car il n'aurait pu supporter de nouveaux chocs. Impossible d'aller en avant à cause de la banquise. Nous étions donc absolument forcés d'aller vers le rivage et d'y chercher un abri. Le gouvernail était hors de service, et nous fûmes obligés de nous diriger à l'aide d'un long espars godillant à l'arrière (1).

Le vent soufflait de plus en plus de l'est en dispersant les glaces autour de nous ; quoique par moments nous fussions tout à fait bloqués et même une fois étroitement *pincés*, nous parvînmes, en profitant des occasions et des moindres fissures, à nous glisser

---

(1) *Aiguillots*, pièces qui entrent dans la construction du gouvernail. — *Etambot*, pièce de bois qui soutient le gouvernail. — *Etrave*, pièce courbe qui forme la proue. — La *quille*, longue pièce qui forme l'appui inférieur de toutes les membrures d'un navire. — *Espars*, matereau de neuf à dix mètres de long. — J. B.

en dehors de la banquise. Enfin, après vingt heures d'anxiété, nous arrivions dans une mer relativement ouverte; nous mîmes le cap sur la baie de Hartstène, où nous pûmes trouver un assez bon mouillage.

Les avaries de la goëlette étaient moindres que nous ne l'avions d'abord pensé : un examen soigneux nous prouva qu'aucun couple n'avait cassé et que les coutures s'étaient presque refermées. Une fois assuré que nous ne courions plus risque de sombrer, je ne gardai que les hommes nécessaires à la manœuvre des pompes, et j'envoyai tous les autres se livrer à un repos dont ils avaient si grand besoin : nous étions tous brisés de fatigue.

Le lendemain, on procéda à une inspection encore plus minutieuse : la coque du bâtiment ne nous parut plus de force à se mesurer avec les glaces ; mais, en nous résignant à vider la cale pendant une heure sur quatre, elle pouvait encore tenir la mer.

Nous nous hâtâmes de faire toutes les réparations possibles. Il aurait fallu mettre le navire à sec ; mais nous n'y pouvions songer dans l'état actuel des glaces et de la température. Quant au gouvernail, il ne tenait plus que par un aiguillot et défiait toute espèce de réparation.

Rester vingt-quatre heures de plus dans la banquise, c'était m'emprisonner volontairement pour tout l'hiver. Aussi, après deux jours de fatigues et de travaux inutiles, je me décidai à retourner en arrière ; déjà la retraite était fort périlleuse, mais dans ces mers polaires on apprend le courage et la patience. Le succès couronna nos efforts, et par une brise favorable nous rentrions dans la baie de Hartstène. Je fis mettre le cap sur un petit groupe d'îles déchiquetées qui en barrent le fond, et, nous faufilant à travers une des passes qui les séparent, nous nous trouvâmes dans une jolie petite anse où l'on jeta l'ancre.

Le jour suivant, je fis haler le navire encore plus près du rivage et je l'amarrai aux rochers.

L'équipage avait manœuvré avec un zèle mêlé d'anxieuse incertitude ; aussi, lorsque j'annonçai mon projet d'hiverner dans ce lieu, mes gens accueillirent cette communication avec la plus grande joie. Ils avaient cruellement souffert, et un long repos leur était indispensable. Ils voyaient depuis plusieurs jours, et je l'avais lu sur leurs visages avant de vouloir me l'avouer, qu'il était décidément trop tard pour cette année; mais certes, si nous eussions encore eu le moindre espoir de réussir à traverser le détroit, ma vaillante petite troupe m'aurait suivi dans ces nouvelles luttes avec son énergie et sa gaieté accoutumées.

CHAPITRE III

AU PORT FOULKE

Description du Port Foulke. — Préparatifs pour l'hivernage. — Nous pendons la crémaillère. — Effets que produit le commencement d'une nuit de quatre mois. — Course de traîneaux sur la glace. — Le fouet et l'attelage de chiens. — Le lac Alida. — Le glacier de Mon frère John. — Hans est jaloux de Peter. — Caractère des Esquimaux. — Mme Hans et Pingasick. — Nous montons sur le dos du Frère John et y plaçons des points de repère pour vérifier s'il marche. — Fête de Mac Cormick. — Risquant de geler au sommet du glacier, nous nous hâtons d'en descendre.

En l'honneur de mon ami feu William Parker Foulke, de Philadelphie, un des premiers avocats et des plus chauds soutiens de mon entreprise, notre lieu de refuge reçut le nom de Port Foulke. C'est une petite anse bien abritée de tous les vents, hormis celui du sud-ouest; mais nos récentes aventures ne nous avaient pas appris à redouter ce dernier, et un groupe de monts de glace, échoué à l'entrée du port, nous protégeait contre les champs de glace flottante.

Port Foulke est une petite crique bien enfoncée au centre de rochers escarpés, qui ont l'aspect lugubre, formant des falaises de syénite d'un brun rouge sombre et s'ouvrant par une série de terrasses au fond de la baie. A l'entrée, se trouvent vers le midi trois petits îlots qui figurent dans mon journal sous le nom des Trois Jouvenceaux et qui portent sur ma carte ceux de Knorr, Radcliffe et Starr.

La glace ne fut pas longue à se refermer derrière nous.

Je m'occupai sans retard de tout organiser pour l'hivernage : navire d'abord, équipage ensuite. Sans doute, la science ne fut pas oubliée, mais il fallait surtout pourvoir au plus pressé ; il y avait fort à faire. Heureusement je n'en étais pas à mon premier voyage arctique.

MM. Sonntag, Radcliffe, Knorr et Starr se chargèrent des recherches scientifiques qu'il nous était possible d'entreprendre. Jensen, Hans et Peter formèrent le corps spécial des chasseurs de l'expédition. Sous les ordres de M. Dodge, une escouade, comprenant la majeure partie de nos hommes, descendit la cargaison dans les canots et la transporta au rivage, d'où, au moyen d'une grue improvisée, on la déposa sur une des terrasses inférieures, à neuf ou dix mètres au-dessus de la marée haute, dans un magasin construit en pierres sèches et recouvert de nos vieilles voiles.

Mac Cormick et le charpentier, aidés du reste des bras disponibles, préparaient le navire pour son long sommeil d'hiver. Les voiles furent détachées, les vergues descendues, le haut des mâts bien enveloppé et le pont couvert d'un toit de planches formant une chambre de 2^m,40 de hauteur vers le faîte et de deux sur les côtés ; une tenture de papier goudronné en cachait tous les joints ; quatre fenêtres servaient à la ventilation et permettaient à la lumière d'entrer aussi longtemps qu'elle le pourrait. Entre les ponts, la besogne ne manquait pas : la cale planchéiée, raclée, lavée à l'eau de chaux, fut convertie en cabine pour l'équipage ; on installa le poêle de la cuisine au centre de la pièce, sous la grande écoutille, à laquelle fut adapté un appareil très-simple pour fondre la neige et la glace. Ce n'était autre chose qu'un long cylindre double en fer galvanisé; il était chauffé par la cheminée du fourneau; une énorme baril recevait l'eau claire et très-pure qui en découlait sans cesse : notre *fondeuse*, comme nous l'appelions, fournissait largement à tous les besoins du bord.

Le 1er octobre, tous nos préparatifs étant terminés, nous pendions avec une certaine solennité la crémaillère dans nos quartiers d'hiver. Ce festin fut des plus présentables, assurément : pour relevé de potage, on nous servit un saumon d'Upernavik, et la table pliait sous le poids d'un plantureux cuissot de renne, flanqué de gibelottes de lapin et de pâtés de gibier.

En vérité, l'état de notre commissariat aux vivres nous rassurait contre la venue de l'hiver. Accrochés aux haubans transformés en étal, une douzaine de rennes attendaient leur tour, et nombre de lapins et de renards étaient suspendus aux agrès. L'appétit formidable et les estomacs vigoureux, que nous assuraient l'air vivifiant et nos rudes labeurs, pouvaient se déclarer satisfaits du présent et confiants dans l'avenir. Nos Nemrods revenaient rarement *bredouilles* : ils rencontraient fréquemment des troupeaux de quinze à cinquante rennes, et Jensen, qui, pendant plusieurs jours, campa sur le terrain de chasse, avait déjà *caché*, selon la méthode esquimaude (1), la chair d'une vingtaine de ces animaux, sans compter tous ceux qu'il expédiait à bord; moi-même j'en tuai trois dans une

---

(1) Cette méthode *esquimaude* a été dès l'abord pratiquée par les Canadiens français, et, en tout cas, est désignée dans toute l'Amérique du nord par les mots *cache* et *cacher* qui sont bien français. Les lecteurs du *Voyage de l'Atlantique au Pacifique* doivent se rappeler les nombreuses caches des chasseurs et le défilé appelé la Cache de la Tête Jaune. — J. B.

Hivernage du schooner au port Foulke (page 54).

heure. Toutes ces provisions n'étaient pas de trop, car nos chiens y faisaient de terribles brèches. Nous conformant à l'usage indigène, nous ne leur donnions à manger que tous les deux jours; mais les privations et les fatigues du voyage avaient sans doute accru leur voracité naturelle, et il ne leur fallait pas moins d'un renne à chaque repas.

La situation du bâtiment était assurément fort inquiétante, désespérée même dans l'esprit de quelques-uns; mais ce grave souci, non plus que nos plongeons répétés lorsque la glace se brisait sous nos pieds, ne pouvait rien sur l'inaltérable bonne humeur de tous. Je dois cependant en excepter deux individus possédés d'une gravité vraiment burlesque, qui ne les mettait guère en état de nous rendre de bons services. L'un d'eux, avec le plus grand sérieux et une somme énorme d'énergie mal dirigée, se mit un jour à découper à la hache mon meilleur grelin de neuf pouces (1), qui ne faisait mal à personne; tandis que l'autre, également solennel, cassait mes rames en repoussant des éclats de glace qui ne nous gênaient en rien. Seul avec son courage, et armé d'un mât à mesurer les marées, instrument qui avait coûté deux jours de travail à Mac Cormick, il s'efforça d'éloigner la goëlette des rochers qui la menaçaient de leur voisinage. Le malheureux n'échappa à la juste colère de l'officier de manœuvres qu'en se précipitant dans la mer à la suite des débris qu'il avait faits. Il se débattait dans l'eau glacée pendant qu'on le consolait en lui criant que les crustacés auraient à préparer un beau squelette pour la collection du commandant. La température heureusement ne dépassait guère le point de congélation, et l'aventure finit sans autre résultat qu'une légère pleurésie pour un des sauveteurs et

---

(1) *Grelin*, cordage dont la grosseur n'excède pas onze pouces.

quelques accès de rhumatisme pour le destructeur de mes rames.

Le succès vint enfin couronner nos efforts et mettre un terme à nos longues anxiétés pour le navire : une fois de plus, il fut en sûreté.

Le jour suivant, les grelins au moyen desquels nous étions amarrés furent enlevés avec précaution et posés sur des blocs de glace ; nous nous taillâmes dans cet albâtre polaire un escalier descendant du pont à la plaine gelée, et une épaisse chute de neige nous fournit les matériaux d'un mur dont nous entourâmes le bâtiment pour le préserver du vent et des froids excessifs. Les attelages étaient incessamment occupés à recueillir les rennes qu'on avait cachés en divers endroits, et lorsque tout fut rapporté à bord, nous pûmes regarder avec un certain contentement notre provision d'excellentes viandes fraîches.

La goëlette dormant couchée chaudement dans son berceau de glace, il n'était plus besoin de service de bord ; le quart de terre, un officier et un matelot, suffisait amplement. La journée ordinaire, qui commence à minuit, remplaça la journée de mer, qui commence à midi. Nous franchissions la ligne qui sépare la lumière de l'été de la sombre obscurité du long hiver polaire ; et nous nous préparâmes bravement à cette lutte contre les ténèbres, en hommes résolus à leur opposer une énergie à toute épreuve et une bonne humeur inaltérable.

Le 15 octobre, le soleil disparaissait pour quatre longs mois derrière les collines méridionales ; nous ne pûmes parler d'autre chose le soir, et je lisais facilement sur les traits de mes compagnons que leurs pensées le suivaient dans sa course vers le sud. Un voile de tristesse s'abaissait sur la table autour de laquelle nous étions groupés ; pendant les cinq dernières semaines, nos soucis et nos travaux nous avaient à peine laissé remarquer le déclin du jour ; il s'était évanoui lentement, et la morne nuit arctique qui succédait aux ombres grandissantes, nous faisait maintenant sentir pour la première fois que nous étions vraiment seuls dans le désert polaire.

Mes arrangements pour la santé et le confort de notre intérieur sont terminés, mon système de discipline et d'économie domestique marche à merveille, et j'ai la certitude que les rouages du petit monde qui gravite autour du navire emprisonné, fonctionnent doucement et sans encombre. Je me sens donc beaucoup plus de liberté et je vais me lancer dans quelques courtes explorations, pendant que le crépuscule dure encore. Aussitôt qu'il m'a été possible, j'ai mis mes gens à l'œuvre pour préparer les divers objets nécessaires à nos campements. Tout est en ordre depuis quelques jours, mais l'état de la température ne nous a permis que de courtes absences et nous glissons insensiblement dans la nuit.

Cependant aujourd'hui j'ai fait une course animée, excitante, et j'ai bien rempli ma journée. Parti en poste d'assez bonne heure et conduit par maître Jensen, j'ai remonté un golfe de dix kilomètres de longueur sur trois à six de largeur, qui est situé au nord de notre anse, et forme le fond de la baie de Hartstène. Le départ a été superbe. Un beau traîneau et douze chiens ! Ils sont tous en parfaite santé et courent comme l'éclair ; mon traîneau groënlandais sillonne la glace avec une célérité qui donnerait le vertige à des nerfs mal exercés. J'ai franchi onze kilomètres en vingt-huit minutes, sans le moindre temps d'arrêt pour souffler ! Ils ont refait la même route en moins de trente-trois. Sonntag et moi luttions de vitesse, et je l'ai gagné de quatre minutes. Ah ! si mes amis de Saratoga ou de Breeze-Point pouvaient de loin contempler ces coureurs d'un nouveau genre ! Point n'est besoin de les éponger ni de les bouchonner : on les attelle au moyen d'un seul trait de dimension variable; les plus longs sont les meilleurs, ils ne s'emmêlent pas si facilement ; le tirage des chiens placés sur les côtés en est beaucoup plus direct, et si vos coursiers vous entraînent sur la glace amincie, vos chances d'échapper au plongeon sont en proportion de la distance qui vous sépare d'eux. Les traits étant ordinairement de même longueur, les chiens courent côte à côte, et s'ils sont bien attelés, leurs têtes se trouvent sur la même ligne droite ; les épaules des miens sont juste à six mètres de la partie antérieure des patins de mon traineau. Les animaux les moins vigoureux sont placés au milieu et l'attelage entier est dirigé à droite ou à gauche, suivant le côté où le bout du fouet touche la neige ou frappe les chefs de file, s'ils n'ont pas tout de suite compris l'avertissement. On s'aide bien de la voix, mais ce n'est que sur le fouet qu'on peut réellement compter, votre influence sur l'attelage étant en raison directe de la manière dont vous savez le manier. Le fouet esquimau a toujours un mètre vingt et un centimètres de plus que les traits et se termine par une mince lanière de nerf durci , avec laquelle un habile conducteur fait couler le sang à volonté ; il sait même indiquer d'avance l'endroit où il touchera le réfractaire. Pendant notre course d'aujourd'hui, Jensen me montrait un jeune chien qui venait de mettre sa patience à une rude épreuve : « Vous voyez cette bête, me disait-il en mauvais anglais; je prends un morceau de son oreille! » et comme il parlait encore, le fouet claquait dans l'air, le nerf s'enroulait autour du petit bout de l'oreille, et l'enlevait aussi proprement que l'eût fait un couteau.

Ce fouet n'est autre chose qu'une mince bande de cuir de phoque non tanné et plus large à son extrémité antérieure; le manche a tout au plus 75 centi-

Le traîneau et son attelage (page 58).

mètres ; le peu de poids de cet instrument le rend très-difficile à manœuvrer, et le mouvement de poignet nécessaire pour enrouler la courroie autour du but est singulièrement pénible et demande de longs et patients exercices. Ma persévérance a été récompensée, et, si le malheur voulait que j'y fusse contraint, je ne reculerais pas devant la tâche ; mais j'espère n'être pas forcé à utiliser souvent le talent que je viens d'acquérir.

Entre tous les durs métiers, je n'en connais pas de plus rude : le fouet doit sans cesse retentir et, s'il n'est impitoyable, il devient complétement inutile. Les chiens ne sont pas longtemps à reconnaître la force ou la faiblesse de leur conducteur : ils le jugent en un instant et courent où il leur plaît dès qu'ils ne sont pas parfaitement assurés que leur peau est à la merci du maître. Un renard traverse la glace, les chiens trouvent les traces d'un ours, ils éventent un phoque ou aperçoivent un oiseau ; alors les voilà franchissant les neiges amoncelées et les *hummocks*, c'est-à-dire les vides, les sillons et les aspérités que forment les glaçons brisés et superposés par la collision des champs de glace ; ils dressent leurs courtes oreilles, relèvent en trompette leur queue touffue et s'élancent comme autant de loups à la poursuite du gibier. Le fouet tombe sur eux avec une énergie cruelle, oreilles et queues de s'abaisser, chiens de rentrer dans la bonne voie ; mais malheur à l'homme qui se laisse déborder ! Jensen lui-même a failli avoir le dessous, et n'a pu vaincre leur obstination qu'après avoir arraché un gémissement de douleur à presque tous les chiens de l'attelage. Ils couraient après un renard et nous menaient droit sur la glace nouvelle ; le vent renvoyait le fouet à la figure du conducteur, et ce ne fut qu'en pleine vue du gibier, et tout près de la glace semée de périls, qu'il parvint à avoir raison d'eux. Le galop furieux se changea d'abord en trot irrégulier et, fort à contre-cœur, nos chiens finirent par s'arrêter tout à fait; ils étaient naturellement de très-méchante humeur; un combat général s'en suivit et ne cessa que lorsque Jensen, sautant au milieu d'eux, les calma en frappant violemment à droite et à gauche avec le manche de son fouet. J'ai eu moi-même à lutter avec ledit attelage, et, à mes propres dépens, j'ai appris combien ces animaux sont rudes à mener, presque indomptables vraiment. Une fois maîtrisés, ils obéissent comme un cheval ardent sous la main qui le comprime, et, comme ce noble animal aussi, ils ont souvent besoin qu'on leur rappelle très-positivement à qui ils ont affaire.

Désirant essayer mes forces, j'avais voulu faire le tour du port. Le vent soufflait arrière, et tout allait à merveille ; mais, quand il fallut revenir, les chiens ne se trouvèrent pas de mon avis : ils ne détestent rien tant que de marcher vent debout. Frais et gaillards, ils se sentaient en gaieté et tout disposés à agir à leur tête : je pense aussi qu'ils voulaient fixer leur opinion sur le nouveau conducteur qui se mêlait de les diriger. Du reste nous étions assez bons amis, je les caressais souvent, mais ils n'avaient pas encore éprouvé la force de mon bras.

Après beaucoup de difficultés, je réussis à faire tourner mes chiens, mais je ne pouvais les retenir dans la voie que par le constant usage du fouet, et comme, trois fois sur quatre, le vent me le renvoyait dans les yeux, il me fut bientôt impossible de continuer. La bise me glaçait le visage : mon bras, peu habitué à un aussi violent exercice, retomba presque paralysé; la longue courroie du fouet traînait derrière moi sur la neige. Les chiens ne furent pas longtemps à s'apercevoir de cet état de choses; ils regardèrent sournoisement par-dessus leurs épaules et, ne voyant plus la vengeance suspendue sur leurs têtes, ils s'aventurèrent doucement vers la droite; leur courage s'accroissait du silence prolongé de la terrible lanière; leur vitesse s'augmentait; enfin, se croyant décidément les maîtres, ils tournèrent court, dressèrent leurs queues au vent et se lancèrent du côté opposé, aussi heureux qu'une bande d'enfants délivrés de l'école, et avec l'entrain sauvage d'une douzaine de loups courant après une proie assurée. Comme ils sautaient! comme ils aboyaient! comme ils s'égayaient de cette liberté imprévue!

Celui-là seul qui, après avoir des heures entières lutté contre un attelage de chevaux fougueux, a pu trouver quelque repos pendant que ses indociles coursiers montaient lentement une âpre et longue côte, celui-là comprendra la satisfaction avec laquelle je sentis la force me revenir. Dès que je pus de nouveau brandir mon fouet, je m'arrangeai de manière à pousser la bande intraitable au milieu d'un groupe de hummocks et de monceaux de neige qui ralentirent un peu sa course effrénée; puis, sautant à terre, je saisis les montants et enrayai le traîneau; les pointes des patins s'enfoncèrent profondément dans la neige. Les fuyards étaient désormais solidement ancrés; une application vigoureuse du nerf de phoque les convainquit bientôt des avantages de l'obéissance, et lorsque, après avoir retourné le traîneau, je donnai le signal du départ, ils se mirent à trotter de l'air le plus humblement soumis, faisant face au vent sans mot dire et sans broncher. Ils se rappelleront cette leçon, et je ne l'oublierai pas non plus.

Mais je reviens à mon voyage sur le golfe. Après en avoir atteint rapidement le fond, nous eûmes à franchir, non sans quelque difficulté, les crevasses formées par la marée, puis un haut rempart de glace. Devant nous se trouvait une large et pittoresque vallée enclavée dans de hauts rochers et terminée par un glacier. Au centre de l'espace qui nous séparait de ce dernier, s'étendait un petit lac de deux kilomètres de longueur, alimenté par le glacier et les neiges fondues que lui versent en été les collines environnantes. Il s'écoule dans la mer par une gorge étroite et escarpée portant des traces évidentes du fort courant qui y débouche dans la saison du dégel. Les bords en sont couverts en certains endroits de couches de tourbe (lits de mousses desséchées et durcies); voilà un supplément bien venu pour notre provision de chauffage; nous en avons emporté un spécimen qui brûle parfaitement avec l'addition d'un peu de graisse.

D'après le désir de Sonntag, cette jolie nappe d'eau recevra le nom de lac Alida; et la vallée porte celui de Chester, en souvenir d'un endroit bien cher que j'espère revoir. Elle a trois kilomètres et demi en long sur près de deux en large, et çà et là, partout où le vent a balayé la neige, un gazon fin et serré attire des bandes de rennes. Plusieurs de leurs troupeaux, comptant en tout une centaine de têtes, paissaient l'herbe desséchée de l'été, et oubliant un moment le but de mon excursion, je ne pus résister à l'envie d'essayer ma carabine. Jensen et moi tuâmes chacun deux énormes mâles.

Le glacier, découvert d'abord par le docteur Kane, en 1855, fut visité plus tard par son frère, aide-chirurgien dans l'expédition envoyée à notre recherche, par les États-Unis, sous les ordres du capitaine Hartstène, et reçut du premier le nom de « Glacier de mon frère John. » L'équipage se contente de l'appeler *Frère John*. Nous l'avions fréquemment vu de la baie et du sommet des collines, mais c'était la première fois que nous en approchions. Nous sommes revenus *chez nous* juste à l'heure du dîner, très-fatigués et transis. Le thermomètre avait baissé et la bise soufflait d'autant plus aigre.

20 *octobre*. — Depuis quelques jours j'ai remarqué une sourde rivalité entre mes deux chasseurs groënlandais, les plus utiles, Hans et Peter. Ce dernier, Esquimau pur sang au teint foncé, à la chevelure de jais coupée carrément sur le front, selon la mode du pays, est un petit homme, très-honnête, toujours tenu fort proprement et d'assez bon air; il joint une adresse merveilleuse à ses talents de chasseur et j'ai là une foule de petits objets, coupe-papier, cuillers à sel, etc., qu'il m'a sculptés dans une défense de morse avec beaucoup d'art et de goût, sans autres instruments qu'une vieille lime, un couteau et un morceau de papier sablé. Il s'empresse de se rendre utile en toute occasion et, comme je récompense volontiers le zèle et le travail, il se trouve aujourd'hui l'heureux possesseur d'un beau costume en drap pilote et de quelques chemises de flanelle rouge : parures que Hans ne peut pas lui pardonner. Il m'est impossible de montrer la moindre bienveillance à mes autres Groënlandais, sans rendre Hans très-malheureux; il n'ose guère murmurer en ma présence, mais il devient boudeur et ne veut plus chasser, ou s'arrange de manière à ne pas trouver de gibier. Hans est la vivante incarnation des plus mauvais côtés du caractère de sa race. Étrange peuple que ces Esquimaux, et encore plus intéressants à étudier que mes chiens, tout en m'étant beaucoup moins utiles. Le chien obéit au fouet brandi par un poignet énergique; mais quel homme réussira jamais à mener l'animal humain qui répond au nom d'Esquimau? C'est un être en quelque sorte *négatif* en toutes choses, sauf en une seule : sa très-*positive* inconsistance comme créature sociale. Au premier abord, il semblerait qu'une certaine sociabilité fût le fond des rapports mutuels de ces hyperboréens. Néanmoins examinez-les de près : ils ne ferment pas leur porte à leur frère malade, pauvre ou en détresse, mais jamais

ils ne lui offriront spontanément le secours dont il a besoin ; ils n'ont pas l'air de se douter qu'on puisse venir volontairement à l'aide du prochain malheureux. Le chasseur qui a perdu son attelage ou ses filets, la famille privée de son chef, le prodigue ruiné, le paresseux lui-même, entre librement dans la pauvre hutte du rude habitant de ces déserts glacés ; il se sert de tout ce qu'il y trouve, comme s'il était membre de la petite communauté ; on ne le repoussera point : mais, si, à quelque distance, un malheureux se débat dans les angoisses de la faim, personne ne songera à lui porter le morceau de phoque qui lui sauverait la vie. Chacun ne compte que sur soi-même, et n'attend pas plus l'assistance du voisin qu'il ne pense à lui offrir la sienne.

Ce n'est pas par charité que l'Esquimau ne refuse aux nécessiteux ni l'abri ni la nourriture ; ce n'est point par bonté d'âme que le chasseur ne repousse pas l'homme fatigué qui s'est hissé sur son traîneau pour arriver plus vite à la hutte éloignée. Non, il le laissera glisser dans la neige, voire même il y aidera sournoisement si l'occasion s'en présente, et, l'abandonnant loin de tout secours, il continuera sa route avec la plus grande insouciance, sans donner une pensée à son hôte de quelques heures.

Lorsqu'il change de séjour, la famille étrangère qui a cherché sa protection n'est pas invitée à l'accompagner : si elle peut le suivre, tant mieux pour elle ; il ne la chassera pas : l'idiome du pays n'a pas même de mot pour exprimer un tel acte ; mais, si ces pauvres diables n'ont pas la force de faire le voyage, l'Esquimau les abandonne à leur malheureux sort avec le même calme qu'il délaisse le vieux chien usé par la chasse et le traîneau.

Parmi eux, on ne trouve ni mendiant, ni emprunteur, ni voleur. Ils ne donnent jamais, mais aussi ils ne se dépouillent point entre eux. A l'égard de l'homme blanc, c'est tout autre chose, et ils ne se font aucun scrupule de lui filouter tout ce qu'ils peuvent atteindre.

Impossible d'imaginer des êtres d'une sensibilité plus obtuse que ces sauvages : mes chiens montrent plus de sympathie les uns pour les autres ; ils courent ensemble le même gibier et, s'ils se mordent souvent, ils redeviennent amis aussitôt que leurs dents ont vidé la querelle.... Ces gens-ci ne se battent jamais : un rival les inquiète, un vieillard décrépit leur est à charge, une femme est soupçonnée de sorcellerie, un paresseux n'a pas de chiens et vit aux dépens des autres.... on vous les harponne en secret, et tout est dit (1). Ils se défont même de leurs propres enfants lorsque ceux-ci sont trop nombreux, ou sont affectés de quelque infirmité qui les rendrait incapables de se suffire ; mais ils n'ont pas l'idée d'en venir ouvertement aux mains avec leurs ennemis. Voilà les habitudes de ces tribus, du moins de celles qui n'ont pas encore été relevées d'un degré ou deux par la civilisation chrétienne et sur lesquelles n'ont pas été greffées

---

(1) Il y a plus : une femme malade et qu'on juge n'être plus bonne à rien est, chez les Esquimaux, enterrée vivante. Un jour, M. Hall, visitant une malade à laquelle il avait donné ses soins, trouva ses voisins occupés à lui bâtir un *iglou*, une hutte de glace et de neige. Il apprit que cela devait servir de tombeau à la malade. En effet, Nouketon fut transportée dans l'iglou neuf, étendue sur une couche de neige et enfermée par des blocs de glace. M. Hall l'alla voir encore. Elle était calme, résignée et même reconnaissante de ce traitement. Elle savait que la hutte devait lui servir de tombeau ; mais elle était de sa race et, devenue un fardeau pour les autres, n'ignorant pas que ses jours étaient comptés, elle acceptait cette mesure comme un acte juste auquel personne ne pouvait trouver à blâmer ; elle sentait de la gratitude envers ceux qui avaient pris tant de soins pour rendre heureux ses derniers instants. (V. la *Revue britannique*, août 1865, p. 331.) — J. B.

les coutumes guerrières de ces Scandinaves, de ces rois de la mer, qui, du neuvième au quatorzième siècle, vécurent et bataillèrent dans le sud du Groënland.

Avec de tels penchants, les Esquimaux ce voient pas avec plaisir le bonheur d'autrui, et les sentiments envieux de Hans contre Péter, mon favori, s'expliquent tout naturellement. Du reste, quand je ne donnerais à celui-ci que le strict nécessaire pour couvrir sa nudité, quand j'octroierais à Hans tout ce qu'il y a de mieux dans le navire, ou même des choses parfaitement inutiles à un Esquimau, sa jalousie et son avidité ne seraient pas satisfaites : la bienveillance que je témoigne à son rival lui est surtout odieuse, car il y voit la promesse de nouveaux dons.

De plus, Hans a un ménage à lui, et fier de posséder un échantillon de la moitié féminine de l'humanité, il peut se croire beaucoup au-dessus de ses trois compagnons. Il a planté sa tente sous le toit qui abrite le pont et, à demi enseveli sous des peaux de renne avec sa femme et son rejeton, il y mène tout à fait la vie de ses congénères. Mme Hans, Merkut de son nom de famille, est une petite boulotte pas trop mal chiffonnée pour une Esquimaude ; elle est, certainement, non pas la plus jolie, mais la moins laide de toutes les femmes de race pure que j'ai pu voir ; son teint est même assez clair pour qu'une nuance vermeille soit visible sur ses joues, lorsqu'on réussit à lui faire enlever avec de l'eau de savon l'épaisse couche de suie huileuse qui les recouvre ordinairement ; mais une telle débauche de propreté ne se fait pas tous les jours, et quant à soumettre cette dame de nouveau à une lessive semblable à celle que les matelots lui infligèrent près du cap York, il est impossible d'y songer.

Pingasick, *le joli mignon*, âgé d'environ dix mois, est aussi présentable que n'importe quel bambin dont le corps n'a jamais fait connaissance avec l'eau. Il court aussi naturellement vers le froid que les petits canetons vers la mare, et tous les jours se traîne à quatre pattes hors de la tente paternelle pour rouler sur le pont son petit corps, libre de tout vêtement ; sa mère, très-indifférente au froid et à ce que notre monde civilisé et nos phrases de convention appellent modestie féminine, n'hésite pas à paraître dans un costume aussi primitif. Du reste, la température du navire descend rarement au-dessous du point de congélation.

J'aime mieux parler du glacier auquel je suis allé faire une nouvelle visite le 21 octobre. Je n'ai pas perdu ma journée. Hans conduisait Sonntag, et, comme à l'ordinaire, Jensen me servait de cocher ; nous emmenions Carl et Péter pour nous aider là-haut, et, bien que chaque traîneau portât trois personnes avec les instruments nécessaires à nos travaux projetés, nous sommes arrivés en quarante minutes au pied du *Frère John*.

La partie de ce glacier qui regarde la vallée forme un mur légèrement convexe d'environ deux kilomètres de large sur trente-trois mètres de haut. Comme les icebergs, il présente une surface très-irrégulière, fracturée en tous sens et dégradée sur de longues lignes verticales par les eaux qui en découlent en été ; les mêmes traces, mais beaucoup moins marquées, se montraient horizontalement en certains endroits et paraissaient se conformer à la courbure de la vallée sur laquelle repose le glacier. En arrière de cette paroi, la pente est tout à fait abrupte sur une trentaine de mètres ; après quoi, elle diminue rapidement, jusqu'à n'avoir plus que six degrés d'inclinaison, et va se perdre au loin dans la mer de glace qui couvre la terre du côté de l'orient.

L'approche du glacier est défendue par une sorte de rempart formé des débris qui s'en séparent de temps à autre ; quelques-uns de ces blocs de cristal diaphane ont un ou deux mètres de diamètre. Pendant que nous les regardions, une lourde masse, suivie d'une immense grêle de tout petits fragments, se détacha du mur et vint tomber avec fracas sur le sol de la vallée. La surface du glacier présente une légère courbe relevée vers les côtés ; là, ses parois ne sont pas adhérentes à celles de la montagne ; elles en sont séparées par une gorge étroite, ou profonde ravine, encombrée en plusieurs endroits par les débris rocheux qui ont roulé des falaises escarpées ou par les blocs de glace tombés du *Frère John*. Parfois, le glacier lui-même, en s'étendant, a repoussé des amas confus de rochers sur la pente de la colline opposée.

Il n'était pas très-facile de marcher dans cette gorge sinueuse ; la croûte de neige à peine gelée s'effondrait sous notre poids, et nos jambes se déchiraient aux arêtes des éclats de rochers, ou aux glaçons presque aussi aigus. Au bout de trois kilomètres et demi, nous taillâmes des marches dans la glace, comme Sonntag l'avait fait précédemment, et nous réussîmes à atteindre le sommet de la paroi.

Nous nous trouvions alors sur le dos du glacier, mais nous n'avançâmes vers le centre qu'avec une prudente lenteur, craignant sans cesse qu'une fissure ne s'ouvrît sous nos pas et ne nous engloutît entre ses froides murailles de fer. Nous atteignîmes enfin une plaine de glace claire et transparente parfaitement unie et un peu inclinée. Notre course d'aujourd'hui avait surtout pour but la solution d'un problème des plus intéressants : le glacier marche-t-il ? Nous le saurons dans quelques mois.

Nous nous sommes conformés à la méthode très-simple et très-facile employée en Suisse par le professeur Agassiz : après avoir placé deux bâtons sur l'axe du glacier et soigneusement mesuré la distance qui les séparait, j'en ai fait planter deux autres, à égale distance des premiers et du bord du glacier ; puis, au moyen du théodolite (1), nous avons successivement relié par des angles tous ces jalons les uns avec les autres d'abord, et ensuite avec des objets fixes, sur les flancs de la montagne. Ces angles seront de nouveau mesurés au printemps, et ainsi je saurai si le glacier se meut ou non, et quelle est la vitesse de son mouvement.

Pendant mon absence, les chasseurs se sont fort distingués : Barnum a tué six rennes, Hans neuf, et Jensen deux ; mais le grand événement du bord est la fête de Mac Cormick, aussi étions-nous attendus avec impatience au banquet somptueux qui réunissait tous les officiers.

J'ai établi comme règle générale que nos jours de naissance seront célébrés avec toute la pompe que permettra l'état de nos ressources, et qu'à son anniversaire le héros de la fête pourra réclamer ce que j'ai de meilleur dans mon armoire ou dans les cambuses du maître d'hôtel.

Celui que nous voulions *honorer* aujourd'hui avait pris soin de se fêter lui-même : de ses propres mains, il a préparé le repas et s'en est acquitté à merveille. Mac Cormick est un homme vraiment extraordinaire, ses talents n'ont point de bornes. Très-intelligent, bien élevé, ayant en lui des trésors de virile énergie, il a amassé en roulant par le monde quelques brins de toutes les sciences qui sont sous le soleil, depuis l'astronomie jusqu'à la cuisine, depuis la navigation jusqu'à l'art d'exploiter les gisements d'or. Philosophe à sa manière, il aime à prendre toutes ses aises, une fois son travail terminé ; mais, pendant les heures de service, aucune fatigue, aucun danger ne l'arrête ; il possède en outre la faculté si éminem-

(1) *Théodolite,* instrument pour arpenter.

ment utile de savoir exécuter lui-même tout ce qu'il commande aux autres, et manie l'épissoir aussi bien que le sextant (1). A l'occasion, il se fait matelot, charpentier, forgeron, cuisinier, avec la même aisance qu'il se montre homme du monde dans la bonne société.

Hier, j'avais trouvé dans ma cabine une jolie petite carte d'invitation : M. Mac Cormick présentait au commandant les compliments de la table des officiers et le priait de leur accorder l'honneur de sa présence, le 21 du courant, à six heures du soir. Je n'ai pas manqué à l'appel et je retourne dans ma tanière abasourdi de l'habileté possédée par l'officier de manœuvres dans cet art qui donna l'immortalité à Lucullus et la célébrité à Soyer; du reste, fort enchanté de voir officiers et matelots si bien en train. La carte, *illustrée* par le crayon de Radcliffe, était des plus attrayantes pour un homme affamé, et toutes ses promesses ont été tenues. Après le potage à la jardinière, digne prologue du festin, venait un saumon bouilli, drapé de la plus blanche des serviettes; puis arrivèrent successivement le rôti, un cuissot de renne pesant quatorze kilos, et flanqué d'une brochette de canards-eiders accompagnés de gelée de groseilles et de marmelade de pommes; puis divers plats de légumes frais, un énorme plumpudding importé de Boston et à demi voilé par les flammes bleues et onduleuses d'un excellent rhum, un *mince-pie*, du blanc-manger, des noix, des raisins secs, des olives, du fromage *yanki*, des gâteaux de Boston, du café, des cigares, que sais-je encore? On avait retiré, de dessous mon cadre, du madère et du

---

(1) *Cambuse*, endroit où l'on sert les provisions. — *Épissoir*, poinçon à l'aide duquel on entrelace les fils de deux cordes pour les réunir. — *Sextant*, instrument qui contient la sixième partie d'un cercle et dont on se sert pour mesurer les degrés de longitude et de latitude. — J. B.

xérès et une couple de flacons de vin du Rhin, jusque-là soigneusement cachés.

La *couleur locale* était représentée par une mayonnaise de gibier glacé, coupé cru en tranches très-minces, et tout simplement exposé ensuite à l'air extérieur; bien réussi du reste, il paraissait aussi croustillant que pouvait le désirer notre cuisinier, mais je suis obligé d'avouer que nous ne sûmes pas en apprécier le mérite. — Au bas de la carte se lisaient ces mots : « Knorr tiendra l'archet. Les officiers chanteront en chœur :

Nous ne rentrerons pas avant l'aube.

Toutes les *scies* sont permises, excepté celle de « Joé Miller, » qu'il est défendu d'employer sous peine d'avoir à nettoyer le trou à feu pour le reste de la nuit. »

Il y a deux heures que je suis retourné dans ma cabine, les laissant se livrer sans contrainte aux amusements de la soirée. Ils s'en donnent à cœur joie.

Le lendemain de cette fête, 22 octobre, nos préparatifs étaient terminés : un traîneau portait une petite tente de toile, deux peaux de buffle en guise de matelas, une lampe à cuisine et des provisions pour huit jours. Notre équipement personnel ne sera pas long à décrire : chacun de nous avait une paire de bas de rechange en fourrure, une tasse de fer-blanc et une cuiller de fer.

La petite troupe se mit en route et ne s'arrêta qu'au pied du glacier; un premier campement, chose médiocrement divertissante en soi, peut avoir parfois quelque côté agréable, mais notre installation fut, certes, la plus triste qu'il soit possible de voir. Le thermomètre marquait 24 degrés centigrades au-dessous de zéro, et nous n'avions d'autre feu que celui de la lampe sur laquelle mijotait le hachis de gibier et chauffait le café qui composaient notre repas du soir. Personne ne put dormir. Notre tente était plantée sur le talus de la colline, au-dessus d'un amas de pierres, lit le plus doux que nous eussions pu nous procurer. Nous la démontâmes au clair de lune pour continuer notre route.

J'ai déjà décrit la gorge sauvage où il nous fallait péniblement cheminer avant d'arriver à l'endroit où Sonntag et moi avions pu escalader le glacier. Le traîneau était sans cesse arrêté court par les roches et les blocs de glace, et nos hommes durent l'alléger en prenant sur leurs épaules les vivres et les divers objets qui en formaient le chargement. Parvenus enfin à notre *escalier* de la veille, nous nous préparâmes à en entreprendre l'ascension.

La petite vallée où nous nous trouvions est des plus pittoresques : elle a la forme triangulaire et un lac en occupe le centre. Le *Frère John* s'élevait à notre gauche; à notre droite, un petit fleuve de glace sortait d'une gorge profonde et courait au lac après avoir contourné un immense pilier de grès rouge qui se dressait devant nous, île de pierre au milieu d'une mer de glace. Je commençai les travaux scientifiques qui étaient le but de notre excursion par l'étude du lac lui-même. A la fin de la saison du dégel, il était rempli jusqu'aux bords et, dès les premiers froids, une épaisse couche de glace le recouvrit en entier; puis l'eau s'écoula peu à peu, laissant cette pesante voûte sans autre appui que les rochers qui lui servaient d'arcs-boutants; aussi elle s'affaissait sous son propre poids, et telle était la pression exercée par cette table immense, de son centre à ses bords, que, par une température de plusieurs degrés au-dessous de zéro, cette glace de quinze centimètres d'épaisseur avait été complétement ployée comme le versoir d'une charrue.

Notre première tentative d'escalade fut suspendue par un accident qui pouvait être des plus sérieux : l'éclai-

Le lac Alida et le glacier du « Frère John » (page 72).

reur de la caravane perdit pied sur une des étroites marches taillées dans la paroi et, glissant sur la pente escarpée, précipita à droite et à gauche ceux qui le suivaient, roulant avec eux dans la vallée. Par bonheur, ils échappèrent aux rocs aigus qui perçaient la neige aux pieds du *Frère John*.

Nous fûmes plus heureux une seconde fois et, après avoir hissé le traîneau au moyen d'une corde, nous poursuivîmes notre route avec assez peu d'entrain, fatigués que nous étions des rudes labeurs qui nous avaient pris une bonne partie de la journée ; la glace était raboteuse, fendillée et à peine recouverte d'un mince tapis de neige. Ma petite troupe tirait péniblement son traîneau et je marchais en avant pour lui tracer le chemin, lorsque le sol se déroba sous mes pieds. Je me sentis brusquement lancé dans le vide ; mais le bâton que je portais sur l'épaule en prévision de l'aventure fit son devoir à point nommé et me soutint au-dessus de la crevasse jusqu'à ce que je fusse parvenu à grimper sur l'une des arêtes. Comme mon ami Sonntag, j'avais couru grand risque d'aller étudier de trop près un intéressant problème ; aussi ne fus-je pas du tout fâché d'attendre encore quelque temps avant de savoir au juste si les fissures du glacier en traversent toute l'épaisseur.

L'aspérité des bords de l'immense glacier vient sans doute de la forme tourmentée du terrain sur lequel ils s'appuient : au fur et à mesure que nous approchions du centre, la glace devenait plus unie, moins fendillée, et nous pûmes faire neuf kilomètres avec une sécurité relative ; la tente fut dressée, et après un bon souper de hachis de renne, de pain et de café, nous nous endormions profondément, beaucoup trop exténués pour nous préoccuper de la température ; elle était de plusieurs degrés au-dessous de celle de la nuit précédente.

Notre étape du jour suivant fut de quarante-huit kilomètres ; l'inclinaison du glacier, qui jusque-là avait été de six degrés environ, diminua progressivement jusqu'à deux. A l'âpre surface de la glace dure et vitreuse, succéda une nappe de neige, épaisse de plus d'un mètre et tellement compacte qu'à cette profondeur la pioche ne l'entamait qu'avec peine. Cependant c'était encore avec difficulté qu'on cheminait sur cette couche, superficiellement recouverte d'une croûte légère que le poids du corps brisait à chaque pas.

Le lendemain, nous reprîmes notre route dans les mêmes conditions de sol et de niveau absolu. Au bout de quarante-deux kilomètres, mes hommes s'arrêtaient, harassés de fatigue : le terrible vent d'est nous fouettait le visage et, par 35° 1/2 C. au-dessous de zéro, nous dûmes chercher un refuge sous notre tente. Il me fallait renoncer à continuer mon voyage. Du reste, j'en avais atteint le but principal et, dans aucun cas, je n'eusse osé m'aventurer beaucoup plus loin à cette dangereuse époque de l'année.

Mes compagnons n'étaient pas suffisamment aguerris à ces affreuses températures ; la gelée les avait tous plus ou moins saisis, et deux hommes surtout m'inquiétaient vivement : leur visage était enflé et fort douloureux ; ils avaient les pieds glacés ; retarder d'un jour le retour c'était les exposer à une mort certaine. Le thermomètre marquait 36° C. au-dessous de zéro, tandis que, chose à noter, au Port Foulke, il se maintenait à une douzaine de degrés plus haut.

Mes pauvres camarades ne pouvaient dormir et la souffrance leur arrachait des plaintes continuelles ; l'un semblait même sur le point de s'abandonner entièrement. Pour le soustraire à la fatale léthargie qui commençait à le gagner, je dus le pousser hors de la tente et le contraindre à marcher vigoureusement, en dépit de la tourmente.

Les rafales se succédaient toujours plus furieuses ;

l'intensité du froid allait s'aggravant, et cependant nous étions forcés de rentrer dans la tempête sous peine d'être infailliblement gelés. Aucun abri ne s'offrait à nous sur cette vaste plaine glacée : la moindre hésitation pouvait non-seulement être immédiatement fatale à deux de mes compagnons, comme je viens de le dire, mais pouvait mettre fin à l'expédition par la mort de nous tous sans exception.

Il fallut encore nous donner beaucoup de peine pour enlever la tente et la placer sur le traîneau ; la bise soufflait avec rage et nous empêchait de la rouler de nos mains douloureusement raidies ; à peine si, chacun à son tour, mes hommes pouvaient manier quelques secondes cette toile aussi dure qu'une planche. Ils souffraient horriblement, et leurs doigts, sans cesse gelés, devaient être activement frottés, *pilés* plutôt, pour que l'étincelle de vie, toujours sur le point de s'éteindre, ne s'évanouît pas sans retour. Je ne m'arrêtai point à examiner si l'arrimage était fait suivant les règles de l'art.

Nous étions en effet campés dans une position aussi *sublime* que dangereuse. A plus de quinze cents mètres au-dessus du niveau de la mer et à cent vingt kilomètres de la côte, nous nous trouvions au milieu d'un vaste désert de glace, dont l'œil ne pouvait mesurer l'étendue. La zone de hautes terres qui le sépare de l'océan avait disparu sous l'horizon ; pas une colline, pas un rocher, pas un pli de terrain, rien n'était en vue, hors notre faible tente ployant sous l'ouragan.

La lune descendait lentement dans le ciel, et son orbe, parfois voilé de fantastiques nuages, nous jetait ses indécises lueurs à travers les tourbillons de neige que le vent fouettait avec colère au milieu de l'espace sans bornes et qui passaient sur nous dans leur course effrénée, plus doux à l'œil que le duvet, mais aussi terribles à nos pauvres corps qu'une grêle de flèches aiguës.

Une fuite précipitée était notre seule chance de salut. Aussi, comme le vaisseau qui s'abandonne à l'ouragan après lui avoir vaillamment résisté, nous tournâmes enfin le dos à la tempête et, poussés par son souffle puissant, nous redescendîmes en toute hâte la pente du glacier.

Nous avions franchi plus de soixante kilomètres et descendu d'environ mille mètres avant que je me hasardasse à permettre une halte. Alors la température était remontée de dix ou douze degrés, et la tourmente s'apaisait un peu. Nous avions bien gagné quelques heures de repos. Mais il faisait encore très-froid sous la tente, que le vent ébranlait sans relâche; et nous avions quelque peine à l'empêcher de s'envoler au loin.

Le lendemain soir, nous rentrions au Port Foulke, à peu près sains et saufs, mais des plus fatigués. La lune nous avait éclairés pendant cette dernière partie de notre voyage. A la base du glacier, l'air était parfaitement calme, et dans la gorge ou dans la vallée, sur le lac Alida ou sur le golfe, nous avancions au milieu de scènes vraiment féeriques. Les nuées chargées de neige passaient comme des fantômes à travers les airs et cachaient ou montraient tour à tour les crêtes des blanches collines. Ces ombres nous disaient que l'ouragan hurlait encore là-haut, mais dans notre humble vallée tout était aussi paisible que dans une caverne vainement assiégée par la tempête. Nous y contemplions sans obstacles l'arche immense des cieux. Les étoiles, revêtues de la majesté de la nuit, se miraient sur la surface unie du petit lac ; le glacier reflétait les pâles rayons de la lune, et les noires falaises versaient leurs grandes ombres sur la mer de lumière qui inondait la vallée. Les caps aux cimes déchirées se découpaient sur le fond éblouissant du golfe parsemé d'îles ; la glace qui emprisonnait ses vagues s'étendait à travers la baie jusqu'aux limites visuelles de l'océan lointain. A l'horizon se profilaient vaguement les hautes montagnes blanches de la côte occidentale du détroit et, sur la mer, flottait une lourde masse de vapeurs. Poussée lentement par la bise, elle laissa voir peu à peu la forme spectrale d'un iceberg émergeant du fond d'un noir abîme. Une faible aurore boréale frangeait le sombre manteau des vagues et, derrière cette zône de ténèbres impénétrables, dardait parmi les constellations de soudains jets de lumière, semblables à des flèches de feu lancées par les créatures d'un autre monde.

CHAPITRE IV

LA MER DE GLACE

Les fleuves de glace et leur marche séculaire. — Ils forment les monts de glace flottants. — *Frère John* n'enfantera un iceberg que dans six cents ans. — Bonheur du chez-soi. — La rivalité de Hans et de Péter s'accroît. — Paresse de Mᵐᵉ Hans et sang-froid de son mari. — Monotonie de la vie au milieu des glaces. — Dévouement maternel d'une ourse. — Naissance du *Courrier hebdomadaire du Port Foulke*. — Disparition de Péter. — Hans ne réussit pas à le retrouver.

Le voyage raconté dans le chapitre précédent ajouta beaucoup aux observations que j'avais recueillies autrefois, et me donna une idée beaucoup plus nette du système glaciaire du Groënland. C'est la première tentative *réussie* qui ait eu pour but l'intérieur de cette mer de glace.

Ce qui est vrai dans les gorges des Alpes l'est aussi dans les vallées du Groënland (1). Un immense flot congelé se déverse à l'est et à l'ouest par les pentes du

(1) Dans le magnifique ouvrage intitulé *la Terre*, par Élisée Reclus, le volume traitant des *Continents* donne au lecteur un chapitre qui, sous la rubrique *les Neiges et les Glaciers*, contient le résumé de toutes les études auxquelles ont donné lieu les glaciers des Alpes, accompagné des plans et des coupes qui constatent la marche de ces fleuves de glace. On y trouvera les conclusions de M. Hayes expliquées et pleinement adoptées. — J. B.

plateau central, et ce que la glace peut gagner en hauteur par les dépôts d'une saison, est perdu dans la descente continue de cette masse mobile.

Aucun obstacle, aucun pli du sol n'en arrête le mouvement ; elle se moule sur les collines, passe à travers leurs gorges ou franchit leurs sommets. Le torrent glacé comble les vallées et les met de niveau avec les plus hautes crêtes. Il ne s'arrête pas devant le précipice : cataracte gigantesque, il bondit dans le vide béant pour atteindre, n'importe à quel niveau, le sol inférieur. L'hiver et l'été sont pour lui *même chose* : il s'avance toujours, il s'épanche par toutes les anfractuosités du littoral et se déverse dans chaque ravin et dans chaque vallée, rongeant ou écrasant les rocs jusqu'à ce qu'il arrive à la mer. L'océan même ne suspend pas sa course : il repousse les eaux et, se faisant à lui-même sa ligne de côtes, il se plie aux inégalités du fond comme auparavant à celles de la terre ferme, emplissant les golfes et les larges baies, s'étendant avec la mer, se rétrécissant avec elle, recouvrant les îles dans sa marche lente et continue ; enfin il ne s'arrête qu'à plusieurs kilomètres du rivage primitif.

Là, il finit par toucher à la limite fixée à sa marche envahissante.

Quand, dans les siècles passés, après avoir descendu les pentes terrestres, le glacier atteignit la côte, son sommet dominait d'une ou deux centaines de mètres le golfe qu'il devait combler ; lentement, il s'est enfoncé sous la ligne des eaux et, continuant à glisser, il a fini par s'atténuer, par disparaître, presque tout en entier submergé.

Mais, dans un précédent chapitre, nous avons vu qu'un bloc de glace d'eau douce flottant dans l'eau salée s'élève d'un huitième au-dessus de la surface de la mer. Tout écolier sait que l'eau se dilate en se congelant, et que dans sa nouvelle forme elle occupe un dixième d'espace en plus que dans son état fluide ; en conséquence, la glace d'*eau douce* émerge d'un dixième de son volume lorsqu'elle flotte dans l'*eau douce*, mais dans l'eau salée, dont la densité est de beaucoup supérieure, la proportion de la partie flottante à la partie immergée n'est plus de *un* à *neuf* comme précédemment, elle est de *un* à *sept*.

Il est donc évident qu'à mesure que le glacier s'avance dans l'océan, l'équilibre naturel de la glace doit se rompre peu à peu ; la partie avancée de la masse cristallisée s'enfonce beaucoup plus que si elle eût été libre de flotter suivant les propriétés acquises par la congélation. Aussitôt que plus des sept huitièmes sont descendus sous la surface de la mer, la glace, comme une pomme retenue par la main dans un seau d'eau, tend à remonter jusqu'à ce qu'elle ait pris son équilibre naturel.

Qu'on veuille bien se le rappeler, le glacier est un immense courant congelé. Bien que son extrémité antérieure, captive sous les eaux, tende à s'élever, elle est longtemps retenue par son adhérence à la masse à laquelle elle appartient et demeure immergée jusqu'à ce que la force d'équilibre, augmentant toujours, la fasse éclater en fragments qui remontent aussitôt à leur niveau naturel. Ces fragments peuvent être des cubes solides d'un kilomètre de côté ou même davantage. La disruption ne s'accomplit pas sans un grand tumulte des vagues, et un fracas qu'on entend au loin. Puis la masse dégagée des liens qui l'attachaient au glacier flotte en liberté sur les eaux ; les oscillations que lui avait imprimées cette soudaine rupture finissent par se calmer, et le bloc de cristal, s'abandonnant au courant, dérive avec lenteur vers la haute mer. C'est une montagne de glace (1), un *iceberg*,

(1) On supposait autrefois que la naissance des icebergs était

maintenant : le glacier a accompli le rôle que lui assigne, dans les régions polaires, la grande loi de la circulation.

La goutte de rosée, distillée sur la feuille du palmier des tropiques, tombe sur le gazon et reparaît dans le ruisseau murmurant de la forêt primitive ; elle a coulé dans la rivière et de la rivière dans l'océan ; là, elle s'est évanouie en vapeur et, portée vers les montagnes du Nord par le vent invisible, elle est devenue un léger flocon de neige ; pénétrée par un rayon, la neige se transforme à son tour en un petit globule d'eau ; la froide brise succédant au soleil, ce globule se change en cristal, et ce cristal recommence sa course errante pour regagner l'océan.

Mais sa marche, autrefois si rapide, est lente à présent. Dans les flots de la rivière, elle franchissait plusieurs kilomètres par heure : il lui faudra autant de siècles avant de faire la même route. Elle se perdait dans la mer sans bruit et sans secousses, maintenant elle ne rejoint le monde des eaux qu'au milieu de violentes convulsions.

Ainsi le mont de glace est le fils du fleuve arctique, ce fleuve est le glacier et le glacier est l'accumulation des vapeurs congelées. Nous avons vu ce fleuve se traîner de siècle en siècle, depuis les lointains escarpements du sol jusqu'à la mer ; nous avons vu la mer en détacher un fragment énorme et reprendre ce qui lui avait appartenu. Délivré des entraves dont l'avaient chargé d'innombrables hivers, ce nouveau-né de l'océan se précipite avec un bond sauvage ; l'écume le caresse, les gouttes de cristal recouvrent leur liberté perdue

---

entièrement due à la *force de gravité*, à la rupture des falaises du glacier surplombant sur la mer. Le docteur Ring, inspecteur du Groënland méridional, a prouvé que les fragments de glace flottante, ayant cette origine, ne sont jamais de grande dimension et ont rarement droit au titre d'*iceberg*. — H.

et s'enfuient avec les vagues riantes vers le soleil pour recommencer à nouveau leur course à travers le cycle des âges.

Le *Frère John*, par lequel j'ai pénétré dans la mer de glace, est un bel exemple de la croissance et de la marche que je viens de décrire. Il forme un large fleuve qui a fini par remplir une vallée de dix-huit kilomètres de longueur; son front, comme je l'ai dit plus haut, a près de deux kilomètres de large et reste encore aujourd'hui à trois kilomètres et demi de la mer. En 1861, j'ai repris les angles et mesures d'octobre 1860, et j'ai pu constater que le glacier marche à raison de plus de trente mètres par an. Il lui faudra donc un siècle pour qu'il arrive à la baie; et comme l'eau profonde se trouve à onze kilomètres du rivage, cinq cents ans s'écouleront avant qu'il *enfante* un iceberg de quelque importance. Encore dois-je reconnaître que le mouvement de ce glacier est beaucoup plus rapide que celui de plusieurs autres que j'ai pu explorer.

28 *octobre.* — Combien je suis heureux de me retrouver *chez moi !* Je ne savais pas jusqu'ici quelle charmante et délicieuse retraite je possède au milieu des solitudes boréales : je ne connaissais pas mon bonheur, mais cinq jours sur le glacier et quatre nuits sous la tente m'ont appris à sentir tout ce que vaut ma petite chambre. Je la regardais auparavant comme une triste et obscure cellule, tout au plus digne d'un condamné; aujourd'hui, elle est pour moi « le refuge du voyageur lassé, l'oasis du désert, le port dans la tempête. » La tremblotante lueur de ma lampe, qui hier au soir nous servait de phare pendant que nous nous traînions sur la plaine glacée, n'était pas moins chère à mon cœur que ne l'étaient, à celui du sensible Ossian, les « brillants rayons d'Ull-Erin aux beaux yeux. »

Jamais je n'avais remarqué la nuance éblouissante des rideaux qui retombent autour de mon cadre étroit, couchette la nuit, ottomane splendide le jour; les peaux d'ours et de loup qui la recouvrent et s'étendent partout sous mes pieds me semblent un luxe phénoménal; mon humble lampe, qui donne par accès une flamme maladive, me semble maintenant une lumière sidérale; la petite pendule, dont le tic-tac monotone m'a agacé si souvent, est aujourd'hui pour moi la plus délicieuse des musiques. Mes chers vieux livres, qui ont tant souffert du voyage, je les retrouve comme des amis longtemps perdus, et les gravures qui tapissent les cloisons me sourient avec leur sympathique bonté. Rouleaux de cartes, dessins commencés, bouquins de toutes sortes, volumes dépareillés de l'*Encyclopédie à deux sous* et *Principes de cuisine* de Soyer, crayons, baromètres, livres bleus de l'Amirauté contenant les rapports officiels des expéditions arctiques, cartes des voyages de tous ces nobles Anglais qui, depuis Ross jusqu'à Raë, ont cherché les traces de sir John Franklin, tous ces amas de papiers et de cartons qui couvrent le plancher ne me fatiguent plus de leur présence et me paraissent ajouter au confort doux et tranquille de mon petit réduit. Boussole et sextant de poche ont chacun son clou particulier; carabine, fusil, poire à poudre et gibecière forment une élégante panoplie et me parlent aussi leur familier langage. Mon brave et fidèle Sonntag, assis devant la table, lit paisiblement; enveloppé de mes fourrures, j'écris mon journal sur mes genoux, et, lorsque je compare ces heures de repos avec celles que je viens de passer au sommet du glacier, lorsque j'écoute la terrible brise sifflant sur le pont et à travers le gréement, que je pense combien au dehors il fait froid et sombre, tandis qu'autour de moi tout est brillant et chaud, certes je crois pouvoir écrire que je suis reconnaissant! Une fois, du moins, dans ma vie, je me déclare entièrement satisfait !

Cependant la rivalité de mes deux chasseurs esquimaux s'aggrave de plus en plus ; aujourd'hui j'ai encore dû prendre parti pour Péter. Jusqu'à présent, Hans dirigeait l'attelage de Sonntag et en faisait à peu près à sa guise ; mais ce matin, pendant son absence et celle de Jensen, qui était à terre, j'ai chargé son camarade de me conduire à la base du glacier, où j'ai quelques points de vue à dessiner. Cette décision a enflammé l'ire de Hans et, sur le rapport de Jensen, je lui ai ôté les chiens pour les confier exclusivement à Péter. Celui-ci nage dans la joie pendant que l'autre est outré de dépit, mais j'espère que les choses n'en viendront pas à une explosion ouverte. J'ai fait à maître Hans un sermon sur les dangers qui en résulteraient pour sa personne ; il ne l'oubliera pas, j'en suis sûr, mais cela lui sera un nouveau grief contre son collègue : il a bonne mémoire et ne pardonne jamais. Suivant Jensen, il vient de se réconcilier avec Péter ; je crains bien que ce ne soit là un mauvais signe.

Hans mérite malheureusement la réputation qu'il avait à bord de *l'Advance*, et son caractère n'a pas plus changé que sa figure ; toujours voix douceâtre et huileuse, petit œil rusé, repoussante laideur : c'est un vilain personnage, et j'ai très-peu de confiance en lui ; mais Sonntag l'a pris sous sa protection, et le préfère même à Jensen pour conduire son attelage.

3 *novembre*. — Une petite bande d'exploration s'est formée sous la conduite de Sonntag. Elle est en route, et ce soir, à dix heures, j'étais presque désappointé de ne pas la voir revenir. Je ne pensais pas que Sonntag pût doubler le cap Ohlsen ; il a probablement réussi et il poursuit son chemin. Cependant une tempête récente a dû ouvrir de nombreuses crevasses et former

beaucoup de *hummocks* : je crains bien que pour Jensen un voyage de cette sorte ne soit la plus dure des épreuves.

Sur le navire, les hommes sont très-occupés à coudre les peaux de phoque, à les transformer en jaquettes, pantalons et chaussures pour leur toilette d'hiver; toute leur éloquence a échoué auprès de Mme Hans : cette indolente créature se refuse obstinément à toucher une aiguille. On n'a jamais vu femme plus entêtée. Elle a su se rendre indépendante de tout et de tous, boude terriblement à la plus petite contrariété, et, tous les quinze jours au moins, déclare à son époux qu'elle va très-positivement l'abandonner ainsi que les hommes blancs pour retourner dans sa tribu. Une fois même, donnant suite à cette menace, elle est partie en bougonnant, le poupon sur le dos, et se dirigea en toute hâte vers le cap Alexandre. Hans sortit de sa tente comme si de rien n'était, et s'accouda tranquillement à la fenêtre, la pipe à la bouche, regardant devant lui de l'air le plus indifférent du monde. Comme la fugitive allait disparaître vers le sud, je crus de mon devoir d'appeler sur elle l'attention de son seigneur et maître.

« Oui, moi voir.

— Où s'en va-t-elle, Hans ?

— Elle, pas partir, — elle revenir encore. — C'est bien !

— Mais elle va geler en route, Hans !

— Elle, oh non ! elle venir tout à l'heure, vous voir cela. »

Et il continua de fumer avec un paisible ricanement, comme un homme fort accoutumé aux caprices de sa bien-aimée. Deux heures après, elle nous revenait un peu honteuse et toute grelottante, avec la figure rudement fouettée par le vent.

5 novembre. — La routine la plus monotone s'est

emparée de notre vie; l'imprévu et l'irrégulier ont entièrement disparu avec le soleil, et une méthode absolue nous gouverne maintenant. Quel bonheur de déposer pour tout l'hiver la grave responsabilité qui pesait sur moi ! Une brave petite pendule est notre unique souveraine, et, à son commandement, la cloche du bord nous dicte nos devoirs par le nombre de ses coups.

On se lève à sept heures et demie, pour déjeuner une heure après; la collation est servie à une heure, et le dîner à six. A onze heures, les lampes s'éteignent et chacun va se coucher. Seuls, les veilleurs se promènent sur le pont, et le commandant rédige son journal. Après dîner, je fais un whist avec les officiers ou je reste chez moi à jouer aux échecs avec Sonntag et Knorr. Tous nos jours se suivent et se ressemblent. Radcliffe me remet le soir le tableau des observations atmosphériques, et ce tableau lui-même est presque aussi monotone dans son contenu que dans le cérémonial de la présentation. MacCormick, à son tour, me rend un compte exact de ce qui se passe à bord; mais il est bien rare que quelque fait saillant vienne interrompre l'uniformité de sa prose. Je passe une partie de la nuit à inscrire force notes sur mon volumineux journal, et j'avoue qu'à part les relevés du magnétomètre, des baromètres et des thermomètres, du marégraphe et de l'épaisseur des glaces, on pourrait en supprimer beaucoup sans inconvénients graves. Les « nouvelles » sont assez clair-semées et je les accompagne d'un signe marginal pour y revenir de temps en temps, comme on fait dans sa mémoire pour un événement heureux.

Après le déjeuner, Dodge procède à l'appel, et sous ses ordres les hommes balayent les ponts, nettoient et garnissent les lampes, pendant qu'une petite escouade se rend à l'iceberg pour chercher la ration quotidienne de la *fondeuse* qui nous donne notre eau à boire. Le trou à feu est débarrassé de la glace, les chiens reçoivent leur pitance, on distribue le charbon, on ouvre la cambuse et le maître-d'hôtel choisit ce qui est nécessaire pour la cuisine. Longtemps avant la collation, tout le travail obligatoire est terminé ; chacun est libre alors, mais j'ai établi, comme règle indiscutable, que deux heures de travail doivent être suivies de deux heures de promenade au moins.

Je donne moi-même l'exemple et, tous les jours que je ne me fais pas conduire en traîneau autour de la baie, je grimpe sur les collines ou me hasarde au loin sur les glaces. J'emporte parfois ma carabine dans le vain espoir de tuer un renne, voire un ours, mais le plus souvent je pars sans autre compagnon que *Général*. C'est un terre-neuve tout jeune qui partage ma cabine depuis notre départ et s'y est toujours adjugé la moins mauvaise place. Nous sommes les meilleurs amis du monde : il connaît parfaitement l'heure de ma promenade accoutumée et flaire alors la porte avec une vive impatience ; son bonheur est complet quand il me voit prendre mon bonnet et mes gants fourrés. Le plus aimable des camarades, il ne me fatigue point de sots discours et n'a d'autre but que de me plaire et de s'amuser. Lorsqu'il est livré à de graves pensées, il marche derrière moi avec une imposante majesté ; mais ces accès de dignité sont assez rares : il préfère courir, sauter, se rouler dans la neige en éparpillant les blancs flocons à droite et à gauche, ou mordiller en jouant mes gants épais et les basques de mon pardessus de fourrure. Ces jours derniers, il est malheureusement tombé d'une écoutille et s'est cassé la jambe ; un long repos lui est nécessaire et son absence est pour moi un véritable chagrin.

Autant que la discipline le permet, je tâche de conserver les usages de la patrie et d'entretenir de mon mieux les bonnes relations sociales dans notre république. Je ne puis guère organiser de bals, et nous manquons des éléments les plus indispensables à une brillante *soirée;* mais, en dépit de la fortune, nous essayons d'observer ces coutumes qui, dans le pays où sont nos *souvenances*, enlèvent à la vie journalière quelques-unes de ses épines et aident au bonheur et à la paix. Nulle part au monde les habitudes de vulgaire familiarité n'engendrent plus de maux que dans les cabines encombrées d'un très-petit navire; mais nulle part aussi la vraie politesse n'amène de meilleurs résultats. Par tous les moyens possibles, je tâche de rendre notre hivernage un peu moins triste et, pour ne pas nous laisser ensevelir vivants sous les ténèbres glacées qui règnent au dehors, il faut certes que tout soit chaud, brillant et gai entre nos murailles de bois. Je veux que mes compagnons le sentent bien : quels que soient leurs dangers et leurs souffrances, ils trouveront toujours ici un refuge assuré contre la tempête, un doux repos après leurs fatigues.

Autant que faire se peut, le dimanche est observé comme dans la patrie lointaine. A dix heures, escorté de l'officier de service, je visite avec soin toutes les parties du navire et m'enquiers minutieusement de la santé, des habitudes et du confort de tout l'équipage ; puis, tout le monde réuni sur l'arrière, je lis une portion des prières du matin et un chapitre du livre que nous aimons tous. J'ajoute parfois un des beaux sermons de Blair et, quand approche l'heure du repas, c'est bien de tout cœur que nous demandons à Dieu de continuer à étendre sur nous sa main paternelle ; si notre prière n'est pas bien longue, elle n'en est peut-être que mieux sentie (1).

6 *novembre*. — Sonntag est de retour. Comme je le

---

(1) Parry également, dans une situation analogue, n'omettait pas plus les divertissements des concerts et des pièces de théâtre

craignais, il n'a pas réussi dans son entreprise ; il vient de dîner avec moi et de me faire le récit de ses aventures. La plus curieuse est une chasse aux ours, dont il m'a fait une description des plus intéressantes.

Les deux malheureuses victimes, une mère et son petit, dormaient sur le versant d'une chaîne de glaçons entassés. Réveillées par les abois des chiens, elles se dirigèrent immédiatement vers les crevasses ouvertes à une distance d'environ sept kilomètres. Sans attendre les incitations de leurs conducteurs et comme s'ils eussent oublié leurs traîneaux, les chiens s'élancèrent à leur poursuite. Les hummocks, fort élevés déjà, étaient séparés par d'étroites et sinueuses ravines et, si les ours avaient eu l'instinct de s'y cantonner, leurs ennemis, arrêtés à chaque instant et ne pouvant pas toujours suivre leurs traces, n'auraient probablement pas réussi à les atteindre ; mais la chaîne des blocs glacés avait tout au plus cinq cents mètres de large, et les ours, la traversant au plus vite, songeaient évidemment à gagner une énorme fissure qui devait aboutir à la mer.

Le lancé fut des plus brillants ; l'attelage de Jensen entra le premier dans les hummocks, Hans le rejoignit aussitôt, et les chiens détalèrent pêle-mêle à la suite de leur colossal gibier. Le traîneau du Danois fut à moitié renversé, et Sonntag roula dans la neige, mais il put s'accrocher aux montants et se hisser de nouveau sur sa planche. La glace, à moitié brisée, retardait la course impatiente des chiens qui, frissonnants de colère, étaient parfois obligés de s'arrêter ; mais leur ardeur et l'énergie de leurs maîtres triomphaient de tous les obstacles. Ils émergèrent à la fin sur une large plaine presque unie, où pour la première fois les deux ours étaient distinctement en vue. Les haltes

que la célébration de l'office divin. (*Biblioth. univ. des Voyages*, par Albert de Montémont, vol. XL, p. 407 et suiv.) — J. B.

forcées des traîneaux leur avaient permis de prendre deux kilomètres d'avance, et, fort probablement, ils pourraient atteindre l'eau. Tout aussi bien que les chasseurs, les chiens paraissaient le redouter, car ils se lancèrent à leur poursuite avec tout le sauvage élan de leur brutale nature. Enragés par la perspective de voir échapper leur proie, ils parcouraient l'espace comme un tourbillon furieux. Jensen et Hans les excitaient par tous les moyens que leur suggérait une longue expérience ; les traîneaux volaient sur la neige durcie et rebondissaient sur les pointes aiguës qui hérissaient sa surface glacée.

Par leurs cris et leur vitesse, les chiens manifestaient toute l'impatience d'une meute lancée après le renard, mais avec une férocité décuplée, et Sonntag, que cette folle course enlevait aux notions de la réalité présente, se croyait au milieu d'une bande de loups serrant de près un buffle blessé.

En moins d'un quart d'heure, la distance était réduite à quelques centaines de mètres. La mer, espoir des fugitifs, terme fatal de la poursuite, se rapprochait aussi ; mais l'ourse était arrêtée dans sa marche par son petit qu'elle ne voulait pas abandonner. Celui-ci, effrayé, anxieux, trottait pesamment près d'elle, et c'était pitié d'entendre les cris déchirants de sa pauvre mère. Désespérée, elle comprenait parfaitement le péril, mais ne pouvait pas se résoudre à fuir sans sa progéniture. La crainte et l'amour maternel semblaient diriger alternativement tous ses mouvements. Elle s'élançait vers la mer où était son salut, pour revenir bientôt en arrière et pousser de son museau le pauvre petit être que les forces abandonnaient ; elle courait à côté de lui comme pour l'encourager. Cependant, toujours l'ennemi s'avançait, les chiens oubliaient leur fatigue et tiraient de plus en plus sur leurs colliers : le moment critique approchait ; et, pour combler les angoisses du malheureux couple, l'ourson finissait par ne plus marcher.

Arrivés à cinquante mètres environ, les conducteurs se penchèrent en avant et saisissant, le bout de la courroie qui réunissait tous les traits, le glissèrent hors du nœud coulant : les traîneaux s'arrêtèrent soudain, mais les chiens, délivrés de toute entrave, s'élancèrent après leur proie en poussant des hurlements féroces. Lorsqu'elle entendit tout près d'elle le bruit de la meute altérée de son sang, la pauvre mère comprit que la fuite était désormais impossible; elle se retourna à demi et, s'affermissant solidement sur la neige, elle se prépara au combat avec le courage du désespoir, tandis que l'ourson, affolé de terreur, courait autour d'elle et prenait le parti de se réfugier entre ses jambes.

Ousisoak, le vieux et rusé chef de meute, conduisait l'attaque; la reine Arkadik était à son côté; une vingtaine de chiens arrivaient à leur suite par ordre de vitesse. Avec un grondement formidable, l'ourse, de ses pattes énormes, sépara en deux le front de l'armée, et éparpilla ses ennemis à droite et à gauche. Une toute jeune recrue osa seule lui faire face et lui sauter à la gorge avec plus de témérité que de prudence; un instant après, le malheureux chien roulait tout broyé sur la neige. Cantonnés à l'arrière, Arkadik et son royal époux mordaient l'ennemi à belles dents, et toute la meute se précipita pour imiter cette stratégie plus circonspecte. Le puissant animal se retourna soudain et força Ousisoak à lâcher prise; mais il découvrait ainsi son petit, et, prompt comme l'éclair, Karsuk le noir, suivi de Schnapps, maigre métis aunâtre, s'élança sur l'ourson. Comme sa mère, celui-ci acceptait le combat; il évita Karsuk et essaya d'étouffer Schnapps entre ses jeunes pattes; le pauvre chien fut presque plié en deux et s'échappa de la mêlée en poussant d'affreux hurlements. Ousisoak était en grand danger, quand Erebus, son vaillant rival, vint à la rescousse et se jeta sur le flanc opposé de l'ourse avec toute sa bande; mais, sans souci de ses propres assaillants, la mère, aux cris de son ourson, faisait reculer Karsuk et les siens, qui étaient revenus à la charge. Encore une fois, elle put abriter sous son corps la petite et courageuse créature, complétement exténuée et dont le sang coulait de toutes parts.

Jensen et Hans avaient alors retiré leurs carabines du traîneau et se hâtaient d'accourir; mais les chiens se pressaient tellement autour de leur proie qu'il était impossible de tirer. Profitant pour viser d'un instant où l'ourse se trouvait un peu à découvert, ils l'atteignirent à la gueule et à l'épaule. Elle fit entendre un long rugissement de colère et de douleur, mais ses blessures n'étaient point mortelles et la bataille continua plus terrible que jamais. La neige était arrosée de sang, un filet rouge coulait de la gueule de l'ourse, un autre tombait goutte à goutte sur sa fourrure blanche; le petit, déchiré et pantelant, allait rendre le dernier soupir; un de nos chiens gisait presque sans vie, et un autre marquait de larges taches cramoisies la couche du givre sur laquelle son agonie s'exhalait en faibles gémissements.

Sonntag approchait à son tour; une décharge des trois carabines jeta le colosse sur son flanc, et les chiens s'élancèrent de nouveau à l'attaque. Quoique fort épuisée par la perte de son sang, l'ourse n'était pas encore hors de combat. Rassemblant ses forces, elle obligea une fois de plus les assaillants à une retraite précipitée, et ramena sous son corps ce petit pour lequel elle donnait sa vie, mais dont le sort était déjà fixé. A moitié étranglé par Karsuk et sa bande, couvert d'affreuses plaies, il venait d'expirer aux pieds de sa mère. En le voyant couché immobile, elle oublia tout, ses blessures, son danger, la meute furieuse qui la déchirait sans relâche, et se mit à lécher son petit avec une tendresse passionnée. Elle se refusait à croire qu'il fût mort et voulait le relever ; elle le caressait pour l'encourager à combattre encore ; puis tout d'un coup, paraissant comprendre qu'il n'avait plus besoin de sa protection, elle se retourna vers ses bourreaux avec un redoublement de rage. Pour la première fois elle essayait de s'échapper. Un autre chien fut lancé pantelant et déchiré à côté du malheureux Schnapps. Elle sembla enfin s'apercevoir qu'elle avait d'autres ennemis que la horde aboyante qui s'acharnait sur elle. Hans s'avançait avec un épieu ; elle secoua violemment la grappe de chiens suspendue à son corps et se précipita à sa rencontre. Il jeta son arme et s'enfuit de toute la vitesse de ses jambes ; mais elle courait encore plus vite que lui, et l'Esquimau était infailliblement perdu si Sonntag et Jensen, qui avaient pu recharger leurs carabines, n'eussent réussi à arrêter la carrière du terrible monstre. Une balle pénétra dans l'épine dorsale, à la base du crâne, et l'ourse roula à son tour sur la neige imprégnée de sang.

Les victimes furent promptement dépouillées ; on prépara, pour nous la rapporter, une partie de la chair de l'ourson, et les chiens purent se gorger à volonté ; puis nos gens dressèrent leur tente sur le théâtre de leurs exploits. Le lendemain ils arrivaient au navire.

Néanmoins la température se relève, le dégel va son train, la pluie nous poursuit partout et un affreux gâchis s'étend goutte à goutte dans tout le navire ; mais j'ai à noter sur mon journal, à la date du 11 novembre, une nouvelle intéressante : l'apparition d'un journal au Port Foulke. La libre presse suit le pavillon de l'Union tout à travers le monde, et le Pôle se réjouit à la vue du *Courrier hebdomadaire du Port Foulke* (1).

Dans la pensée qu'une création de ce genre serait une diversion utile contre les ennuis des ténèbres, nos ennemis, j'avais, depuis quelque temps, proposé aux officiers de publier un journal hebdomadaire. Cette idée fut accueillie avec des transports de joie, et toute cette semaine ces messieurs ont été fort occupés de la mettre à exécution. Dodge et Knorr ont entrepris de lancer l'affaire, et ces jours-ci ils charmaient leurs loisirs en glanant dans les cabines et l'entre-pont toutes sortes de choses amusantes. Le premier numéro vient de paraître, il est bien réussi et quelques-uns des meilleurs articles, « perles riches et rares, » viennent du gaillard d'avant.

Pour nous, pauvres prisonniers de la nuit, l'apparition de ce journal est un événement des plus remarquables, et en ma double qualité de commandant et de médecin, je compte beaucoup sur son influence hygiénique. Ces messieurs, du reste, ont fait tous leurs efforts pour que cette gazette, si impatiemment désirée, répondît à l'attente du public, et la naissance de notre *Courrier* a été accompagnée de toutes les cérémonies qui ont cours aux Etats-Unis en semblable occurrence. L'organisation du journal lui-même est la plus comique parodie de celles des grandes feuilles de New-York ou de Boston. Rien ne nous manque ici : état-major d'éditeurs et de correspondants, bureau de nouvelles générales, rédacteur en chef chargé du « pre-

---

(1) Un semblable dévouement maternel d'une ourse pour ses petits est rapporté dans le voyage de Parry. Ce hardi capitaine songea également à tromper les ennuis de la nuit polaire par la création d'un journal, la *Gazette de Nord-Georgie*. (*Bibl. univ. des Voyages*, par Albert de Montémont, vol. XL, p. 442, 299 et 309.) — J. B.

mier Port Foulke, » agence télégraphique en communication *prompte et sûre* non-seulement avec tous les points du globe, mais encore avec le soleil, la lune et les étoiles; nous avons tout, et même « nos artistes spéciaux » ayant mission de dessiner dans tous les lieux du monde les événements extraordinaires qui peuvent s'y passer.

Naturellement, le début est chose fort importante, et avant même l'entrée en scène, nos éditeurs n'ont rien épargné pour exciter la curiosité du public : circulaires, affiches monstres et tous autres appâts inventés par les fournisseurs de la gourmandise intellectuelle du bon public. Mac Cormick leur avait apporté son concours en préparant le menu d'un dîner meilleur que de coutume : de sorte que, quels que fussent les mérites du journal tant désiré, son apparition ne pouvait manquer d'être bien accueillie. Tous les détails matériels reposaient sur M. Knorr; c'est lui qui gardait le nouveau-né, et à peine la nappe fut-elle enlevée que des cris tumultueux réclamèrent l'entrée de son jeune nourrisson. Il marchait gravement vers son oreiller sous lequel il l'avait jusqu'alors soustrait à tous les yeux, lorsqu'un des assistants demanda la parole pour une motion importante. « Nous conformant, dit-il, à l'usage national, nous devons procéder régulièrement et ne pas laisser s'accomplir avec une légèreté frivole l'événement appelé à produire dans le monde une si grande sensation. Non, messieurs ! une assemblée générale organisera un comité, qui à son tour nommera un orateur. Alors, et seulement alors, on pourra dire que nous avons dignement inauguré l'entreprise dont il est question. Le public de Port Foulke serait à juste titre fort mécontent, si nos voix restaient muettes à l'heure solennelle où la presse libre est établie sur ces limites reculées de la civilisation ! »

Cette proposition fut accueillie avec une certaine faveur, et un meeting, immédiatement organisé, appela M. Sonntag au fauteuil ; on procéda ensuite à l'élection des vice-présidents et des secrétaires, et M. Knorr fut nommé orateur par acclamation. Alors s'éleva dans la salle un effroyable tapage ; on battait des mains, on trinquait avec les tasses de fer-blanc, les cris de : « A l'ordre ! Écoutez ! écoutez ! » essayaient en vain de dominer le bruit, mais l'orateur se jucha sur le buffet et, du haut de cette tribune, s'adressa en ces termes à l'assemblée.

« Mes chers concitoyens !

« Appelé par le vote unanime de cette communauté, hélas ! si peu éclairée, pour inaugurer l'aube nouvelle qui s'est levée sur cette région ténébreuse, j'ai l'heureux privilége de vous annoncer qu'aux dépens de nos heures, de nos ressources, de nos labeurs, nous venons de combler une lacune depuis trop longtemps ressentie à Port Foulke. Concitoyens ! nous jouissons maintenant de l'inaliénable droit de naissance de tout Américain, la presse libre ! cette voix retentissante de l'opinion publique.

« Accablé sous le fardeau de cette situation, je me trouve dans l'impossibilité de vous adresser un discours à la hauteur de la solennité et de l'importance de cet événement. Cependant je dois à mon collègue, je me dois à moi-même, de vous dire que, si, nous conformant à une coutume consacrée par les âges, nous conservons nos opinions pour nous, du moins nous ne serons point avares de nos raisonnements. Les habitants de Port Foulke désirent le prompt retour du soleil ? — Nous serons les ardents avocats de leur cause. — Ils veulent la lumière ? — Nous nous adresserons aux sphères célestes et nous ne leur laisserons pas ignorer nos droits à une rigoureuse réciprocité. — Ils cherchent le bonheur ? — Sérieusement énétrés de notre mission sacrée, qui, je puis le dire, messieurs, a fait de la presse une puissance dans ce grand et glorieux dix-neuvième siècle, nous leur conseillerons sans cesse la pratique de toutes les vertus sociales et privées.

« Concitoyens ! cette heure sera mémorable à jamais dans les fastes de Port Foulke. On nous dit que, dans leur patois, les aborigènes le nomment Annyeiqueipablaytah, ce que les meilleurs interprètes traduisent par : « l'antre des tempêtes hurlantes. » Dans cette grave occurrence, il est convenable que nous dirigions nos pensées vers l'avenir, l'avenir surtout de notre sublime entreprise. Cet antre des tempêtes hurlantes, vous le savez, honorables auditeurs, est situé sur les confins de notre immense patrie, de cette patrie dont le vaste manteau baigne ses franges dans l'océan sans limites et qui s'étend du soleil levant au soleil couchant, de la Croix du Sud à l'aurore boréale ? — Mais que dis-je, l'aurore boréale ? N'avons-nous pas laissé derrière nous cette vague limite de notre domaine ? Oui, chers concitoyens, c'est à nous de faire avancer ces questions litigieuses des frontières nationales et de les amener à un point, — et quel point ? messieurs ! au pôle Nord lui-même !... Là, nous planterons notre bannière étoilée : la hampe de notre étendard deviendra l'axe du monde autour duquel tournera, comme une boule, l'universelle nation yankie !

« Amis et compatriotes ! permettez-moi, en terminant, de porter les toasts qui conviennent à cette occasion. A la presse libre ! A l'universelle nation yankie ! Puisse la première, dans l'avenir comme dans le passé, être la fidèle compagne de la liberté et l'emblème du progrès ! Puisse la seconde absorber toute la création et devenir enfin la grande farandole céleste ! »

Le jeune orateur sauta à bas de son bahut au milieu de ce qu'on pourrait bien nommer « des applaudissements bruyants et tumultueux. » Sa harangue avait produit une impression tout aussi favorable pour le père que pour l'enfant. Après de nouvelles rasades et les chocs prolongés de nos tasses de métal, la lecture commença et ne fut interrompue que par les marques de satisfaction dont on n'est pas avare, lorsqu'on a bien dîné, en écoutant de bonnes histoires, racontées d'ailleurs avec beaucoup de verve. Notre seul regret fut d'en voir arriver la fin. — On vota des remercîments aux rédacteurs, on but à la santé de M. Knorr; en un mot, tout alla bien. Le seul exemplaire de notre *Courrier* passa aux matelots, et leurs applaudissements ne furent pas moins unanimes. Il contient seize pages d'une écriture fort serrée, une esquisse assez ambitieuse de Port Foulke, un portrait de sir John Franklin, une bonne charge du pauvre *Général* avec sa patte en écharpe. — Les énigmes n'y manquent pas, non plus que les « calembours entièrement neufs. » Nouvelles de l'extérieur, faits divers, annonces : tout y a sa place ; sans compter des travaux d'un vol beaucoup plus téméraire, parmi lesquels on remarque un « prospectus illustré par un des rédacteurs, » une poésie du maître-d'hôtel, et enfin, à l'adresse de mon malheureux chien, des vers auxquels tout l'équipage a adapté un air et qu'il répète incessamment en chœur avec un plaisir évident : il est question de la chute de *Général*, de son repos forcé et de sa mort prochaine.

> Rentrez, collier, fouet et poitrail,
> Et du traîneau tout l'attirail ;
> *Général* n'en a plus que faire.
> Sur le pack ayant trop glissé,
> Jambes et bras il s'est cassé,
> Et touche à son heure dernière.

19 *novembre.* — L'uniformité de notre vie a été aujourd'hui troublée par un événement mystérieux.

J'ai déjà longuement parlé de la rivalité de mes deux chasseurs esquimaux : tous deux me sont fort utiles, mais par des motifs bien différents. Comme plus d'un économiste en renom, Péter patronne volontiers la « propriété mobilière; » mais il travaille, en tout bien tout honneur, à grossir son petit trésor ; tandis que maître Hans est poussé plutôt par une basse envie que par le désir du gain. C'est un type de cette branche de la famille humaine qui ne peut voir sans souffrance la prospérité d'autrui. Reste à savoir si la jalousie est demeurée chez lui à l'état de sentiment ou si elle s'est traduite par un crime.

Cette nuit, à deux heures, je lisais tranquillement, lorsqu'un bruit de pas pressés retentit dans le silence profond. Le maître-d'hôtel entra sans se donner le temps de frapper à ma porte, tout effaré et comme enveloppé d'une atmosphère d'alarme.

« Le feu est à bord ? » lui criai-je anxieusement.
Mais lui, sans répondre à ma question :
« Péter est parti, monsieur.
— Parti ! que voulez-vous dire par là ?
— Parti, parti, monsieur.
— C'est bon, allez vous recoucher. »
Et je repris mon livre.
« Mais, monsieur, c'est vrai, c'est bien vrai ; il est parti, il a pris la fuite. »

L'insistance du maître-d'hôtel finit par me convaincre, et tout le navire fut immédiatement visité ; mais on ne trouva point notre pauvre chasseur : son hamac n'avait pas été touché depuis la matinée de la veille, évidemment Péter n'était plus à bord.

Je fis appeler tout le monde sur le pont et, pendant que j'interrogeais nos marins, Jensen essayait de faire parler les Esquimaux. Comme à son habitude, Péter avait soupé avec nos gens, fumé sa pipe et bu son café; il paraissait heureux et content. Je ne pouvais m'expliquer cette longue absence ; la lune n'était pas levée, et il me semblait impossible qu'il se fût volontairement éloigné du vaisseau ; les vagues réponses de Hans excitaient surtout mes soupçons. Tout ce qu'on a pu tirer de lui, c'est que Péter avait grand'-peur des matelots. Nos gens déclarent, au contraire, qu'il était de beaucoup leur favori, et une enquête minutieuse a établi qu'on l'a toujours traité avec la plus grande douceur.

Pendant tous ces interrogatoires, on préparait les falots et, partagé en sept escouades, l'équipage se répandit autour du havre. Deux heures après, on voyait encore les lumières errer au loin sur la neige, et je commençais à penser que toutes ces recherches seraient sans résultat, lorsque Mac Cormick me fit le signal convenu. A quatre kilomètres et demi au sud de la goëlette, il avait rencontré une trace de pas ; il la suivit sur la glace de terre à moitié brisée, jusqu'au pied d'une colline abrupte. Là, il ramassa un petit sac contenant quelques habits, la meilleure défroque de notre malheureux chasseur. Le maître-d'hôtel ne s'était pas trompé, Péter avait pris la fuite. Où allait-il ? Pourquoi nous a-t-il ainsi quittés ?

Nous retournâmes à bord dans une assez grande perplexité. Marcus et Jacob ne savent absolument rien, et Hans s'en tient toujours à ce qu'il a dit ; mais de plus en plus je suis persuadé qu'il est réellement au fond de cette mauvaise affaire, et je viens de le renvoyer de ma cabine en lui affirmant qu'à la première preuve de sa culpabilité, je le ferai pendre sans pitié à la grande vergue. Il a parfaitement compris, et il s'engage à retrouver le fugitif et à nous le ramener bientôt.

20 *novembre*. — Hans, escorté d'un matelot, a longtemps suivi les traces de Péter ; mais, au bout de plusieurs heures, une brise violente a soulevé les neiges

et toute recherche est devenue impossible. Hans est revenu au navire, sans nul doute très-inquiet de son propre sort; pourtant il avait l'air de l'innocence en personne et ne paraissait se tourmenter que des malheurs de son ancien rival.

« Où donc est mon pauvre Péter? Essaye-t-il de rejoindre les Esquimaux du détroit de la Baleine? » D'après Hans, les plus rapprochés de nous se trouvent à cent quatre-vingts kilomètres d'ici, à l'île Northumberland, et peut-être même à quatre-vingt-dix kilomètres encore plus loin sur les côtes du sud. Si, par hasard, quelque bande de chasseurs ne s'est pas avancée vers le nord, il ne lui reste aucune chance de salut. Il est possible que Hans lui ait assuré qu'il trouverait des compatriotes à Sorfalik, à cinquante-cinq kilomètres seulement; sans doute, il peut marcher jusque-là, mais, sans provisions ni attelage, il ne saurait aller plus loin vers le sud. M. Sonntag soutient que son protégé n'a nullement trempé dans cette mystérieuse affaire; d'après lui, c'est tout simplement un caprice d'Esquimau : irrité de quelque offense ou de quelque passe-droit de nos marins, Péter sera allé refroidir sa colère à Etah ou sous une hutte de neige. Mais notre ami est le seul à ne pas croire à la culpabilité de maître Hans. Les plus avisés supposent que tout ceci est le fruit des longues machinations de ce dernier : il aurait persuadé à son infortuné camarade que notre bienveillance pour lui cachait des desseins hostiles, dont sa connaissance de la langue anglaise, en écoutant les conversations de l'équipage, lui avait permis de s'assurer. Ainsi le pauvre garçon se serait à la hâte jeté dans les plus grands périls, pour se préserver d'un danger imaginaire. Il est probable que cette explication est la bonne : elle cadre tout à fait avec ce que nous savons du caractère des Esquimaux. Rien ne les pousse davantage à soupçonner la trahison que des marques réitérées d'amitié ; aussi est-il probable que Hans, après un premier mensonge, a soufflé avec soin la flamme naissante, et, l'ayant alimentée de nouveaux récits et d'insinuations mystérieuses, a frappé le grand coup en conseillant au crédule et inoffensif jeune homme d'aller au plus vite se réfugier à Sorfalik. Affolé par la terreur, Péter a saisi son sac et s'est enfui vers les montagnes ; en voyant les lumières briller sur le pont, il a compris qu'on le poursuivait et s'est empressé de laisser en arrière tout ce qui pouvait arrêter sa course. S'il en est ainsi, je comprends la signification de la phrase de Jensen : « Hans et Péter se sont réconciliés. »

23 *novembre*. — Cinq jours ont passé, et Péter ne revient pas. Il n'est point allé à Etah et on n'a trouvé aucune trace auprès de nos caches de renne. Hélas ! s'il n'a pas découvert quelque abri, la mort doit maintenant avoir terminé ses souffrances : une violente tempête s'est déchaînée et les trombes de neige s'abattent autour de nous.

CHAPITRE V

L'HIVER POLAIRE

Les ténèbres ne sont chaque mois dissipées que durant les dix jours de la course lumineuse de la lune. — La peste des chiens nous en enlève vingt-quatre sur trente-six. — Départ de Sonntag et de Hans en quête d'autres chiens. — La Noël. — Le jour de l'an. — Proximité et influences de la mer libre. — Gentillesses de damoiselle Birdie. — Horreurs des ténèbres et du lugubre silence. — Sonntag est mort. — Circonstances de ce désastre. — Hans revient avec le père, la mère et le frère de sa femme. — La prudence est la meilleure part de la valeur. — Kablunet et Tcheitchenguak. — Leur domicile sous la neige. — Esquimaux chassant au morse.

Le lecteur qui a suivi mon journal depuis notre arrivée au Port Foulke aura sans doute remarqué comme la clarté du jour s'était lentement évanouie et de quel pas tardif et mesuré l'obscurité nous avait enveloppés. A la fin de novembre, la dernière et vague lueur s'éteignait dans le ciel, et à toute heure les étoiles brillaient du même éclat; du jour continu de l'été, nous avions, à travers le crépuscule d'automne, passé dans la longue nuit de l'hiver.

Nous avions bien tous appris, dans notre enfance, qu'aux pôles de la terre le jour et la nuit durent six mois, mais autre chose est de se trouver face à face avec la réalité et d'être contraint de s'y soumettre.

L'éternel soleil de l'été avait dérangé les habitudes de toute notre vie, mais l'obscurité de l'hiver les troublait plus encore. L'imagination, autrefois trop excitée par cette lumière qui inspire l'action, s'engourdissait peu à peu ; la nuit de plusieurs mois jetait son ombre sur l'intelligence et paralysait notre énergie.

La lune seule venait de temps en temps nous arracher à ces ténèbres accablantes. Pendant les dix jours de sa course lumineuse, elle chemine paisiblement au-dessus de l'horizon et brille d'une clarté inconnue partout ailleurs. L'uniforme reflet des neiges et la sérénité presque constante de l'atmosphère ajoutent à la splendeur de ses rayons. Ils permettent de lire avec la plus grande facilité, éclairent les Esquimaux dans leurs courses nomades et les guident vers leurs territoires de chasse.

Les jours et les semaines se traînaient avec une fatigante lenteur, et le temps était loin de nous manquer pour nos observations.

Vers le commencement de décembre, la marche des événements, jusqu'alors assez satisfaisante, fut troublée par une série de désastres qui eurent une influence funeste sur les destinées de l'expédition et dérangèrent tous les plans formés pour l'avenir de notre entreprise.

J'ai déjà dit qu'une sorte de peste sévissait depuis plusieurs années sur les chiens du Groënland méridional et avait enlevé beaucoup de ces utiles animaux. La cause du fléau était restée inconnne ; mais, d'après les informations recueillies, j'avais supposé qu'elle était purement locale, et qu'une fois mes attelages embarqués je n'aurais plus à la redouter. C'est dans cette persuasion que j'avais passé tant de jours aux établissements danois à glaner çà et là trente-six bêtes de trait. Jusqu'au 1er décembre, elles se maintinrent en parfaite santé, et comme je les nourrissais abondamment de viandes fraîches, j'espérais qu'au printemps je me trouverais possesseur de quatre bons et forts attelages pour nos explorations en traîneau.

Hans m'avait appris, il est vrai, que les Esquimaux des environs venaient de perdre beaucoup de chiens d'une maladie dont la description répondait à celle que j'avais entendu faire à Prœven et à Upernavik ; mais novembre s'était écoulé sans que le terrible fléau visitât ma belle et bonne meute, et je la croyais désormais à l'abri de ses atteintes.

Ma confiance ne devait pas être justifiée. Au commencement de décembre, Jensen vint me prévenir qu'une de nos plus fortes bêtes présentait tous les symptômes du terrible fléau. D'après son conseil, je la fis abattre immédiatement, afin de circonscrire les ravages du mal, si toutefois il était contagieux. Quelques heures après, un autre chien fut atteint de la même manière.

Le pauvre animal manifesta d'abord une grande inquiétude : il courait autour du navire, dans un sens, puis dans un autre, avec une démarche incertaine et troublée ; chacun de ses mouvements indiquait une violente exaltation nerveuse ; soudain, il partit comme un trait et se dirigea vers l'entrée du port, aboyant sans cesse et paraissant mortellement effrayé de quelque objet imaginaire qu'il essayait de fuir ; il revint bientôt encore plus excité : ses yeux s'injectaient de sang, une bave épaisse filait de sa bouche, et il semblait possédé d'un irrésistible besoin de mordre tout ce qui l'approchait.

La période aiguë dura plusieurs heures seulement, et fut suivie d'une prostration presque complète ; aveugle et chancelant, le malheureux chien se traînait avec peine le long du navire ; une violente convulsion vint secouer ses membres et le renversa dans la neige, où, après s'être débattu quelques instants, il reprit connaissance et se remit sur ses jambes ; mais de nouveaux accès se succédèrent rapidement jusqu'à ce que la mort vînt enfin terminer sa pénible agonie. Elle se prolongea vingt-quatre heures, pendant laquelle je suivis attentivement les phases du mal dans le vain espoir d'en découvrir le principe et peut-être le remède. La dissection ne me révéla absolument rien ; je nè trouvai de trace d'inflammation ni dans le cerveau, ni dans la moelle épinière, les centres nerveux ni les nerfs eux-mêmes. Plusieurs des symptômes étaient ceux de l'hydrophobie ; mais l'animal buvait avidement, et la bave ne m'a point paru être un véhicule du fléau. Les chiens mordus ne furent pas plus promptement atteints que les autres.

A peine ce cas s'était-il fatalement dénoué, qu'une balle terminait les souffrances d'un troisième chien ; sept périrent ainsi en moins de quatre jours ; et je voyais avec consternation se fondre ainsi mes beaux attelages. J'essayais, j'essayais toujours, et toujours mes efforts échouaient tristement. Karsuk, mon second chef de file, le meilleur collier de ma meilleure bande, succomba l'un des premiers. Deux heures après l'invasion de la maladie, il était effrayant à contempler : jamais aucune créature vivante ne s'est montrée à moi avec une telle empreinte de férocité sauvage et redoutable. Pensant que le repos forcé lui ferait quelque bien ou que la violence de l'attaque s'épuiserait plus vite, j'ordonnai qu'on l'enfermât dans une grande caisse placée sur le pont ; mais la captivité parut aggraver le mal. Il mordait le bois avec une furie indescriptible, et introduisant ses dents dans une fente, il enleva la planche, éclat par éclat, jusqu'à ce qu'il eût pratiqué une ouverture assez grande pour y passer la tête ; je le fis immédiatement fusiller. Ses yeux roulaient comme des boules de flamme, un de ses crocs était brisé, et un jet de sang coulait de sa gueule.

Bientôt après un bel animal, qui paraissait en parfaite santé, bondit soudain et, s'élançant avec un hurlement sauvage, tourna autour du port, puis revint près du navire où il fut pris de terribles convulsions. Je le fis attacher, mais il rompit ses liens, et nous dûmes le tuer aussi.

Trois autres sucombèrent le même jour, et, le 16 décembre, je ne possédais plus que douze chiens : dix-huit étaient morts du fléau, et j'en avais déjà perdu quelques-uns par des causes diverses. Huit jours après, il ne m'en restait plus que neuf.

Au premier abord, le lecteur ne pourra peut-être pas se rendre compte de l'étendue de ce désastre. Tous nos plans d'exploration reposaient sur les traîneaux, et mes attelages allaient se réduisant chaque jour : je n'espérais plus conserver un seul chien, et, si je ne réussissais pas à réparer cette perte, notre entreprise était irrévocablement condamnée.

Il fut donc décidé que, s'il nous restait encore assez de chiens à la lune de décembre, Sonntag, accompagné de son conducteur favori, prendrait le traîneau et tâcherait d'entrer en communication avec les naturels; si, au contraire, nous n'avions plus un seul attelage, je me rendrais moi-même à pied à leurs stations et je ferais de mon mieux pour amener les Esquimaux à Port Foulke ou à Etah. Mais la lune n'était pas encore levée, et pendant ces longues ténèbres, il nous fallait attendre, et désirer avec ardeur que la fin de ce mois fût moins malheureuse que le commencement.

22 *décembre*. — Le soleil a atteint aujourd'hui sa plus grande déclinaison australe. Nous sommes au minuit polaire.

Pour moi, ces quatre semaines ont été une période de soucis amers, et je suis heureux de sentir que nous redescendons maintenant la pente des ténèbres boréales. La mort de mes chiens m'accable de tristesse, et mon chagrin redouble à la pensée que cette mort envoie Sonntag au milieu des dangers de la sombre nuit polaire.

Mon ami est parti hier. Suivant nos longues discussions, il ne nous restait aucune autre alternative. Hans assure que les Esquimaux se rassemblent près du cap York au commencement du printemps, et que, si nous avions attendu jusqu'au jour, il aurait été trop tard pour les atteindre. Il espère en trouver peut-être encore à Sorfalik ou à quelque autre station au nord du détroit de la Baleine, et il ne doute pas que le voyage ne soit des plus faciles, même s'il faut aller à l'île Northumberland ou à Netlik, encore plus loin. Sonntag, impatient d'essayer ses forces, se fatiguait à attendre la lune et une température favorable. Nous décidâmes que Hans serait son unique compagnon, car il est contre toutes les règles des voyages arctiques d'entasser trois hommes sur un même traîneau, et je n'avais aucune preuve que mes soupçons à l'endroit du pauvre Péter fussent fondés sur des faits. Sonntag croit toujours à l'innocence de son conducteur, et il est certain que celui-ci, beaucoup mieux que le Danois Jensen, saura le guider vers les villages des naturels. La maladie a disparu depuis six jours, et nous laisse neuf beaux chiens qui composent un attelage assez présentable.

Les préparatifs n'ont pas été longs. Avec des peaux de buffle, Hans s'était fabriqué un sac pour servir de couchette; Sonntag en emporte un de fourrure d'ours, qui nous vient d'Upernavik. Ils se munissent de provisions pour douze jours, mais ne pensent pas être si longtemps absents, même s'ils sont obligés de pousser jusqu'à l'île Northumberland, qu'on peut facilement atteindre en deux étapes. En décembre 1854, Sonntag et moi nous en avions employé trois, mais les chasseurs indigènes s'y rendent parfois tout d'une traite. Notre ami n'a pas voulu s'embarrasser d'une tente : naturellement l'Esquimau Hans est profès dans l'art de construire des huttes de neige, et son maître a déjà pris de bonnes leçons dans son premier voyage. Si la glace n'est pas assez solidifiée autour du cap Alexandre, ils franchiront le glacier et fileront directement sur Sorfalik ; ils n'y trouveront probablement point d'Esquimaux et traverseront le détroit pour atteindre l'île, à moins qu'ils n'aient de bonnes raisons pour continuer à suivre la côte jusqu'à Péteravik, trente-six kilomètres plus au sud.

Le temps était toujours fort mauvais et le vent ne nous laissait aucun repos ; mais, hier matin, il s'est calmé subitement. Le thermomètre marquait 30° C. au-dessous de zéro, aujourd'hui il est remonté à 19° C. La température est plus douce, une neige légère tombe par instants, et le voyage s'effectuera, j'espère, dans de bonnes conditions. Nos touristes nous ont quittés depuis trente-six heures, et sans doute ont déjà doublé ou traversé le cap, borne méridionale de la baie Hartstène.

Ce départ a été l'événement de la semaine, et pour quelques moments a arraché officiers et matelots à la léthargie par laquelle ils se laissent peu à peu gagner, en dépit de mes efforts. Sonntag était plein d'ardeur et tout joyeux de cette course aventureuse ; il me promettait de ramener bientôt les Esquimaux et leurs chiens. De son côté, Hans se pavanait au moment de s'éloigner ; très-fier de son importance, il claqua vigoureusement son fouet ; l'attelage bondit dans ses harnais et partit au grand galop. Le traîneau glissait rapidement, et pendant qu'autour de lui la neige, soulevée par les chiens, rejaillissait au clair de lune, nous criâmes trois fois : « Hip ! hip ! hourra ! »

23 *décembre*. — J'ai eu cette nuit un rêve étrange et qui me poursuit sans cesse. Si j'étais superstitieux, j'y verrais bien certainement un présage de malheur.

Accompagné de Sonntag, je me trouvais au loin sur la mer glacée, lorsqu'un terrible craquement retentit dans les ténèbres, et une profonde crevasse étendit entre nous sa coupure béante; elle allait grandissant, grandissant toujours.... puis la glace se détacha à grand bruit et vogua avec une rapidité effrayante sur les eaux noires de la mer houleuse, emportant mon cher et brave compagnon, que je vis encore longtemps debout sur son radeau de cristal, sa' haute taille se profilant en noire silhouette sur une bande de lumière qui s'étendait sur l'horizon.

24 décembre. — La veille de Noël! Quel charme puissant! Quelle influence magique dans ces seuls mots ! Que d'heureux souvenirs ils rappellent au cœur malade et à l'esprit fatigué! Un rayon de lumière descend sur notre pauvre navire prisonnier des ténèbres et nous parle des douces lueurs de l'aurore promise. Nous attendons celle-ci avec quelque chose de ce sentiment religieux qui anima autrefois les bergers de la Judée devant la brillante étoile apparue tout à coup dans leur ciel.

Partout, dans ce vaste monde, le lever du jour est le lien qui nous unit dans une commune espérance. La joie s'éveille avec le soleil, et, portées sur les ailes de l'aube, les ondes de lumière, joyeuses cloches de Noël elles-mêmes, entourent toute la terre de leur branle harmonieux : c'est comme un gai carillon annonçant au loin des nouvelles de paix. Le rayon vermeil réjouit le veilleur solitaire sur la mer et le chasseur qui dans la forêt attise les charbons de son feu presque éteint; il pénètre dans l'humble case de l'esclave et dans la hutte de l'émigrant fatigué; il console le pauvre et l'affligé comme le riche et le puissant; partout il nous illumine de sa clarté bénie; partout il parle au cœur; aussi bien sous l'étoile polaire que sous l'étincelante Croix du Sud.

Jamais le navire n'a été si brillant qu'aujourd'hui ; diverses boîtes ont été retirées de leurs cachettes et par leur magique apparition feraient croire que les saints patrons de cette veillée de Noël, où les petits cadeaux entretiennent les amitiés de l'année, sont descendus chez nous comme envoyés spéciaux, avant d'aller remplir les bas et les souliers des petits enfants, et de porter des dots aux filles pauvres dans nos chers vieux pays. La table gémit sous le poids des étrennes, doux souvenirs de ceux qui, ce soir, parlent de nous autour du foyer de famille. Monceaux de bonbons, gâteaux de toutes sortes, portant maintes tendres devises, sortent de leurs boîtes, et réjouissent les cœurs, tout en menaçant les estomacs d'indigestion.

Je seconde de tous mes efforts le zèle si louable que chacun déploie pour les préparatifs de demain. La cambuse ne contient rien de trop bon pour Noël, et Mac Cormick assure que le festin surpassera encore celui de son jour de naissance. Malheureusement, il ne pourra pas lui-même en surveiller les apprêts, car il est retenu au lit par un pied gelé, dans je ne sais quelle aventure de chasse. — Là-bas, personne n'aime à confesser que son cheval l'a jeté par terre ; ici, on ne veut pas davantage avouer qu'on s'est laissé pincer par la gelée : c'est même le sujet habituel des plaisanteries du bord.

26 *décembre*. — Pour moi cette journée aurait été sans nuages si mes pensées n'avaient ni suivi Sonntag ni si souvent recherché les conséquences de la perte de mes chiens. Mes gens étaient heureux, et je me réjouissais d'autant plus de les voir ainsi, que leur bonheur est une garantie de leur santé.

La cloche du bord fut hissée au sommet du mât et, pendant que celles des autres pays carillonnaient à toute volée sur un monde de joie, la nôtre sonnait ses notes claires dans les ténèbres et la solitude. Tout le monde étant réuni dans le carré, nous remerciâmes le Ciel de toutes les grâces qu'il nous avait accordées, puis chacun s'occupa de sa tâche. Pas n'est besoin de dire que ces devoirs se rapportaient presque tous à la préparation du « dîner de Noël. » La cabine des officiers fut tapissée de drapeaux, et les matelots recouvrirent les parois et les poutres transversales de leur chambre avec des bandes de flanelle rouge, blanche et bleue qu'on alla tirer des magasins. — Illumination générale : toutes les lampes furent mises en réquisition ; on brûla des flots d'huile et le pont fut inondé de lumière. Sur les tables du festin on dressa deux énormes candélabres, dont le bois fut recouvert de papier d'or et d'argent, de bandes de galon, de paillettes et de clinquants qu'on nous avait donnés à Boston pour des représentations théâtrales qui n'ont jamais eu lieu ; tout cela faisait un effet splendide, et deux douzaines de bougies illuminaient les salles.

Un peu avant le repas, les matelots m'invitèrent à visiter leur quartier, et je fus aussi enchanté de leur goût que de leur entrain. Coins et recoins étaient soigneusement balayés, nos hommes s'empressaient à leurs besognes diverses, et tous paraissaient contents, à l'exception peut-être du cuisinier : le succès de la fête reposait sur lui, et chacun de ses mouvements était attentivement surveillé. En m'arrêtant près du poêle rougi, je souhaitai un joyeux Noël à maître coq. — « Merci, capitaine, me dit-il ; mais je n'ai guère le temps de penser à un joyeux Noël : monsieur voit bien qu'il me faut faire cuire ces énormes rennes. » Et continuant d'arroser d'une main vigoureuse deux quartiers de venaison soigneusement gardés pour la circonstance, il donna la dernière touche à une marmite de soupe fort appétissante. Pensant l'encourager, je lui rappelai que ses labeurs finiraient aussitôt que le dîner serait servi ; mais, avec cet esprit de suite naturel à l'esprit humain, et surtout à un cuisinier, il me répliqua immédiatement : « Plaise au capitaine, j'espère travailler aussi longtemps que mon Père céleste m'en donnera la force. »

Quand je sortis de l'entre-pont pour passer dans le carré, les matelots poussèrent trois hourras en mon honneur, trois à celui de l'expédition, et je ne sais combien d'autres à leur propre adresse. Le pont était magnifique : on l'avait parfaitement nettoyé ; au milieu se trouvait aménagé un vaste espace libre et Knorr me confia qu'il y aurait bal le soir. Brûler de l'huile fut, cette nuit-là, une manie générale ; même la petite païenne, compagne de Hans, s'en était procuré un supplément, et avait illuminé sa tente en honneur de cette fête, dont la signification ne devait pas être très-claire pour elle. La tente de l'Esquimau était un joyeux nid de fourrures, et le petit Pingasuik, un lambeau de lard de phoque à la bouche en guise de sucette, riait et gazouillait comme le plus sage des enfants civilisés pourrait le faire dans ce jour très-chrétien. Jacob, le gras Jacob, s'ébaudissait dans son encoignure ; il était depuis le matin d'une jubilation incomparable à l'idée de toutes les miettes qui resteraient d'un pareil festoiement, et, pour s'entretenir la bouche, il dévorait tout un renard, pris dans les trappes de Jensen, et qu'on lui avait donné à écorcher. Près du navire, un groupe bruyant se pressait autour de deux grandes casseroles, dont on remuait le contenu avec des spatules de bois ; par 38° C. au-dessous de zéro, des gourmets se fabriquaient des glaces et du punch à la romaine, sans avoir besoin de sarbotière brevetée ni de réfrigérants chimiques.

A six heures, je dînai avec les officiers. Cristaux et faïences avaient, par quelque voie mystérieuse, connue seulement du maître-d'hôtel, à peu près disparu depuis notre départ de Boston ; mais nous ne manquions pas de vaisselle de fer battu, et chaque tasse contenait un bouquet de fleurs artistement découpées dans du papier colorié ; une magnifique corbeille des mêmes matériaux occupait le centre de la table, éclairée par notre superbe candélabre. Le dîner fut trouvé parfait, et la venaison nous consola de l'absence de la dinde traditionnelle. A neuf heures, je quittai la veillée joyeuse et laissai à la discrétion de chacun le moment d'éteindre les lampes ; ayant moi-même accordé ce privilége, je ne veux pas savoir si tous les autres règlements de la discipline du bord furent scrupuleusement observés. Heureux de voir que nos gens conservaient assez d'entrain pour s'amuser, je les encourageais de toutes mes forces. Chaque partie du « festival, » comme ils nomment ce grand jour, a été conduite avec un ordre remarquable. Le bal vint à son tour, et quand je montai vers minuit pour donner mon coup d'œil à la *soirée*, je trouvai Knorr enveloppé de fourrures, assis sur une barrique et jouant du violon avec énergie, pendant que Barnum et Macdonald dansaient une gigue avec un magnifique entrain ; puis Carl entraîna le maître-d'hôtel à travers les vertigineux labyrinthes de la valse, et finanalement Charley fit retentir la goëlette des éclats de rire excités par son « pas de deux » avec Mme Hans. Le vieux cuisinier avait grimpé sur son échelle, et, oubliant ses préoccupations et ses « rennes, » applaudissait bruyamment les acteurs. Mais il en eut bientôt assez et s'éloigna de cette scène trop tapageuse pour lui. Une douzaine de voix lui criaient :

« Holà ! cuisinier, revenez donc et faites nous voir comment on danse chez vous !

— Danser et faire toutes vos bêtises?... Mais il n'y a pas de femmes !

— Mais il y a Mme Hans, cuisinier.

— Pouah ! » et il replongea dans la cabine.

1ᵉʳ *janvier* 1861. — Les fêtes de Noël sont déjà oubliées et remplacées par de nouvelles ; nous venons de sonner à la fois le glas de l'année passée et la naissance de l'an de grâce 1861. Aussitôt que l'horloge marqua l'heure de minuit, la cloche du bord donna le signal et, de la gueule de notre caronade, une brillante flamme s'élança dans les ténèbres ; nos feux d'artifice sifflèrent et pétillèrent dans l'air serein. A la lueur des fusées et des flammes du Bengale, projetant sur la neige une étrange et fantastique lueur, le bruit retentissant du canon et le branle de la cloche répétés par les échos des gorges avoisinantes semblaient être les voix des esprits de la solitude, brusquement tirés de leur repos.

J'attends avec anxiété le retour de Sonntag et de son compagnon.

5 janvier. — Je n'ai plus un seul chien ! Général est mort il y a deux jours. Pauvre animal ! Je l'aimais encore plus depuis qu'il s'était remis de son dernier accident et promettait de nous être utile au traîneau. Le silence et la solitude se font ainsi peu à peu autour de moi.

Pourtant il m'est impossible de me passer d'un favori quelconque. Depuis la mort de Général, Jensen a réussi à me prendre un jeune renard femelle, et la rusée petite créature est maintenant pelotonnée dans une seille pleine de neige au coin de ma cabine : elle écoute le grincement de ma plume et semble chercher ce que cela signifie. Je m'occupe fort de son éducation, et j'ai obtenu déjà quelques succès. Elle était très-sauvage lorsqu'on me l'apporta ; mais je l'ai laissée tranquille les premiers jours, et elle se fait à sa nouvelle habitation. Mon renardeau a atteint les trois quarts de sa croissance, pèse deux kilos, et sa longue et fine fourrure a la couleur de celle du chat de Malte ; on lui apprend à répondre au nom de Birdie.

6 *janvier.* — Souvent je m'étonnais de l'absence

presque complète des aurores boréales sur notre horizon : je n'en avais pas vu jusqu'ici de très-belles, mais aujourd'hui, à deux reprises différentes, à onze heures du matin et à neuf heures du soir, nous avons été plus favorisés. Dans les deux cas, le foyer, relevé de notre observatoire, se trouvait au S. O. vrai et à trente degrés au-dessus de l'horizon. L'arc de la première n'était pas continu, mais très-intense ; celui de ce soir fut parfait, et, phénomène que je n'avais pas encore rencontré, un second arc beaucoup plus vague s'étendait à vingt degrés au-dessus. Pendant près d'une heure, une bande étroite de brillantes stries n'a cessé de s'allumer et de s'éteindre dans la direction O. N. O.

13 janvier. — Le mois poursuit sa course au milieu des tempêtes. La bise continue à souffler et les rafales remplissent la nuit de leurs gémissements lugubres. Cependant l'air est presque toujours serein et il n'est tombé que peu de neige depuis novembre : sa profondeur totale est de 53 pouces. Je suis de plus en plus frappé de la différence des conditions météorologiques entre notre station et Port Rensselaer. Là-bas, l'humidité et les coups de vent étaient presque inconnus ; il faisait extrêmement froid et l'atmosphère s'y est maintenue généralement calme pendant tout l'hiver. Ici, la température est plus douce que Parry ne l'a trouvée à l'île Melville ; les tempêtes sont fréquentes et la quantité de neige est vraiment étrange. Au moins les rafales nous sont utiles à quelque chose : elles la balayent au loin, ou bien la pressent et la durcissent de manière que nous pouvons y marcher aussi facilement que sur la glace unie ; cette neige est pilée et broyée comme le sable des allées d'un parc.

Je l'ai dit plus haut, j'attribue ces étonnants phénomènes à notre proximité de la mer libre ; naturellement, nous ne savons pas jusqu'où celle-ci peut

Aurore boréale (page 116).

s'étendre ; mais ses limites doivent être assez espacées, puisqu'elle influe si puissamment sur l'état de l'atmosphère. Il semble, en effet, que nous nous trouvions au centre même d'action des cyclones arctiques. Les vents du nord, prétend le poète, « sont bercés dans les abîmes béants qui s'ouvrent sous l'étoile polaire, » et certes on dirait que nous sommes tombés dans un de ces gouffres profonds où les tempêtes sont non-seulement bercées, mais engendrées.

Il y a presque un mois que nous avons passé la plus sombre des journées de l'hiver, et il s'écoulera bien des heures encore avant que la lumière nous revienne ; il est grand temps qu'à midi une faible lueur apparaisse sur l'horizon. Nos esprits puisent une surexcitation presque fébrile dans cette attente. Quant à moi, je cherche à la tromper en éduquant mon petit renard.

Birdie est décidément apprivoisée et me fait grand honneur. C'est la plus futée petite créature qu'on puisse voir ; à ma table, comme dans mes affections, elle a pris la place du pauvre Général ; bien plus, elle se couche sur mes genoux, ce qui ne fut jamais permis à son prédécesseur. Elle est à peindre avec ses mignonnes petites pattes posées sur la nappe ; adroite, bien élevée, elle est surtout fort gourmande : lorsqu'elle savoure un morceau friand, ses yeux pétillent de satisfaction ; elle s'essuie les lèvres et me regarde avec une coquetterie vraiment irrésistible. Si les convenances et le respect d'elle-même mettent des bornes à son appétit, elle s'applique à prolonger un festin où elle trouve tant de plaisir. Birdie n'aime guère les mets trop épicés ; elle préfère sa nourriture *au naturel :* aussi on sert sur son assiette quelques petits morceaux de gibier. Elle a bien une fourchette, mais comme elle n'est pas encore assez au courant des usages de la civilisation pour la manier elle-même, j'en use pour lui présenter ses friandises. Parfois elle manifeste quelque impatience, mais un petit coup sur le bout du nez lui rend le calme nécessaire et la préserve d'une indigestion.

Aussitôt que deux ou trois jours d'emprisonnement eurent familiarisé damoiselle Birdie avec ma chambre, je lui ai permis d'y courir çà et là ; elle n'a pas tardé à grimper à l'œil-de-bœuf au-dessus de ma tête, et à découvrir des fentes à travers lesquelles elle peut humer l'air frais du dehors. Pour y atteindre, elle saute sur les étagères, sans souci des objets précieux et fragiles qui s'y trouvent, et rien ne peut l'arracher de son réduit, si ce n'est le dîner : dès qu'elle aperçoit son assiette chargée de venaison, elle descend à loisir, se hisse doucement dans mon giron, me regarde avec ses doux yeux pleins d'attente, passe sa petite langue sur ses lèvres et aboie d'une façon charmante, si le commencement du repas est trop longtemps différé.

J'ai essayé de la corriger de cette habitude de grimper au plafond en l'attachant avec une chaîne que Knorr m'avait fabriquée d'un bout de fil de fer ; mais elle a pris son esclavage tellement à cœur que je l'en ai délivrée bientôt. Ses efforts pour se débarrasser de ses entraves étaient tout à fait amusants, et elle a bien conquis sa liberté. Elle essayait sans cesse de briser sa chaîne et, ayant réussi une fois, semblait déterminée à ne pas échouer dans ses nouvelles tentatives. Aussi longtemps que je la surveillais, elle restait assez tranquille, blottie dans son lit ou sa seille de neige ; mais, si mes yeux ne la suivaient plus ou qu'elle me crût endormi, elle travaillait dur pour se tirer d'affaire : elle se reculait aussi loin qu'il lui était possible, puis, s'élançant soudain, bondissait jusqu'au bout de sa chaîne en se donnant une telle secousse qu'elle retombait sur le plancher les quatre pattes en l'air ; elle se relevait, palpitant comme si son petit cœur allait se briser, lissait sa fourrure en désordre et recommençait encore. La rusée se couchait d'abord très-paisiblement, puis elle inclinait la tête et suivait de l'œil sa chaîne jusqu'au clou du plancher ; elle se levait, marchait avec lenteur vers ce point, hésitait quelques secondes et bondissait de nouveau. Pendant tout ce manége, elle ne me perdait pas de vue et, au moindre de mes mouvements, se laissait choir par terre et faisait semblant de dormir.

Ma petite amie est propre et nette ; elle se brosse sans cesse, son bain de neige est sa récréation favorite ; de son nez mignon, elle fouille les flocons blancs, se roule, se frotte et s'ensevelit à demi ; puis elle s'essuie avec ses pattes de velours et, quand sa toilette est finie, elle grimpe de ses doigts délicats sur le rebord de la seille, regarde autour d'elle d'un air entendu, et pousse les plus jolis petits cris du monde. C'est sa manière d'appeler l'attention sur sa personne. Lorsqu'on l'a assez admirée, satisfaite d'avoir bien joué son rôle, elle secoue plusieurs fois sa fourrure lustrée et se glisse dans son lit aérien pour y dormir.

Dites ce que vous voudrez, parlez de résolution virile, de courage, d'audace et de toutes les ressources de l'esprit : la nuit arctique est une épreuve sévère. Physiquement, nous l'avons bien traversée ; nous sommes et avons été toujours en très-bonne santé ; docteur du bord, je suis un médecin sans malades ; disciples de Démocrite plutôt que d'Héraclite, nous nous sommes toujours moqués du scorbut et autres sources de maladie ; et nous avons réussi à merveille. Si le scorbut apparaît sournoisement avec le régime de la viande salée et des portions congrues, auquel nous n'avons pas été réduits, il est aussi amené par le découragement et le sang aigri d'un équipage malheureux ou fatigué.

Mais, si la nuit polaire peut être supportée sans

grand danger pour la vie physique, combien elle pèse lourdement sur les facultés morales et intellectuelles ! Les ténèbres, qui depuis si longtemps enveloppent la nature, nous ouvrent un monde nouveau auquel nos sens ne peuvent s'accoutumer. Dans la chère patrie, le gai soleil levant appelle au travail, le calme du soir invite au sommeil, et la transition du jour à la nuit et de la nuit au jour calme l'esprit et le cœur en soutenant le courage au milieu de la bataille de la vie. Tout cela, nous ne l'avons plus, et dans cette éternelle et ardente aspiration après la lumière, fatigués que nous sommes par l'immuable marche du temps, nous ne pouvons plus trouver le repos au sein de la nuit si longue à passer. La grandeur de la nature cesse d'appeler nos sympathies émoussées. Le cœur soupire après de nouvelles associations d'idées, de nouvelles impressions, de nouvelles amitiés. Cette sombre et lugubre solitude écrase l'intelligence ; la tristesse qui règne partout hante l'imagination ; le silence profond, sinistre et ténébreux, se transforme en terreur. L'oreille écoute si quelque bruit ne va pas rompre ce silence qui l'accable, mais aucun pas ne retentit, aucune bête sauvage ne hurle dans la solitude. Pas un cri, pas un murmure d'oiseau, pas un arbre dont les ramilles puissent recueillir les murmures ou les soupirs du vent. Dans ce vide immense, je n'entends que les pulsations de mon cœur ; le sang qui court dans mes artères me fatigue de bruits discordants : le silence a cessé d'être une chose négative, il est maintenant doué d'attributs positifs. Je l'écoute, je le vois, je le sens ! Il se dresse devant moi comme un spectre, remplissant mon esprit du sentiment de la mort universelle, proclamant la fin de toutes choses et annonçant l'éternel avenir. Je ne puis plus l'endurer et, m'élançant du rocher où je m'étais assis, je fais lourdement crier la neige sous mes pieds pour écarter l'horrible vision. Le plus léger bruit courant dans la nuit chasse l'horrible fantôme.

Il n'est rien de plus effrayant dans la nature que le silence de la nuit polaire.

Sonntag et Hans nous avaient quittés depuis un grand mois, et, plusieurs jours de la lune de janvier s'étant écoulés sans nous les ramener; je commençais à être fort sérieusement inquiet. Ou ils avaient éprouvé quelque accident, ou ils se trouvaient retenus chez les Esquimaux par une cause impossible à déterminer. J'envoyai d'abord M. Dodge au cap Alexandre, pour constater, d'après leurs traces, s'ils avaient passé autour ou au-dessus du promontoire. Il put suivre les marques du traîneau pendant neuf kilomètres seulement, parce que, depuis le mois de décembre, les glaces s'étaient brisées et avaient dérivé vers la mer. Il ne vit point de vestiges dans les passes du glacier, et nous restâmes persuadés qu'ils avaient contourné le promontoire. Je me préparai à les y suivre avec une troupe de nos gens. Si nous découvrions quelque empreinte sur la glace ferme au delà du cap, je verrais ce qu'il me resterait à faire; si nous ne trouvions rien, il n'y aurait plus à douter qu'un malheur ne fût arrivé à nos compagnons, et je pousserais ma route vers le sud, jusqu'à ce que j'eusse atteint les Esquimaux : je voulais absolument communiquer avec eux le plus tôt possible.

Le matin du 27, le traîneau fut chargé de notre léger bagage, et nous allions partir, quand une tempête violente se déchaîna et nous retint à bord ce jour-là et le lendemain. Le 29, le vent se calma de bonne heure, nos hommes mettaient leurs fourrures, et j'étais dans ma cabine à donner mes dernières instructions à Mac Cormick, lorsque Carl, le matelot de quart, se précipita dans ma chambre en annonçant : « Deux Esquimaux ! » Émergeant des ténèbres, ils étaient venus jusqu'au navire sans avoir été signalés ni même entrevus.

Supposant que ces gens-là n'auraient pas songé à nous visiter s'ils n'avaient d'abord rencontré notre ami, j'envoyai l'interprète pour les interroger. Il revint au bout de quelques minutes. Je lui demandai avec une anxieuse impatience s'il y avait des nouvelles de Sonntag. — « Oui. » — Je n'eus pas besoin de faire d'autre question, la physionomie de Jensen n'annonçait que trop la terrible réalité.... Sonntag était mort!

Je renvoyai Jensen auprès des Esquimaux pour veiller à tous leurs besoins et recueillir quelques détails. Tous deux étaient pour moi de vieilles connaissances : Outinah, qui m'avait rendu d'importants services en 1854, et un robuste gaillard qui, ayant eu une jambe brisée par la chute d'une pierre, allait clopin-clopant avec une jambe de bois fabriquée en 1850, par le chirurgien de *l'Étoile du Nord*, et réparée par moi-même quelques années plus tard. Ils étaient venus sur un traîneau attelé de cinq chiens, et n'avaient fait qu'une étape depuis Iteplik, village au sud du détroit de la Baleine. Pendant une partie de la route, ils avaient couru contre le vent; le givre et la neige les couvraient de la tête aux pieds. On s'empressa de leur donner les soins nécessaires, et ils nous dirent bientôt le peu qu'ils savaient. Hans allait venir avec son beau-père et sa belle-mère; quelques-uns de ses chiens étaient morts, ce qui l'obligeait à faire de petites étapes. Mon excursion vers le sud se trouvait donc inutile et les préparatifs en furent discontinués.

Hans arriva deux jours après. A notre grande surprise, il était seul avec le frère de sa femme, le jeune garçon que j'avais vu au cap York; le père et la mère, ainsi que mes pauvres chiens, rendus de fatigue, étaient restés au delà du glacier, et Hans venait chercher du secours. Il se trouvait lui-même tellement harassé, qu'avant de le questionner, je l'envoyai se réchauffer et prendre quelques aliments. Une bande de nos marins alla à la rescousse des deux vieillards. On finit par les découvrir tapis dans un fossé de neige et grelottant de froid ; les chiens étaient blottis près d'eux ; pas un ne pouvait bouger pied ni patte ; aussi bêtes et gens furent empilés sur le traîneau et tirés jusqu'au navire. Dans la bonne chaleur de la tente de Hans, les Esquimaux se ranimèrent bientôt, mais les chiens gisaient presque sans vie sur le pont : ils ne pouvaient ni manger ni se mouvoir. Voilà donc tout ce qui nous restait de nos meutes splendides ! Voilà le résultat d'un voyage sur lequel j'avais fondé tant d'espoir ! Qu'était-il donc arrivé ?

Hans m'a tout raconté, et je transcris ces détails avec la plus amère tristesse.

Les voyageurs avaient contourné le cap Alexandre sans difficulté ; la glace étant solide, ils ne s'arrêtèrent qu'à l'île Sutherland, où ils construisirent une hutte de neige et prirent quelques heures de repos. Continuant ensuite vers le sud, ils atteignirent Sorfalik, mais n'y trouvèrent pas les Esquimaux dont la cabane tombait en ruine. Ils s'en firent une de neige et, après s'être remis de leurs fatigues, ils partirent pour l'île Northumberland, pensant qu'ils ne trouveraient pas de naturels plus au nord du détroit. D'après le récit de Hans, ils devaient avoir fait environ sept ou huit kilomètres, lorsque Sonntag, se sentant un peu engourdi, sauta du traîneau et courut en tête des chiens pour se réchauffer. Un des traits s'embarrassa, le conducteur arrêta l'attelage et resta quelques minutes en arrière ; il se hâtait de rejoindre son maître, lorsqu'il le vit enfoncer dans l'eau : une légère couche de glace recouvrant quelque fissure, ouverte par la marée, venait de se briser sous ses pas. L'Esquimau l'aida à s'en retirer, et ils retournèrent au plus vite vers la hutte qu'ils venaient d'abandonner. Le vent soufflait du nord-est, le froid était très-vif, et Sonntag ne voulut pas faire halte pour changer ses vêtements mouillés. Tant qu'il courut près du traîneau, il n'y avait rien à craindre, mais il fut assez imprudent pour remonter, et lorsqu'ils atteignirent Sorfalik, Sonntag était déjà raide et ne pouvait plus parler; Hans le transporta à la hutte, lui ôta ses habits gelés et le plaça dans son sac de peau ; il lui fit boire de l'eau-de-vie, et ayant soigneusement bouché la cabane, il alluma la lampe à alcool pour élever la température et préparer du café; mais tous ses soins furent inutiles, et Sonntag mourut après être resté un jour sans connaissance et sans avoir prononcé une parole.

Hans referma la hutte de manière que les ours ni les renards n'y pussent pas pénétrer; il repartit pour le sud et arriva sans encombre à l'île Northumberland. Les Esquimaux venaient d'abandonner leur village, mais Hans put se reposer et dormir dans une cabane; sous un amas de pierres il découvrit assez de chair de morse pour rassasier ses chiens. Le jour suivant, il atteignit Netlik, place également déserte, et s'avança vers le sud jusqu'à Iteplik, où il fut assez heureux pour rejoindre plusieurs familles logées, les unes dans une cabane de pierres, les autres dans des huttes de neige. En hiver les phoques s'étant rassemblés en grand nombre autour du détroit de la Baleine, les Esquimaux vivaient au milieu d'une abondance inaccoutumée. Hans leur raconta son histoire, et Outinah et son compagnon à la jambe de bois, charmés d'apprendre que nous étions près de leur ancienne station d'Etah, réunirent leurs deux attelages et se préparèrent à le suivre.

Cependant mon chasseur avait d'autres projets. Il n'était qu'à trois journées du navire, et avait atteint le principal but de son voyage; mais au lieu de nous revenir tout de suite, il donna de grands présents à de jeunes Esquimaux et les envoya au cap York avec mes chiens. Tous les cadeaux que Sonntag avait emportés pour les naturels se trouvaient maintenant sans maître ; Hans en usa largement. C'est dans mon intérêt, m'assure-t-il, qu'il a ainsi disposé de mes biens et de ma meute. « Voulez-vous que les Esquimaux sachent que vous êtes ici ? Je le leur ai dit : ils vont venir et vous amener des meutes de chiens. » Mais pourquoi n'était-il pas allé lui-même au cap York ? — Il se trouvait trop fatigué et s'était gelé un orteil en soignant M. Sonntag.

Malgré toutes ces protestations de zèle pour mon service, je soupçonne fort que certains ordres lui avaient été donnés par la partenaire de sa tente et de ses joies, et, si les secrets de famille n'étaient pas mieux gardés que les autres, je découvrirais probablement que cette pointe au cap York n'avait d'autre but que d'amener ici les deux vieilles gens qui le reconnaissent pour gendre. Même sous l'étoile polaire, les filles d'Ève gouvernent les destinées des hommes.

J'ai de la peine à comprendre que Sonntag, avec l'expérience qu'il avait de ces voyages, ait entrepris de faire huit kilomètres dans ses vêtements trempés, surtout accompagné comme il l'était par un chasseur habitué aux aventures des champs de glace, et qui lui-même est souvent tombé dans l'eau. Le traîneau et la bâche de toile qui renfermait le chargement pouvaient, en un tour de main, former un abri temporaire contre la bise, et Sonntag n'aurait eu qu'à se glisser dans le sac de peau, pendant que Hans aurait pris dans les bagages les habits de rechange qu'ils avaient emportés. Je ne puis pas non plus me faire à l'idée que mon ami ait pu vivre si longtemps sans laisser quelque message pour moi, et qu'une fois sorti de l'eau, il n'ait prononcé d'autre parole que l'ordre de retourner à la hutte de neige. Quoi qu'il en soit, toutes ces réflexions ne mènent pas à grand'chose. Il était dans l'intérêt de Hans de rester fidèle à celui qui sur le navire fut toujours son protecteur, et il serait aussi déraisonnable qu'injuste de le soupçonner d'une lâche désertion.

L'obscurité diminuait alors peu à peu et l'aube permettait de chercher quelques distractions au dehors : on recommençait à poursuivre le gibier; cependant, même à midi, il ne faisait pas encore jour. Le crépuscule s'éclairait graduellement.

Une récente aventure m'a confirmé dans l'idée que l'ours polaire n'est pas aussi féroce qu'on le croit généralement. D'ailleurs je n'ai jamais ouï dire qu'il se soit attaqué à l'homme, s'il n'est chaudement poursuivi et réduit aux abois. Un jour que je flânais sur le rivage, observant avec beaucoup d'intérêt l'effet des marées du printemps sur les glaces, je me trouvai en contournant un promontoire, à la faible clarté de la lune, face à face avec un ours énorme. Il avait sauté du haut de la glace de terre et s'avançait au grand trot. Nos yeux se rencontrèrent au même instant. Je n'avais d'armes d'aucune espèce, et je tournai ma course vers le navire en faisant à peu près les mêmes réflexions que le vieux Jack Falstaff à la vue de Douglas se précipitant vers lui (1). Après quelques longues enjambées, ne me sentant pas encore happer, je regardai par-dessus mon épaule et, à ma joyeuse surprise,

---

(1) Allusion à la IV⁰ scène du V⁰ acte de la première partie du *Roi Henri IV*, pièce de Shakspeare. Falstaff, se trouvant attaqué par Douglas, se jette à terre comme s'il était mort, puis, quand il se trouve seul, il se relève et, se félicitant de son stratagème, il dit : « La meilleure part de la valeur, c'est la prudence ; et c'est par cette meilleure part que j'ai sauvé ma vie. » La phrase, restée célèbre, est souvent citée par les écrivains anglais. — J. B.

je vis l'ours courant de son côté vers l'eau avec une célérité qui ne laissait aucun doute sur l'état de son esprit. Qui de nous deux avait eu le plus de peur ?

Les nouvelles recrues de la famille de Hans, Tcheitchenguak, Kablunet la mère et Angeit le fils, furent accueillies parmi nous comme des objets de distraction et d'utilité. Le nom du plus jeune (propre frère de Mme Hans) signifie « le chipeur » et probablement lui fut donné dès son enfance en raison des dispositions qu'il manifestait et qui n'avaient pu que croître et embellir. Les matelots le prirent sous leur protection spéciale, le récurèrent soigneusement, débrouillèrent sa chevelure et le revêtirent d'habits chrétiens; sous leur haut patronage, il nous joua autant de tours qu'une maligne guenon et se montra aussi enclin au vol qu'une pie. Il faisait le désespoir du maître-d'hôtel et du cuisinier. Poussé complétement à bout, battu à plate couture dans tous ses plans de réforme, le premier finit par essayer sur le petit païen l'effet du catéchisme et des traités religieux, pendant que le second déclara sa résolution immuable de l'échauder à la première occasion : « Très-bien, cuisinier; mais rappelez-vous que les assassins sont pendus! — Alors je ne tuerai qu'un peu. »

Sa mère, Kablunet, sut se rendre fort utile. Trèsadroite de ses mains, elle travailla sans relâche jusqu'à ce que son aiguille lui eût gagné tous les petits objets dont elle avait besoin. Elle nous confectionna des surtouts et des bottes avec nombre d'autres vêtements de peau (1). Son teint était fort clair ; comme l'indique

---

(1) Les femmes d'Ugarng figurent plus d'une fois dans le journal de M. Hall sous d'excellents aspects. Toutes étaient de remarquables ouvrières, fort adroites à préparer les peaux de phoque, de renne et de morse, destinées à la fabrication des bottes et des gants. La méthode de cette préparation consiste à *mâcher* la peau entre les dents, pour la rendre souple et lui

le nom de Kablunet, *l'enfant à la peau blanche*, sous lequel les Esquimaux désignent notre race, et si celui de Tcheitchenguak ne signifie pas *l'enfant à la peau noire*, il a certes grand tort, car notre nouvel ami était de nuance plus que foncée.

L'apparence personnelle de ce couple intéressant n'avait rien de fort séduisant. Leur figure était large, les mâchoires lourdes, les pommettes saillantes comme celles de tous les carnivores, le front étroit, les yeux petits et très-noirs, le nez plat ; derrière leurs lèvres longues et minces, apparaissaient deux rangées étroites d'un ivoire solide, quoique usé par de durs et pénibles services. En effet, les naturels se servent de leurs dents pour assouplir les peaux, tirer et serrer les cordes, aussi bien que pour broyer leur viande huileuse. Leur chevelure, d'un noir de jais, n'était pas très-abondante. Tcheitchenguak avait plus de barbe que je n'en ai vu à ses compatriotes, mais seulement sur la lèvre supérieure et au bas du menton. En général, la figure des Esquimaux, marquée du cachet de la race mongole, demeure imberbe. Petits de stature, mais bien charpentés, ils prouvent par chacun de leurs mouvements qu'ils sont robustes et endurcis à leur âpre existence.

La toilette est à peu de chose près la même pour les deux sexes : une paire de bottes, des bas, des mitaines, des pantalons, une veste et un surtout. Tcheitchenguak portait des bottes de peau d'ours s'arrêtant au-dessous du genou, tandis que celles de madame montaient beaucoup plus haut et étaient faites de cuir de phoque. Leurs pantalons étaient de peau d'ours, les bas de peau de chien, les mitaines de peau de phoque,

---

donner la forme voulue. Ce travail est exclusivement réservé aux femmes. Celles-ci sont en même temps d'excellents tailleurs et de merveilleux bottiers. (*Revue-britannique*, août 1865, p. 323.) — J. B.

la veste de peau d'oiseau, le plumage en dessous ; le surtout en peau de renard bleu, ne s'ouvre pas sur le devant, mais se passe comme une chemise ; il se termine par un capuchon qui couvre la tête aussi complétement que la capote de l'Albanais ou la cagoule du moine. Les femmes taillent le leur en pointe pour renfermer leurs cheveux, qu'elles réunissent sur le sommet de la tête et nouent en touffe serrée, dure comme une corne, au moyen d'une courroie de peau de phoque non tannée : mode de coiffure commode peut-être, mais des moins pittoresques.

Quant à leur âge, nul ne saurait le déterminer : les Esquimaux ne comptant que jusqu'à dix, le nombre de leurs doigts, et n'ayant aucun système de notation, il leur est impossible d'assigner une date quelconque aux événements du passé. Cette race ne possède d'annales d'aucune sorte. Elle n'a pas su même trouver l'iconographie grossière ni les hiéroglyphes des tribus indiennes du nord de l'Amérique, et le peu de traditions qu'elle s'est transmises d'une génération à l'autre, ne portent avec elles l'empreinte d'aucune date, d'aucun indice, se référant à une période de prospérité ou de décadence pour leurs tribus, ni à l'âge même d'un individu.

Les deux vieillards, promptement fatigués de la chaleur de la tente de Hans, voulurent faire ménage à part et se construisirent une maison de neige. Nos magasins leur fournissaient des vivres en abondance et, délivrés du souci de la nourriture quotidienne, ils vivaient heureux et contents. Leur hutte de neige, curiosité d'architecture, eût excité le mépris d'un castor : ce n'était autre chose qu'une caverne artificielle pratiquée dans un banc de neige. Devant la proue du navire, se trouvait une gorge étroite, où les vents d'hiver avaient amoncelé la neige, tout en ménageant, en tourbillonnant à l'entrée de la fissure, une sorte de passage entre le banc de neige surplombant à droite et la paroi de rocher à gauche. Prenant son point de départ de l'intérieur de cet antre, Tcheitchenguak commença par fouir dans la neige, comme le chien des Prairies dans le sol meuble, s'enfonçant toujours dans la masse et rejetant les mottes derrière lui. Après être ainsi descendu à peu près deux mètres, il creusa environ trois mètres dans la direction horizontale, puis il se mit à élargir ce boyau. Sa pioche ne cessait de frapper et d'abattre la neige durcie au-dessus de sa tête, ni de rejeter derrière lui les blocs qu'il en détachait; il put enfin travailler debout et, quand sa tanière fut assez grande, il en polit grossièrement les aspérités et reparut en plein air tout blanc de frimas. Il façonna ensuite l'ouverture et la fit juste assez large pour qu'on pût s'y glisser à quatre pattes, puis il lissa avec soin la surface intérieure du tunnel d'entrée. Le sol de la hutte fut recouvert d'un lit de pierres sur lesquelles il étendit quelques peaux de rennes; il tapissa les parois d'une semblable tenture. Quand Kablunet eut allumé les deux lampes et assujetti au-dessus de l'ouverture une nouvelle peau en guise de portière, Tcheitchenguak et sa famille « furent chez eux. » J'allai les visiter quelques heures après leur installation. Les lampes (leur seul foyer possible) brillaient gaiement et leur lumière se reflétait sur la blanche voûte de la cabane de neige; la température s'était déjà élevée au point de congélation et, en bonne ménagère, Kablunet avait pris sa couture. Tcheitchenguak réparait un harpon pour son gendre, et Angeit aux yeux noirs, le fléau de notre cuisinier et de l'office, était très-occupé à introduire dans un estomac trop vaste pour son corps quelques morceaux de gibier qui me faisaient l'effet d'avoir été subrepticement enlevés de quelque coin prohibé de notre garde-manger.

En reconnaissance de nos bontés pour eux, ils me

firent présent d'un assortiment complet de leur attirail de chasse et de ménage : lance, harpon, peloton de lignes, trappe à lapins, lampe, pot, briquet, amadou et mèche. La lance avait un manche de bois provenant sans doute de l'*Advance*, le navire perdu du docteur Kane ; elle se termine d'un côté par une solide pointe de fer, et de l'autre par un fragment de défense de morse que revêt une forte armure du même métal. Une dent de narval de deux mètres de long, très-dure et parfaitement droite, forme la hampe du harpon, dont la tête est un morceau d'ivoire de morse long de sept à huit centimètres et percé de deux trous : l'un au centre, où l'on amarre la ligne, l'autre à l'extrémité supérieure où vient s'encastrer le manche du harpon ; la base de l'arme est chaussée d'un fer aigu, comme celle de la lance. La ligne n'est autre chose qu'une lanière de cuir de phoque non tanné, de quinze mètres de longueur et découpée circulairement dans la peau. Une bande de même nature, à laquelle pendillent des nœuds et des lacets, sert de panneau à lapins. Quant à la lampe, c'est un plat de stéatite de quinze sur vingt centimètres, et de la forme d'une écaille d'huître (1). La marmite est un ustensile carré, taillé dans la même pierre ; et le briquet enfin, un morceau de granit dur sur lequel on bat un fragment de pyrite de fer brut ; pour mèche, on a de la mousse séchée et, pour amadou, le duvet délicat qui entoure les chatons du saule nain.

Tcheitchenguak préparait les lances pour une chasse aux morses, car lui et son gendre voulaient essayer leur adresse dès le lendemain. Tout l'hiver, ces animaux avaient paru en troupes nombreuses sur

---

(1) Cette lampe, appelée *ikkunner*, sert à la fois à éclairer ou à échauffer la hutte de neige et à faire la cuisine. Elle a été décrite par Hall et par Parry. — J. B.

la mer libre à l'ouverture du port, et, de la grève glacée, on entendait presque continuellement leurs cris retentissant au large. Leur chair est la principale nourriture des Esquimaux ; en effet, ceux-ci apprécient fort la viande des rennes, mais comme une sorte d'entremets seulement. Conséquemment, pour base d'un long et solide festin, rien, selon eux, ne vaut l'avouak, comme ils appellent le walrus, en imitation de son cri. Il leur est aussi indispensable que le riz aux Indous, le bœuf aux Gauchos de Buenos-Ayres, et le mouton aux Tatares de Mongolie.

La chasse réussit à souhait. Hans et le vieillard, chargés de tout leur attirail en bon ordre, s'avancèrent vers la mer, où un grand troupeau de morses nageait près de la glace. En rampant à quatre pattes, ils s'en approchèrent sans être aperçus ; puis, arrivés assez près du bord, ils se couchèrent à plat ventre en imitant le cri d'appel de ces animaux. Bientôt toute la bande fut à portée de leur harpon. Alors, se relevant à la hâte, Hans ensevelit le sien dans une des plus grosses bêtes ; puis son compagnon tira sur la ligne et en noua solidement le bout à la hampe de sa lance, qu'il planta dans la glace en la maintenant avec force. L'animal luttait vigoureusement, plongeait dans la mer et se débattait comme un taureau sauvage saisi par le lasso ; Hans profitait de toutes les occasions favorables pour ramener la ligne à lui, jusqu'à ce qu'enfin sa proie fût attirée à six mètres environ. La lance et la carabine firent alors promptement leur œuvre. Quant aux autres morses, ils se sauvaient dans les eaux avec des cris d'alarme, leurs profondes voix de basse retentissant dans les ténèbres. Le bord de la glace se trouvant trop mince pour porter cet énorme gibier, il fallut attendre que le froid l'eût suffisamment épaissie. Les chasseurs amarrèrent donc solidement leur victime pour que la mer ne l'entraînât pas au loin. Le jour suivant, la voûte s'étant un peu solidifiée, ils s'occupèrent de détacher avec soin toutes les chairs et dès lors la hutte de neige posséda pour longtemps une ample provision de graisse et de viande. Nos chiens s'en donnèrent aussi à cœur joie, et la tête et la peau furent déposées dans un baril qu'on étiqueta : *Société smithsonienne*.

CHAPITRE VI

LE PRINTEMPS

Dieu soit loué, son soleil de bénédiction a reparu! — Salut au père de la vie! — Kalutunah, Tattarat et Myouk. — Ce dernier est le type du parasite polaire. — Déménagement du chef Kalutunah et de sa famille, suivis de celle de Myouk. — Leur installation. — Détails sur la mort de Peter. — Visite à la résidence de Kalutunah. — Bons services des Esquimaux et de leurs femmes. — Nous rapportons et enterrons le corps de Sonntag au Port Foulke. — Excursion à la pointe du Soleil Levant. — Kairn, souvenir de l'expédition de Hartstène. — Mon innovation dans la construction des huttes de neige. — 58 degrés centigrades au-dessous de zéro. — Nous partirons de la Pointe du Kairn. — Mort et funérailles de Kablunet. — Départ pour la Terre de Grinnell.

D'après mes calculs, le soleil devait paraître le 18 février.

L'attente nous absorbait entièrement : chacun y pensait, chacun en parlait. Jamais bonheur ne fut aussi ardemment espéré que l'aurore promise l'était par nous, pauvres êtres au sang décoloré, sortant à peine de la longue nuit, étiolés à la lumière des lampes comme des plantes dans un souterrain. Sans cesse nous comparions aujourd'hui avec hier, avec la semaine passée. Le vieux cuisinier lui-même ne put échapper à l'épidémie régnante ; ils ortit du milieu des marmites et des casseroles et, abritant ses yeux de ses mains calleuses, il regarda en clignotant l'aube naissante : « Je trouve, dit-il, que cette nuit a été bien longue et j'aime à revoir encore une fois ce soleil de bénédiction ! » Le maître-d'hôtel avait la fièvre ; il ne donnait pas au soleil le temps d'arriver : il le guettait éternellement et courait sur le pont et sur la glace un livre à la main essayant de lire à la clarté de l'aurore : son impatience ne connaissait plus de bornes.

« Le capitaine ne pense donc pas que le soleil paraisse avant le 18 ? Mais ne pourrait-il pas venir le 17 ? Le capitaine est-il bien sûr que nous ne le verrons pas le 16 ?

— Je crains fort, maître-d'hôtel, que l'Almanach nautique n'ait raison.

— Mais l'almanach se trompe peut-être ! » Évidemment le brave homme se défiait de mes calculs.

Cependant, au jour fixé, le soleil reparut. Dieu soit loué !

Le 18, l'attente de tous était surexcitée au plus haut point et après déjeuner chacun courut à quelque poste choisi d'avance. Quelques-uns prirent la bonne direction, d'autres furent désappointés. Knorr et trois officiers grimpèrent les collines au-dessus d'Étah. Charley surmena ses vieilles jambes rhumatisées et se rendit au nord du petit havre, oubliant les montagnes interposées. Heywood et Harris gravirent les hauteurs qui dominent le port, et le dernier agita la bannière de la société des Odd Fellows à la face même du soleil. Le cuisinier était marri de ne pouvoir pas aussi donner son coup d'œil à « ce soleil de bénédiction ; » mais il n'aurait pu satisfaire ce souhait sans sortir du navire, et il ne s'y décida pas davantage que la montagne à venir vers Mahomet. Il lui faudra attendre une douzaine de jours avant que le soleil dépasse la crête des collines et brille sur le port.

Je partageais l'excitation générale. Accompagné de Dodge et de Jensen, je me dirigeai de bonne heure vers un point du nord de la baie d'où nous pouvions dominer l'horizon méridional. La mer s'avançait sur une largeur de près de deux kilomètres entre nous et l'endroit vers lequel nous marchions, et ce n'était pas chose facile que de trouver notre chemin sur les pentes glacées de la berge. Nous réussîmes enfin à atteindre avec une demi-heure d'avance notre poste d'observation, que nous avons nommé « Pointe du soleil levant. »

A l'heure de midi, le soleil allait sortir de derrière la pointe du cap Alexandre, et dépasser la ligne des eaux de la moitié de son disque : nous l'attendions avec une vive impatience. Un rayon de lumière traversa soudain les nuées de molles vapeurs à notre droite et vis-à-vis du cap, leur donnant l'apparence d'une mer de pourpre et brillant sur les sommets argentés des hauts monts de glace qui perçaient leur manteau de brume comme pour se saisir de la chaleur nouvelle. Le rayon se rapprochait de plus en plus, les masses purpurines s'élargissaient, les pointes élevées s'illuminaient ; l'une après l'autre, elles étincelaient à la lumière du jour, et, tandis que s'opérait cette transformation merveilleuse, nous comprenions que la nuit, qui nous enveloppait encore avec les ombres du promontoire, allait enfin s'éloigner et disparaître. Bientôt les falaises rouge foncé de la côte s'éclairèrent d'une plus chaude couleur, les collines et les montagnes se dressèrent nettement dans leurs robes resplendissantes ; les flots menaçants oubliaient leur furie et souriaient au soleil, la ligne d'ombre se profilait : « La voilà sur la pointe ! » criait Jensen, « la voici sur la banquette de glace ! » répondait Dodge. A nos pieds, s'étendait une nappe de scintillantes pierreries, et tout d'un coup le soleil jaillit au-dessus de l'horizon. Par une impulsion simultanée, nous découvrîmes nos têtes et saluâmes avec de bruyantes démonstrations de joie ce voyageur depuis si longtemps perdu dans les cieux.

Nous nous retrouvions dans l'atmosphère accoutumée des anciens jours. Le compagnon de nos joies passées rallumait dans nos cœurs une flamme nouvelle. Après une absence de cent-vingt-six jours, il allait rappeler à la vie un monde endormi. Je le contemplais avec émotion et je ne m'étonnais plus que les hommes eussent plié le genou pour l'adorer et l'eussent invoqué comme l'*œil de Dieu*! Dans ces solitudes reculées, il est encore le père de la lumière, le père de l'existence ; les germes l'attendent ici comme dans l'Orient lointain : là-bas, ils ne se reposent que pendant les courtes heures d'une nuit d'été ; ici, ils dorment des mois entiers sous leur linceul de neige. Mais voilà que le soleil va déchirer ce linceul ; il fera jaillir les fontaines qui précipiteront leurs eaux vers la mer ; la terre glacée recouvrera sous ses baisers la chaleur et la vie ; les plantes vont pousser boutons et fleurs, et ces fleurs tourneront leurs têtes souriantes vers ses rayons, caressant durant tout le long été les flancs des vieilles collines. Les glaciers mêmes s'amolliront devant lui ; les glaces ne presseront plus les eaux de leur main de fer et les flots reprendront leurs jeux sauvages. Le renne bondira joyeusement sur les montagnes pour saluer un retour qui lui rend ses verts pâturages. Les oiseaux fatigués savent qu'il leur prépare un asile sur les rochers ; ils vont retrouver leurs nids de mousse ; les passereaux s'avancent sous ses rayons vivifiants et vont chanter leur chanson d'amour dans le jour sans limites.

Cependant j'étais fort désappointé que les naturels n'eussent point paru à Étah. Février allait finir et je perdais tout espoir lorsqu'on m'annonça l'arrivée de trois Esquimaux : — trois anciennes connaissances, Kalutunah, Tattarat et Myouk.

En 1854, Kalutunah, le meilleur chasseur de sa tribu, remplissait aussi la charge d'angekok ou de prêtre. Il se hâta de m'apprendre qu'on l'avait promu à la dignité de nalegak, ou de chef, dignité qui, du reste, ne lui conférait pas la moindre puissance : chaque Esquimau ne recevant de loi que de lui-même et ne se soumettant à aucune autorité. La qualité supérieure de tout son attirail de chasse et de pêche, ses fortes lignes, ses lances et ses harpons, son traîneau solide et ses chiens robustes, aux poils luisants, rendaient témoignage de la sagacité de sa tribu.

Tattarat était un personnage tout à fait différent. Son nom signifie *la mouette kittiwake*; on n'eût pas pu lui en choisir un mieux approprié, tant l'homme rappelait l'oiseau bruyant, babillard, gracieux il est vrai, mais imprévoyant au possible. Comme d'autres mouettes du grand monde, ce bohème esquimau était toujours « percé aux coudes, » en dépit des floueries et des autres arts du même genre qu'il exerçait.

Myouk valait encore moins que lui; soldat irrégulier de l'armée de Satan, il était aussi retors qu'Asmodée lui-même.

Ils nous arrivèrent en deux traîneaux conduits par Kalutunah et Tattarat; la moitié seulement de l'attelage de ce dernier lui appartenait en propre; un des chiens était à Myouk, un autre à quelque obligeant voisin. N'est-il pas curieux d'observer que les mêmes caractères se retrouvent chez les peuples les plus divers et se reconnaissent à des traits identiques. L'attelage de Kalutunah paraissait à peine fatigué, les harnais étaient en bon ordre, le traîneau bien conditionné; au contraire, celui de Tattarat tombait en pièces, et ses misérables roquets, efflanqués, affamés,

Esquimaux arrivant au port Foulke (page 138).

s'enchevêtraient dans les guides rompues et pleines de nœuds. Nos voyageurs étaient venus d'Iteplik en une seule étape, et n'avaient fait qu'une courte halte à Sorfalik pour laisser souffler leurs bêtes. Ils déclarèrent n'avoir rien mis sous leurs dents depuis leur départ, et, si l'on en jugeait par leur appétit, cette assertion n'était pas mensongère : en effet, ils engloutirent la plus grande partie d'un quartier de venaison dont ils facilitèrent l'ingurgitation à l'aide de gorgées d'huile de morse, puis ils finirent par se rouler, pour dormir, dans les peaux de renne de la hutte de Tcheitchenguak.

Le lendemain, je fis appeler Kalutunah dans ma cabine pour le traiter avec le respect dû à son rang élevé ; mais je me permis de prendre certaines précautions à l'égard de mon hôte : je le fis asseoir sur un baril soigneusement isolé du reste de l'ameublement, attendu que, sous les amples fourrures du chef renommé, erraient d'immenses troupeaux de ces vils insectes pour lesquels nul savant lexicographe n'a encore inventé un nom présentable. Son costume différait peu de celui de Tcheitchenguak. Mon illustre visiteur, installé sur sa barrique, le corps enfoncé dans un vaste surtout au capuchon rabattu sur la tête, les pieds et les jambes perdus dans des peaux d'ours au long poil, eût été pour un peintre un bon sujet d'étude. Le pinceau d'un maître aurait seul pu rendre la joie qui éclatait sur sa figure ; car un enfant, devant lequel on amoncellerait tous les joujoux de Nuremberg, ne manifesterait pas plus de ravissement.

Ses traits, taillés sur le même type que ceux de Tcheitchenguak, étaient bien autrement accentués. Il n'avait pas la peau si noire, mais sa figure était plus ronde, le nez plus épaté et plus arqué, la bouche plus élargie ; lorsque le nalegak riait, ses petits yeux se contractaient et devenaient des fentes presque imperceptibles. Sur sa longue lèvre supérieure, croissait une broussaille de soies dures et noires, raides comme les moustaches d'un chat ; quelques poils de même nature rayonnaient sur son menton. Il devait avoir la quarantaine, et, comme les serviettes, le savon et les ablutions extérieures sont encore choses inconnues aux habitants du Groënland septentrional, ces huit lustres avaient accumulé sur sa peau une couche épaisse de crasse ; mais, en certains endroits, elle disparaissait par l'action du frottement, ce qui donnait à sa figure et à ses mains une apparence mouchetée.

Kalutunah n'était donc point beau, mais on ne pouvait pas dire qu'il fût réellement laid. En dépit de ses traits grossiers et de sa malpropreté, sa simplicité joviale et sa naïve bonhomie m'avaient gagné le cœur. Il me parla beaucoup et sans se reposer. Tout d'abord il voulut me mettre au courant de ses affaires : sa femme vivait encore et avait ajouté deux filles à ses autres charges ; mais sa figure brilla de joie lorsque je m'informai de son premier-né, que j'avais vu en 1854, beau garçon de cinq ou six étés, et il me parla avec un orgueil tout paternel de la grandeur future promise à cet héritier présomptif : déjà il savait prendre des oiseaux et s'exerçait à conduire l'attelage.

Depuis cinq ans, la mort avait fait dans sa tribu de terribles ravages, et Kalutunah se plaignait avec amertume des misères de l'hiver dernier. La peste qui enleva mes chiens avait aussi attaqué ceux de ses compatriotes, et je crois bien qu'elle avait étendu ses ravages sur tout le Groënland. Pourtant, malgré cette pénurie générale, Kalutunah se faisait fort de me procurer quelques bêtes de trait, et, comme preuve de sa sincérité, il m'offrit deux de ses quatre chiens. J'en achetai un autre de Tattarat, et Myouk me troqua le sien contre un beau couteau.

Les chasseurs étaient enchantés de leur marché ;

ils s'en allaient riches en fer, en couteaux, en aiguilles, trésors qui leur paraissaient bien plus précieux que les masses d'or et d'argent abandonnées par l'Inca Atahualpa aux rapaces Espagnols.

Nos hôtes sauvages, après quelques jours passés avec nous, s'en retournèrent chez eux en nous promettant de nous ramener bientôt des hommes et des chiens. Je les accompagnai pendant plusieurs kilomètres et nous nous séparâmes sur la glace. Quand ils furent un peu éloignés, Myouk sauta du traîneau pour ramasser quelque objet tombé. Aussitôt, et sans doute fort heureux de débarrasser d'autant son misérable véhicule, Tattarat fouetta son attelage et je vis longtemps encore le pauvre Myouk courir de toutes ses forces pour essayer de l'atteindre. Malgré ses efforts, il perdait du terrain, et on le laissa très-probablement marcher jusqu'à Iteplik.

Ce Myouk était un drôle de corps et n'avait guère changé depuis que je l'avais connu autrefois ; sorte de Ténardier (1) arctique, il attendait sans cesse la fortune qui n'arrivait point et la bonne chance qui ne se présentait jamais. Il m'avait raconté ses infortunes : son traîneau était tout en pièces, et il ne pouvait le raccommoder ; la maladie avait emporté tous ses chiens, à l'exception de celui qu'il venait de me céder ; un jour qu'il harponnait un morse, la ligne s'était cassée et le morse avait emporté le harpon ; sa lance était perdue, et toutes ses affaires dans le plus complet désarroi ; sa famille vivait dans la plus profonde détresse et, comme il ne pouvait rien lui donner, elle s'était réfugiée dans la hutte de Tattarat.... Mais, ajoutait-il avec une grimace qui montrait son dédain pour son confrère, Tattarat n'était qu'un triste chasseur. Il se proposait donc, aussitôt retourné dans

(1) Personnage du roman *Les Misérables*.

sa tribu, de se rabattre sur Kalutunah. La tente de ce dernier était bien un peu remplie, vu que trois familles y avaient déjà pris leurs quartiers, mais il y aurait encore place pour une quatrième…. Dans tous les cas, l'essai n'en coûtait rien. Et maintenant, le nalegaksoak, le grand chef, si puissant et si riche, c'était de moi qu'il parlait, ne serait-il pas assez bon pour lui faire de beaux cadeaux avec lesquels Myouk exciterait l'envie de tout le monde ? — La nature humaine est donc la même, sous le pôle, comme dans nos zones tempérées ? Satisfait de cette découverte, je comblai le coquin de présents. Mais sa femme, il ne m'en parlait pas ? — « Oh ! c'est une terrible fainéante ! Elle m'a envoyé ici, loin de chez nous, pour demander des aiguilles dont elle ne se servira pas, un couteau dont elle n'aura que faire, et quand je retournerai là-bas sans mon chien, c'est moi qui en verrai de belles ! » Là-dessus, il tira une langue aussi longue qu'il put pour me faire mieux juger des dimensions de cet engin de guerre chez la dame de ses pensées. — « Mais, continua le bon Esquimau, elle a des habits déchirés, percés de tant de trous qu'elle ne peut sortir de la cabane sans se geler, et, si elle crie trop fort, je ne lui donnerai pas une seule de ces aiguilles, ni ne lui prendrai un seul renard pour raccommoder ses habits ! » Cependant, il était assez facile de voir que les aiguilles ne seraient pas longtemps refusées et que Myouk chasserait aux renards aussitôt que sa moitié l'ordonnerait. Conséquemment, prenant en pitié ces misères conjugales, j'ajoutai quelques présents pour l'aimable créature aux vêtements troués, et quand il m'eut appris qu'elle lui avait fait présent d'un héritier des infortunes de la dynastie des Myouk, je donnai encore quelque chose pour le marmot. Déjà, me dit-il, le bambin était sevré de sa nourriture maternelle et manifestait un grand appétit pour l'huile de morse. Il l'avait appelé Dak-ta-gui : c'est ainsi qu'il s'efforçait de prononcer le nom du docteur Kane (1).

Suivant sa promesse, Kalutunah revint peu de jours après et nous amena sa femme avec ses quatre enfants, toute sa famille. C'était un déménagement complet.

Je ne sais comment le chef avait pu se procurer six nouveaux chiens; mais il nous arriva en brillant équipage, apportant sur son traîneau sa très-modeste fortune. Les richesses mobilières de ces nomades des terres arctiques ne sont pas encombrantes. Il est heureux que leurs désirs ne dépassent pas leurs moyens, et je ne crois pas que nul peuple au monde soit plus pauvre qu'eux. La charge entière du traîneau consistait en deux fragments de peaux d'ours, literie de la famille, en une demi-douzaine de peaux de phoque pour la tente, deux lances et deux harpons, quelques bonnes lignes à harponner, une couple de pots et de lampes, divers outils et matériaux pour réparer leur véhicule, un petit sac de peau de phoque contenant la garde-robe ou plutôt les pièces pour la raccommoder, car ils portaient tous leurs habits sur le dos. Il y avait en outre un rouleau des herbes sèches qu'ils mettent dans leurs bottes en guise de semelles de liége, de la mousse desséchée pour les mèches de lampe et, en fait de provisions, quelques morceaux de viande avec un peu d'huile de morse; le tout recouvert d'une peau de phoque. Une ligne lacée d'un côté à l'autre du traîneau serrait fortement l'ensemble. Toute la famille était assise sur la bâche pendant que Kalutunah courait près de l'attelage et le faisait marcher plutôt par de douces paroles que par la brutalité habituelle aux indigènes. Son épouse, la plus

(1) Singulier exemple de ce que deviennent les noms propres dans les langues étrangères. Voir notre introduction aux *Voyages de Burton*. — J. B.

belle matrone que j'aie vue parmi les Esquimaux, était installée sur le devant ; un nouveau-né dormait, blotti dans l'ample capuchon du surtout maternel, comme dans une poche de sarigue ; venait ensuite le fils aîné, dont j'ai déjà parlé, l'orgueil de son père ; puis une fillette de sept ans ; enfin sa sœur, d'environ trois ans, enveloppée d'une immense quantité de fourrures, était amarrée aux montants du traîneau.

Aussitôt que ces Esquimaux approchèrent du navire, je m'avançai à leur rencontre. Les moutards, d'abord un peu effrayés, se déridèrent promptement, les moyens par lesquels on gagne les cœurs des enfants chez les civilisés, ayant le même succès près des petits sauvages. La femme se souvenait de moi et m'appelait Doc-tie. Kalutunah, grimaçant de bonheur, me montrait son attelage. « En voilà de beaux chiens ! » s'écriait-il. J'opinai du bonnet, mais, quand il ajouta : « Je viens pour les donner tous au nalegaksoak ? » je fus encore plus de son avis.

Peu d'heures après, nous vîmes poindre Myouk et sa femme aux habits percés. Ils arrivaient à pied d'Iteplik, la mère ayant porté l'enfant sur son dos pendant deux cent soixante kilomètres. Myouk était évidemment un peu embarrassé pour trouver à cette visite quelque prétexte plausible ; mais il se fit un front d'airain et, comme Kalutunah, sut me donner une raison : « Je viens montrer au nalegaksoak ma femme et Dak-ta-gui, » dit-il en désignant la grosse et sale créature dont il avait le bonheur d'être l'époux, ainsi que le petit malheureux qui leur devait la vie. Mais, quand il s'aperçut que je n'aurais pas payé grand'chose pour cette exhibition, il ajouta timidement : « C'est *elle* qui m'a fait venir. » Puis il s'éloigna sans doute pour voir ce qu'il pourrait nous filouter.

Mes arrangements avec Kalutunah furent bientôt

conclus. Il devait aller vivre dans la hutte d'Étah et chasser le mieux qu'il lui serait possible sans les chiens, que je gardais tous. Mes magasins étaient à sa disposition, et je m'engageais à lui fournir ce qui lui serait nécessaire.

Le lendemain, la hutte fut nettoyée et préparée ; cette famille intéressante s'y installa de son mieux. Aussi ardent à se mettre sous la protection d'un homme en faveur que si sa peau eût été blanche et que, vivant plus près de l'équateur, il eût connu la signification de ces termes : « Employé du Gouvernement, » Myouk suivit le grand Kalutunah dans sa nouvelle demeure, et s'empara d'un coin de la hutte sans plus d'hésitation que s'il avait été un garçon de mérite et non le plus fieffé coquin, le plus misérable mendiant qui ait jamais exploité le travail des autres.

Nous apprîmes par le nalegak le triste dénoûment du sort mystérieux de notre pauvre Peter. Aux premières lueurs de l'aube printanière, Nésark, un des chasseurs d'Iteplik, s'était rendu à Péteravik pour essayer de prendre des phoques. Arrivé à la hutte (les cabanes des Esquimaux sont propriété publique), il trouva le cadavre très-émacié d'un naturel habillé comme les hommes blancs. La description que nous en donnait Kalutunah ne nous laissait aucun doute : c'était bien le corps de Peter ; Nésark l'avait enseveli selon le mode indigène. Voilà comment, au bout de trois mois, je connus la fin de cette étrange histoire ; mais je n'ai jamais eu la clef de la conduite de ce malheureux garçon.

Maintenant je possédais dix-sept chiens, et j'aurais volontiers fait une excursion d'essai vers le nord ; mais la mer n'était pas encore prise autour de la Pointe du Soleil levant et, vu les aspérités du sol, il eût été impossible de voyager sur la terre ferme avec un traîneau même à peine chargé.

Je désirais ardemment recouvrer le corps de M. Sonntag avant de commencer mes voyages, et, voulant causer de ce projet avec Kalutunah, j'allai le trouver chez lui, quelques jours après son installation. Onze de mes nouveaux chiens furent attelés au traîneau et Jensen se sentait encore « lui-même. »

Je trouvai le nalegak très-confortablement installé et paraissant heureux : comme don de bienvenue, je lui portais un quartier de renne frais et deux gallons d'huile. Du plus loin qu'il nous aperçut, il sortit à notre rencontre, et un peu de neige s'étant amoncelée à l'ouverture du tunnel, il l'écarta avec soin avant de nous inviter à entrer. Pour en venir à bout, nous fûmes obligés de nous traîner à quatre pattes dans ce corridor de trois mètres soixante-cinq de longueur, puis nous émergeâmes dans un réduit faiblement éclairé, où la famille du chef et celle de Myouk nichaient dans les peaux de renne que je leur avais données. La femme de Kalutunah s'occupait activement à me confectionner une paire de bottes. Je lui portais d'autre ouvrage et quelques petits cadeaux : un collier de perles et un miroir amusèrent surtout la marmaille. Quant à Mme Myouk, elle ne faisait œuvre de ses doigts et ne surveillait pas même son enfant, qui, épouvanté à notre aspect, roula sous nos pieds d'abord, puis dans la neige répandue sur le sol du tunnel. La pauvre petite créature était presque nue et, à ce froid contact, elle se mit à brailler terriblement. Son aimable mère, la saisissant alors par une jambe, la traîna dans le coin où elle avait élu domicile, et lui ferma la bouche avec un morceau de graisse pour arrêter ses cris.

Le couple Myouk fatiguait évidemment les industrieux propriétaires de la hutte; mais, avec une généreuse hospitalité que je n'ai vue dans le roman ou l'histoire que chez Cédrik le Saxon, cette laborieuse famille se laissait gruger par d'ignobles fainéants,

Installation des Esquimaux à Etah (page 146).

qui ne soupçonnaient pas qu'on pût légitimement les jeter à la porte.

Je m'assis quelques moments pour causer avec Kalutunah et sa diligente ménagère. Il y avait trop de monde dans la hutte pour qu'on y fût bien à l'aise et, quand je voulais remuer, il me fallait baisser la tête pour ne pas me cogner contre les travées de pierre. L'odeur de la cabane était de nature à me donner le plus vif désir d'aller respirer l'air frais du dehors, mais je parvins à rester assez pour conclure certains arrangements avec mon allié et sa vaillante épouse, et je pris congé du nalegak après un long échange de protestations mutuelles d'amitié et de bon vouloir. Je lui dis en nous séparant : « Tu es un chef, et je suis un chef ; toi et moi, nous dirons à notre peuple d'être bon l'un envers l'autre ; » mais il me répliqua : « Na, na : je suis chef, mais toi, tu es le grand chef ; les Esquimaux feront ce que tu veux. Les Esquimaux t'aiment, ils sont tes amis : tu leur fais beaucoup de présents. » J'aurais pu lui dire que cette toute-puissante méthode d'inspirer l'amitié n'est pas seulement praticable dans son pays.

Cette visite fut pour moi un agréable épisode.

Longtemps inhabitée, la hutte était humide, froide et sombre. Je mis Kalutunah à même de se permettre une lampe de plus, et, quelques minutes après notre arrivée, une flamme claire brillait dans un coin. J'ai déjà dit que la lampe esquimaude n'est autre chose qu'un plat creux, taillé dans de la stéatite. La mousse séchée, qui lui sert de mèche, est arrangée autour du bord, et produit le seul foyer que connaissent les indigènes. Au-dessus, sont suspendus des pots de même matière, dans lesquels Mme Kalutunah faisait fondre quelques morceaux de neige pour l'eau de son potage de venaison, qu'elle nous invita à goûter ; mais je connaissais trop bien la cuisine esquimaude pour éprouver le besoin d'en renouveler l'épreuve (1); je m'excusai donc sur mes affaires et laissai ces braves gens à leur bonheur. J'ignore combien dura la fête, mais, quand Kalutunah vint me voir le jour suivant, il me confia que la hutte n'avait plus de provisions, et cette insinuation ne fut pas perdue.

Nous avions maintenant dix-sept Esquimaux : six hommes, quatre femmes et sept enfants, tous de caractères différents, d'utilités fort diverses. J'étais amplement dédommagé des ennuis que me causaient certains d'entre eux par tout l'ouvrage que nous faisaient Kablunet et la femme de Kalutunah : en effet, malgré tous nos efforts et notre patience, aucun de nous n'aurait pu confectionner une botte esquimaude, chaussure indispensable dans les régions arctiques. Hans, bien qu'il nous inspirât fort peu de confiance, était le plus habile chasseur après Jensen et nous rendait encore plus de services que les autres indigènes. Kalutunah nous visitait tous les jours, et entrait dans ma cabine en ami privilégié. Mon excursion à Étah l'avait rendu tout à fait joyeux. Comme le guerrier s'anime au son de la trompette annonçant la bataille, Kalutunah trouva une nouvelle vie quand je lui offris de conduire mes attelages. Dès le lendemain, il s'occupa seul de nos bêtes, et lorsque, peu de jours après, je lui témoignai assez de confiance pour l'envoyer au cap Alexandre, afin de voir si la glace était consolidée, la coupe de son bonheur fut remplie jusqu'aux bords.

Son rapport étant favorable, M. Dodge fut chargé de nous ramener le corps de Sonntag; il prit les deux attelages que conduisaient Hans et Kalutunah.

M. Dodge s'acquitta de sa mission avec énergie et habileté. Nos envoyés ne mirent que cinq heures à

---

(1) M. Hall pense très-différemment et trouve exquis la peau et la chair de la baleine, le sang de phoque, etc. On ne peut pas discuter les goûts. (Voir *Revue britannique*, août 1865). — J. B.

atteindre Sorfalik et trouvèrent facilement le lieu qu'ils cherchaient, Hans se rappelant un haut rocher ou plutôt une falaise au pied de laquelle reposait la hutte funéraire. Cependant on ne la distinguait plus, car elle était profondément enfouie sous les monceaux de neige accumulés par le vent. Il leur fallut creuser péniblement et longtemps dans la masse durcie. La nuit était tombée et ils se sentaient très-fatigués ; ils se firent à la hâte un abri de neige, donnèrent à manger aux chiens, et, quoique le thermomètre marquât 42 degrés C. au-dessous de zéro, ils dormirent dans leurs fourrures sans inconvénient grave. C'était la première fois que M. Dodge campait ainsi sur la neige : aussi fut-il justement fier du succès de cette expérience.

Aussitôt que le jour parut, les traîneaux reprirent leur chemin de la veille ; mais, à la grande surprise des voyageurs, les vents et la marée avaient pendant la nuit emporté une partie des glaces entassées autour du promontoire, de sorte qu'ils eurent un moment la très-désagréable perspective de traverser le glacier, chose facile à accomplir avec un traîneau vide, mais excessivement embarrassante dans la circonstance actuelle. Heureusement, au prix de quelque danger, ils réussirent à franchir un endroit perfide où la banquette de glace qu'ils étaient forcés de suivre, se trouvait fort inclinée : un des traîneaux faillit être précipité dans la mer, et Kalutunah n'échappa au péril que par un mouvement habile et qui n'était exécutable que pour un conducteur émérite, habitué à de semblables aventures.

Le corps de notre camarade fut déposé dans l'observatoire où peu de semaines auparavant sa haute intelligence avait poursuivi les études qui faisaient la joie de sa vie ; le pavillon fut hissé à mi-mât sur la hampe dont était surmontée cette construction.

Les préparatifs des funérailles furent faits avec toute la solennité requise. Un cercueil convenable, préparé par les soins de Mac Cormick, reçut la dépouille de notre ami; on le couvrit du drapeau national et, le surlendemain de l'arrivée de Dodge, quatre de ses compagnons en deuil, suivis de tout l'équipage en procession solennelle, le portèrent à la fosse creusée à grand'peine dans la terrasse glacée. On le descendit dans sa froide couche, je lus le service funèbre sur la fosse béante, puis on la referma. Je fis plus tard construire au-dessus un rectangle de pierres, à la tête duquel je plaçai une stèle ou dalle polie portant cette inscription :

†

AUGUSTE SONNTAG
MORT
EN DÉCEMBRE 1860
AGÉ DE 28 ANS.

C'est là, dans la lugubre solitude du désert polaire, que ce jeune homme ardent, qui deux fois partagea nos travaux et nos dangers, dort le long sommeil qui ne sera plus interrompu dans ce monde troublé! Jamais mains amies ne viendront couvrir de fleurs sa tombe lointaine; jamais ne la contempleront des yeux affaiblis par le chagrin; mais les douces étoiles qu'il a tant aimées veilleront éternellement sur lui, les vents berceront son repos, et la grande nature étendra sur sa couche un pli de son manteau de neige.

Le 16 mars, autour de la pointe du *Soleil Levant*, la surface de la mer se solidifia entièrement pour la première fois. De tout l'hiver, si ce n'est pendant un court intervalle, la température n'avait été plus froide, et le vent ayant tout à fait cessé depuis deux jours, une couche de glace s'étendait au large de la baie. Cet événement si longtemps désiré fut accueilli avec satisfaction et je me décidai à partir tout de suite.

Nous ne perdîmes pas de temps en préliminaires, car nos préparatifs étaient achevés depuis plusieurs semaines. Jensen conduisait un traîneau attelé de neuf chiens, et Kalutunah, un autre tiré par six seulement. Je n'avais plus que quinze bêtes propres au service, en ayant perdu une de maladie et une autre s'étant estropiée dans un combat.

En arrivant à la Pointe, nous trouvâmes la glace raboteuse et peu solide ; la marée de la nuit avait ouvert une large crevasse droit devant le cap; depuis quelques heures elle se recouvrait d'une couche mince où les chiens hésitèrent un instant à mettre les pieds, mais, encouragés par le fouet de Jensen, ils s'élancèrent en avant, lorsque la glace se rompit sous leur poids. Poussés par l'instinct de la conservation, ils s'éparpillèrent à droite et à gauche; mais, malgré leurs efforts, ils enfoncèrent pêle-mêle dans la mer avec le traîneau. J'étais assis sur l'arrière et j'eus le temps de me rouler en dehors. Jensen ne fut pas si heureux, car traîneau, chiens et conducteur pataugèrent ensemble dans un fouillis confus parmi les glaces brisées. Kalutunah accourut à la rescousse et nous parvînmes à les retirer tous de ce bain froid. Cependant Jensen était tout trempé et avait les bottes pleines d'eau. Comme nous n'étions qu'à huit kilomètres du navire, je pensai qu'il valait mieux y retourner avec toute la célérité possible que de construire une hutte de neige pour abriter mon malheureux conducteur contre la bise glaciale qui commençait à souffler. Nos peaux de buffle, étant plus qu'humides, ne pourraient sécher avant la fin du voyage; de plus, par un froid pareil, il n'eût pas été prudent de laisser immobiles nos chiens dégouttants d'eau. Donc le fouet ne fut pas épargné et nous revînmes à bord sans accident fâcheux pour Jensen ni pour l'attelage. Au bout d'une heure tout était réparé, et cette fois plus circonspects, nous doublâmes heureusement le promotoire.

La glace était assez unie le long de la côte et nos traîneaux peu chargés allaient d'un bon pas. La neige, fortement pressée par les vents, s'était amoncelée entre les blocs de glace brisée ; elle en remplissait les interstices, et la surface, quoique un peu onduleuse et inégale, était aussi ferme qu'une route de notre pays. La nuit s'avançait, car nous n'avions pas encore la longue journée d'été, lorsque nous fîmes halte sous le cap Hatherton pour organiser notre premier campement : un vrai bivac arctique. Attacher les chiens et creuser une tranchée dans un banc de neige sont choses faciles et qui ne prennent guère de temps. Jensen s'occupa du logis pendant que Kalutunah faisait souper l'attelage, et quand tout fut prêt, nous nous glissâmes dans notre bouge pour essayer d'y dormir; mais le souvenir de nos cadres confortables était encore trop récent, et Kalutunah seul ronfla toute la nuit d'une façon formidable. A l'extérieur, le thermomètre marquait 42° C. au-dessous de zéro.

Je ne fus pas fâché de me remettre en route le lendemain, pour me réchauffer par la marche. La glace étant tout aussi favorable au delà du cap Hatherton, nous ne mîmes pas trop de temps à atteindre le promontoire au nord de l'anse de la Brume (*Fog Inlet*). En approchant de la pointe, j'aperçus un cairn perché sur un rocher élevé, et ne me rappelant pas que cet amoncellement fût l'œuvre de quelque bande appartenant à l'expédition Kane, j'arrêtai le traîneau et me rendis sur la terre ferme pour l'étudier de plus près. Je trouvai à sa base une fiole de verre contenant la note suivante :

« Le steamer des États-Unis *l'Arctic* s'est arrêté ici, et nous avons examiné soigneusement les lieux pour chercher les traces du docteur Kane et de ses compagnons sans trouver autre chose qu'une bouteille; un morceau de papier à cartouche sur lequel était écrit « O. K., août 1853, » quelques allumettes et une balle de carabine. Nous repartons pour continuer nos recherches au cap Hatherton.

« H. J. Hartstène.
« *Lieutenant comd^t l'expédition arctique.* »

Huit heures après midi, 16 août 1855.

P. S. « Si le navire *Release* trouve ceci, qu'il comprenne bien que nous continuons nos recherches et que nous nous dirigeons vers le cap Hatherton.

« H. J. H. »

Cette localité portera désormais le nom de Pointe du Cairn.

Grimpant sur une hauteur, je pus voir la mer sur un rayon de plusieurs kilomètres : le coup d'œil n'était pas encourageant. Partout, excepté le long de la côte vers le cap Hatherton, la glace, très-raboteuse, pressée contre le rivage en masses énormes et amoncelée en sillons relevés, n'offrait aux traîneaux qu'un parcours des plus pénibles.

L'aspect des glaces me décida tout de suite. Si je devais traverser le détroit, cette Pointe serait mon lieu de départ, et si, au contraire, il me fallait suivre la côte du Groënland, je pouvais y établir un dépôt de vivres. Je pris donc sur les traîneaux toutes les provisions au delà de celles qui nous étaient nécessaires pour six jours encore et, ayant trouvé dans un rocher une ouverture commode, je les y déposai et les recouvris de grosses pierres pour les défendre des ours. Il nous fallait maintenant suivre la côte pour nous assurer encore mieux de l'état des glaces dans le détroit; mais la journée était presque finie. On s'occupa des chiens, nous nous creusâmes un repaire dans le banc de neige et nous passâmes la nuit à la façon des voyageurs polaires, mode qui, je dois le dire, n'est pas des plus confortables. Nous pûmes cependant dormir sans être gelés; c'est tout ce que nous pouvions espérer.

Nos traîneaux étaient beaucoup plus légers le lendemain, mais la route fut autrement pénible que les jours précédents : il n'était plus question de nous faire voiturer, attendu que les chiens avaient assez de mal déjà à traverser les hummocks sans autre charge que les peaux de bison pour la nuit et nos minces provisions. Neuf heures se passèrent à franchir une trentaine de kilomètres, et nous fûmes bien aises de profiter d'un banc de neige quelconque pour nous y pratiquer un abri.

Naturellement enclin aux innovations, je m'étais occupé, pendant que nous roulions par les glaces et les neiges, d'imaginer une hutte plus confortable que la caverne primitive du nomade Kalutunah.

Le banc de neige que je choisis avait une paroi carrée d'environ un mètre cinquante de haut. Ayant grimpé sur le sommet, nous creusâmes un trou de un mètre quatre-vingts de long, sur un mètre trente-six de large et un mètre vingt de profondeur, en laissant, entre notre excavation et la paroi extérieure du monticule, un mur de soixante centimètres de diamètre. Sur l'ouverture, je plaçai un des traîneaux recouvert du tablier de toile dont on se servait pour renfermer les bagages, et l'on entassa quatre-vingt-dix centimètres de neige au-dessus. Par une fissure pratiquée dans l'épaisseur de la muraille, nous insérâmes notre literie de peaux de bison, plus celles de nos provisions qui n'étaient pas placées dans les boîtes de fer et enfin tous les articles où nos chiens auraient pu mettre la dent; car ils dévorent même leur harnais de cuir. On y poussa ensuite les quartiers de neige durcie, puis nous nous fourrâmes nous-mêmes dans notre repaire, en forçant des blocs de neige dans l'ouverture : nous étions logés pour la nuit.

N'ayant à faire qu'un voyage de courte durée, je m'étais permis de prendre une assez bonne provision d'alcool, comme le meilleur combustible qu'on puisse employer dans l'atmosphère confinée d'une hutte de neige. Une flamme bleue et livide se refléta bientôt sur nos visages, notre bouilloire de fer battu fut remplie de neige et commença à chanter sa chanson joyeuse, mais l'eau fut bien longue à bouillir : avec une petite lampe et par un froid pareil ce n'est pas chose facile; quelques tasses de thé brûlant nous restaurèrent enfin, puis, les feuilles ayant été jetées dans un coin, on remit de la neige dans la bouilloire où du bœuf et des pommes de terre conservées nous firent un plat excellent. Quand nous l'eûmes dépêché, chacun alluma sa pipe et se roula dans sa peau de bison pour passer de son mieux le reste de la nuit.

Mon invention ne parut pas d'abord aussi satisfaisante que je l'avais espéré. La hutte, il est vrai, était plus commode et nous pouvions nous y mouvoir sans faire tomber la neige sur nos têtes; mais nous avions beaucoup plus froid que dans les cavernes construites par Kalutunah, où la chaleur émanée de nos corps et la lampe qui cuisait le souper élevaient la température à zéro environ. Or, notre bouge sous le traîneau ne put être chauffé au delà de 30 degrés au-dessous de zéro; et aucun effort ne réussit à faire monter le thermomètre plus haut.

En dépit de tout, je m'en tenais à ma théorie; et très-injustement je rejetai le blâme sur Jensen; aussi, prétendant qu'il n'avait pas assez soigné la construction de la hutte, je l'envoyai entasser plus de neige sur le sommet. Cette opération ne nous valut qu'un nouveau désagrément : le peu de chaleur que nous avions pu amasser disparut par la « porte » ouverte maintenant ; et nous eûmes beau la fermer aussi hermétiquement que possible après le retour du Danois : de toute la nuit, la température, tombée à 38 degrés, ne remonta pas au-dessus de 35. Kalutunah lui-même fut dérangé de son sommeil et, pendant qu'il se frottait les yeux et frappait des pieds pour les empêcher de se geler, il faisait une grimace qui en disait plus que des paroles sur son peu d'estime pour les talents du nalegaksoak à construire les huttes de neige.

Au matin, la cause de tout cela nous fut expliquée : la faute n'en était pas à moi ni à d'autres, et depuis lors, je m'en suis tenu à mon système, que Kalutunah lui-même a reconnu le meilleur. Après avoir appelé l'attention de Jensen sur le thermomètre suspendu au mur de neige et où le sommet du filet délicat d'alcool marquait encore 36 degrés au-dessous de zéro, je me glissai en dehors de la hutte pour essayer du soleil, en m'écriant : « Jensen, je vous donne la plus belle peau de buffalo du navire si l'air extérieur est aussi froid que cette tanière que vous nous avez laissée criblée de trous ! » Jamais œil humain ne vit matinée plus pure ni plus resplendissante. Ce monde de blancheur étincelait au soleil ; la plaine glacée, les hummocks, les icebergs et les hautes montagnes éblouissaient le regard : pas un souffle n'agitait l'air. Déjà Jensen se rendait sans autre contestation : « Eh bien ! disait-il, nous tâcherons de mieux faire une autre fois ! »

Alors j'apportai le thermomètre et le plaçai à l'ombre d'un iceberg, m'attendant à le voir s'élever ; mais non, la petite colonne rouge descendit presque jusqu'à la cuvette, et ne s'arrêta qu'à 58º de l'échelle centigrade.

Il serait fastidieux de donner jour par jour les dé-

Le glacier de Humboldt et le cap Agassiz (page 156).

tails de cette excursion. Je la prolongeai jusqu'à ce que j'eusse acquis la conviction que la route vers le nord était impraticable par les côtes groënlandaises.

En retournant au Port Foulke, nous campâmes de nouveau à Cairn-Point, où je m'arrêtai longtemps pour regarder la mer d'une position plus élevée que la première fois. Jensen eut la bonne chance d'y tuer un renne et nos chiens fatigués se restaurèrent un peu. Puis nous revînmes à la goëlette avec une vitesse prodigieuse. Un terrible grain avait fondu sur nous et, par une température de 48° au-dessous de zéro, nous piquait de ses aiguillons. La neige nous frappait avec une sauvage furie; mais les chiens, se sentant près du but, volaient sur les glaces et nos cinquante-quatre kilomètres furent franchis en trois heures et demie.

Pendant la semaine suivante, les traîneaux ne cessèrent d'aller et venir entre le navire et Cairn-Point, pour transporter à ce dernier endroit les provisions indispensables à notre campagne polaire.

L'attelage de Kalutunah fut remis à M. Knorr, et, ce faisant, je contentai mes deux individus autant que je travaillai à mes propres intérêts. Le plaisir de me servir et de voyager avec moi, très-vif dans sa nouveauté, avait fini par s'user complétement chez le nalegak et je m'étais facilement aperçu que le chef préférait demeurer avec sa femme et ses enfants à se jeter dans les aventures incertaines des champs de glace. Maintenant, il avait satisfait sa curiosité, il savait que celui qu'il appelait le grand chef pouvait se tirer d'affaire sans lui. Je méritais désormais son respect, je ne m'étais pas laissé surprendre par la gelée et j'avais tout supporté comme un vrai Esquimau. Il n'était pas difficile de voir que Kalutunah m'avait accompagné avec l'espoir secret de m'abriter sous son aile protectrice.

Sans doute, il avait pensé que, s'il n'avait pas la joie de me voir geler, du moins il aurait celle de m'enseigner les us et coutumes des voyages en terre arctique... . et voilà qu'au lieu de devenir son humble disciple, je m'étais mis à lui donner des leçons! Aussi, quand, à ce manque de convenance, je joignis le tort de lui refuser une chasse à l'ours, son enthousiasme baissa très rapidement : plus il admirait le nalegaksoak, moins il désirait le suivre, à présent surtout que le danger dépassait de beaucoup la récompense espérée. Le bonhomme était disposé à se prévaloir des avantages de sa nouvelle situation, et moi, de mon côté, m'apercevant qu'il prenait au sérieux son rôle d'hôte et de pensionnaire des blancs, je le comblai de richesse et en fis le plus heureux Esquimau qu'on puisse voir. Ce chasseur adroit, énergique, vaillant, qui s'enorgueillissait de l'excellent état de ses armes et de l'abondance qu'il faisait régner dans sa hutte, se trouvait pour la première fois de sa vie délivré du souci du lendemain; aussi je ne m'étonnais guère qu'il voulût jouir complètement de ces courtes journées de fête. En liesse continuelle, il se sentait fier de lui-même, fier du nalegaksoak qui le rendait si riche et lui faisait tant de loisirs, fier de la friperie civilisée dans laquelle il se carrait et qui lui donnait si triste mine à nos yeux. Un sourire perpétuel s'épanouissait sur sa figure; je lui avais fait cadeau d'un miroir qu'il portait toujours avec lui et qu'il consultait sans cesse, enchanté de se voir un bonnet, et surtout une chemise rouge, qui pendillait sous son vieux vêtement de peau. C'était un spectacle curieux. « Ne suis-je pas beau comme cela? » était une question qu'il adressait à chacun.

Depuis que j'étais monté sur la falaise de Cairn-Point, je savais, à n'en plus douter, qu'il me fallait partir de ce promontoire pour traverser le détroit, puisqu'il était impossible de remonter plus haut les côtes du Groënland. Mac Cormick, chargé des préparatifs, les activa avec son énergie habituelle et nous nous serions mis en route dès la fin de mai, si je n'avais dû attendre que la température s'élevât un peu. Notre colonie était une ruche pleine de bruit et d'agitation, et les Esquimaux ne formaient pas un des éléments les moins utiles de la petite communauté. Les deux vieilles dames qui présidaient aux affaires domestiques de la hutte de neige et de la cabane d'Étah, cousaient sans cesse pour nous, et furent probablement les premières femmes qui se soient enrichies « à tirer l'aiguille et le fil. »

Mais le malheur vint s'abattre dans la demeure de Tcheitchenguak. La bavarde, mais bonne et vaillante Kablunet tomba malade d'une pneumonie qui l'enleva en quatre jours. Tous mes remèdes, tous mes efforts furent inutiles, et ce malheureux événement aurait détruit mon prestige de narkosak, si, une aurore boréale ayant paru à cette époque, Jensen, en homme adroit « et des plus utiles, » ajoute mon journal, n'en eût profité pour avertir les Esquimaux que ce phénomène entravait entièrement l'effet des médecines du chef blanc, et n'eût ainsi sauvé ma réputation compromise. Kablunet mourut à cinq heures; à six, on la cousait dans une peau de phoque, et Hans emportait le corps avant qu'il fût refroidi, sur son traîneau, jusqu'à une gorge voisine où il le déposa dans une anfractuosité du rocher en amoncelant au-dessus un tas de grosses pierres. Merkut, sa femme, montra seule quelques signes de douleur et de regret, mais plutôt, je suppose, dictés par l'usage que par une affection réelle. Quand les autres furent partis, elle resta près de la tombe et tourna tout autour pendant une heure environ, murmurant à voix basse les louanges de la défunte; puis elle plaça sur les pierres le couteau, les aiguilles, le fil de nerfs de phoque dont sa mère se servait quelques jours auparavant : cela fait, les derniers rites de la séparation suprême étaient accomplis.

Tcheitchenguak vint me voir peu après, il paraissait fort triste; il me dit que sa hutte était bien froide, qu'il n'avait plus personne pour entretenir sa lampe et me demanda de lui permettre de rester avec sa fille. Mon consentement obtenu, on ne s'occupa guère de celui de Hans et, la maison de neige étant délaissée, le foyer où ces braves gens se plaisaient à donner la rude hospitalité du sauvage fut dispersé. La cabane joyeuse était devenue une demeure de deuil et Tcheitchenguak la quittait pour traîner solitairement le peu de jours qu'il avait à vivre. Usé par sa longue lutte pour l'existence, il allait maintenant dépendre d'une génération qui ne se soucierait guère d'un vieillard inutile. Sa compagne, qui seule eût pu adoucir les chagrins de ses dernières années, était partie avant lui pour l'île lointaine où le grand esprit, Torngasoak le Puissant, invite les âmes heureuses au festin éternel, sur les bords toujours verts du lac sans limites où l'on ne voit point de glaces, où les ténèbres sont inconnues, où le soleil plane éternellement dans un ciel d'été et de bénédictions, dans l'Upernak qui n'a point de fin.

Le thermomètre s'étant un peu élevé, le départ fut annoncé pour la soirée du 3 avril. Le soleil descendait encore au-dessous de l'horizon, mais la nuit crépusculaire permettait déjà de marcher et de réserver le jour aux campements. Si basse que soit la température, pourvu que l'air soit calme, l'exercice réchauffe toujours assez, et la chaleur est beaucoup plus nécessaire pour les haltes; en outre, la réverbération des glaces au grand soleil de midi est excessivement fatigante pour la vue et il est assez difficile de se préserver de « l'ophthalmie des neiges, » affection aussi douloureuse qu'incommode ; pour nous en garantir autant que possible, nous portions tous des besicles en verre bleu.

Mes compagnons, officiers ou matelots, étaient au nombre de douze. Tout fut prêt à sept heures, et quand la petite bande s'assembla sur la glace auprès de la goëlette, le coup d'œil était aussi pittoresque qu'animé. En avant, Jensen déroulait avec impatience sa longue mèche de fouet ; huit chiens attelés à son traîneau, *l'Espoir*, avaient l'air d'être aussi pressés que lui. Venait ensuite Knorr avec six chiens et *la Persévérance*, au montant de laquelle flottait une petite bannière bleue portant sa devise : « Toujours prêt. » Huit vigoureux gaillards se disposaient à tirer un troisième traîneau au moyen de cordes fixées à une sangle de toile qui entourait leurs épaules. Auprès de ce véhicule se tenaient Mac Cormick et Dodge, qui devaient le piloter au milieu des hummocks. On y avait installé un bateau sauveteur en fer de sept mètres trente de long, avec lequel j'espérais me lancer dans la mer polaire. Son mât était dressé avec les voiles déployées ; au-dessus d'elles, flottait fièrement un pavillon qui avait déjà fait deux campagnes arctiques, au retour d'une autre dans les régions australes. On avait surmonté, des emblèmes maçonniques, la tête du mât, et hissé notre flamme de signaux à l'arrière. Le soleil brillait sur le port, l'enthousiasme débordait, chacun se sentait prêt aux plus dures épreuves.

Les applaudissements éclatèrent pendant que je descendais notre escalier de glace. A un signal donné, Radcliffe, auquel je laissais le soin du navire, tira le canon. « En route ! » cria Mac Cormick ; les fouets claquèrent, les chiens sautèrent dans leurs colliers, les hommes tirèrent sur leurs câbles : nous étions partis.

Je vais emprunter à mon « livre de marche » le récit des événements qui suivirent, espérant que le lecteur voudra bien encore nous accompagner dans notre long voyage à travers les solitudes glacées.

CHAPITRE VII

DÉTROIT DE SMITH

Découragement dès la première journée. — L'activité renouvelle nos forces. — Une partie du bagage est laissée à Cairn-Point. — Aspect effrayant du détroit de Smith. — Notre refuge de neige durant la tempête. — Chaos des rochers de glace. — Marche laborieuse jusqu'à l'épuisement. — Au milieu du détroit, je renvoie la plupart de mes hommes et, avec trois compagnons, je continue mon chemin. — Jensen se blesse à la jambe. — Voracité des chiens. — Arrivée à la Terre de Grinnell.

4 *avril*. — Enterrés dans un banc de neige, nous avons peu à nous louer de cette première journée. Le thermomètre, d'abord à 37° C. au-dessous de zéro, remonte à 16 dans notre hutte, mais continue à baisser. Trois de mes compagnons se sont laissé saisir par le froid, et j'ai eu grand'peine à réussir à les empêcher d'être sérieusement atteints. Tout était allé assez bien pourtant, jusqu'à la pointe du Soleil-Levant, où la glace devint très-difficile; nous mîmes deux longues heures à la franchir avec notre bateau d'une dimension si embarrassante. Voilà probablement un avant-goût de notre traversée du détroit. Ce maudit endroit dépassé, nous nous arrêtâmes pour faire fondre un peu de neige; car nos hommes étaient accablés de fatigue et très-altérés. Malheureusement une fraîche brise

s'éleva soudain et vint glacer de part en part nos corps tout trempés encore de la sueur que nous avait causée un si violent exercice. Le premier souffle du vent éteignit l'enthousiasme de la bande et une révolution subite s'opéra dans les esprits : c'était comme du cidre suret remplaçant du champagne pétillant. Quelques-uns semblaient suivre leurs propres funérailles et, la mine allongée, poussaient des : « Que faire, mon Dieu ? » qui m'auraient assez amusé, si je n'y avais vu un sujet de sérieuse alarme. Un autre, ne se sentant plus la force de se mouvoir, s'accroupit contre un amas de neige; on l'y retrouva, tout décidé à se laisser mourir : une demi-heure de plus et son affaire était faite. Je m'approchai de lui pour l'encourager, il me dit froidement et avec un air de résignation qui eût fait honneur à un martyr : « Je gèle, vous voyez. » En effet, ses doigts et ses orteils étaient aussi blancs déjà qu'une chandelle de suif. Sans perdre de temps, je les frictionnai avec vigueur pour y rappeler la circulation, puis je le remis à deux matelots avec ordre de le faire marcher de force, pour l'arracher aux dangereuses conséquences de son manque d'énergie. Je n'avais plus le temps d'attendre quelques gouttes de l'eau tant désirée. Je me dirigeai donc vers le premier banc de neige venu et j'y installai mes hommes à l'abri du vent; mais ce ne fut pas chose facile : deux ou trois individus paraissaient possédés par l'héroïque besoin d'en finir une bonne fois. Ils eussent mieux aimé se coucher pour toujours dans la neige que de prendre la pelle et de nous aider à construire un abri.

Tout cela n'est rien moins que réjouissant pour le début, mais je ne puis dire que j'en sois fort surpris : je sais par expérience combien il est dangereux d'exposer des hommes au vent par une pareille température. Il est vrai que je ne pouvais pas prévoir cette bise. En somme, j'espère qu'il n'en résultera rien de grave :

nos malades se sentent mieux à mesure qu'il fait plus chaud dans la hutte. Nous venons d'expédier notre grossier repas, j'ai allumé la lampe à alcool, la porte est soigneusement close, chacun se blottit sous ses fourrures ; les plus braves fument leur pipe et les autres grelottent comme si cet exercice devait les réchauffer. Le claquement de leurs dents n'est pourtant pas une musique agréable.

6 avril. — Nous voici à Cairn-Point, confortablement logés. Chacun s'est acquitté de son devoir et la dépression morale qui a suivi le grain d'avant-hier est oubliée maintenant : l'entrain et la gaieté ont reparu. Plus n'est besoin aujourd'hui de talonner les gens, de leur prêcher d'exemple en maniant moi-même les pelles à neige. Les faibles de cœur ont profité de la leçon : ils savent à présent que le travail est le meilleur auxiliaire des appels à l'assistance céleste. Au lieu de passer deux heures à construire notre hutte, comme la première fois, nous avons accompli notre tâche en moitié moins de temps, car tous se hâtaient de faire leur ouvrage le plus vite possible.

La difficulté de traîner l'embarcation au milieu des blocs, et le peu de bagages dont les hommes ou les chiens peuvent se charger par des glaces aussi disloquées, comme cette étape nous l'a prouvé, me démontrent l'impossibilité de tout charrier en un convoi sur la côte opposée. Je vais donc laisser la chaloupe à la Pointe du Cairn jusqu'à ce que nous ayons frayé le chemin et qu'avec les deux attelages et le troisième traîneau tiré par mes gens, j'aie transporté nos provisions à l'autre côte du détroit de Smith, sur la Terre de Grinnel. Si la glace est favorable, je serai toujours à temps d'envoyer chercher le bateau ; si, au contraire, je dois renoncer à lui faire traverser le détroit, j'aurai du moins assez de vivres pour mes explorations en traîneau, que j'espère accomplir avant que le dégel de juin ou de juillet vienne mettre un terme à ce mode de voyage.

La vue de la mer n'est pas des plus encourageantes. J'avais à peine mis ma petite troupe en sûreté, que j'ai escaladé une pointe élevée, où je me suis donné la mélancolique satisfaction de contempler un fort vilain spectacle. Excepté un intervalle de plusieurs kilomètres où l'eau encore libre, avant le dernier abaissement de la température, a dû sans doute se prendre subitement, je ne voyais pas une toise de surface unie. Le détroit en entier paraît rempli de glaces massives qui, brisées par la débâcle de l'été et poussées en banquises mouvantes par le courant qui se dirige vers le sud, sont venues se heurter contre la côte du Groënland et s'y sont empilées en amoncellements confus. J'ai appris à les connaître en 1854. Si elles ne sont pas meilleures, et je les crois pires encore, nous pouvons nous attendre à de terribles difficultés.

7 avril. — Vit-on jamais une température plus changeante que celle du détroit de Smith? Elle fait mon supplice et anéantit tous mes plans. Dans sa fécondité sans borne, la nature n'a jamais enfanté rien de si capricieux.

Hier au soir, l'air était parfaitement calme; mais voilà que cette nuit le vieux Borée, s'éveillant de son somme, a soufflé comme s'il ne l'eût fait de sa vie et qu'il voulût prouver au monde quelle était la force de ses poumons. A peine pouvions-nous mettre le nez dehors; il nous a fallu rester tout le jour couchés pêle-mêle dans notre lugubre prison de neige.

8 avril. — Notre situation ne peut guère s'aggraver. La tempête continue à rugir et nous tient captifs dans notre geôle. Autant vaudrait jeter mes hommes dans une fournaise ardente que de les exposer à l'air du dehors par un temps pareil. Hier soir, il faisait un peu moins froid, il neigeait et nous commencions à espérer ; mais le vent s'est remis à souffler de plus belle : les trombes de neige voilent la face du soleil et cachent la côte et les montagnes; de loin en loin apparaît le fantôme d'un iceberg. J'ai bien, par deux fois, essayé de braver la rafale, dans l'intention d'aller chercher nos dépôts du cap Hatherton, et déjà je faisais détruire notre hutte pour prendre le traîneau ; mais dix minutes en plein air ont suffi pour me convaincre que la moitié de ma bande gèlerait tout de bon si j'avais l'imprudence de la lancer dans la tempête : ainsi le troupeau est rentré au bercail et je suis retourné surveiller le feu de la cuisine.

Mes pauvres chiens sont presque ensevelis sous la neige ; ils sont tous pressés les uns contre les autres, et à mesure qu'elle s'amasse au-dessus d'eux ils soulèvent un peu plus la tête ; je viens de les aller voir, craignant que quelqu'une de ces bêtes ne fût morte de froid ou n'eût repris le chemin du navire; elles sont bien toutes dans le tas : j'ai compté quatorze nez.

Mettons-nous donc, pour nous désennuyer, à décrire notre demeure actuelle.

C'est un fossé de cinq mètres cinquante de long, deux mètres quarante-cinq de large et quatre mètres vingt-six de profondeur. Sur le sommet dudit fossé, les rames de la chaloupe soutiennent le traîneau recouvert de la voile sur laquelle nous avons entassé force neige ; au bout de ce réduit, est percée l'ouverture que nous franchissons à quatre pattes et qui est ensuite hermétiquement fermée avec des blocs de neige; une large bâche en caoutchouc s'étend sur *le plancher*; puis viennent deux grands tapis superposés, en peau de bison, équarries et cousues, entre lesquelles chacun s'insinue de son mieux à l'heure du sommeil et essaye de se contenter de la part très-restreinte qui lui est assignée. La place d'honneur est vers l'extrémité opposée à la porte ; mais, à l'exception de celle qui touche l'entrée, elle est certes la moins désirable, car, de façon ou d'autre, les douze dormeurs s'arrangent de manière à tirer à eux « les couvertures » et me laissent contre le mur de neige avec mes seuls habits de voyage. Du reste, nous n'avons pas grand'peine à nous déshabiller en nous mettant au lit : on quitte seulement ses bottes et ses bas pour les placer sous sa tête en guise de traversin et l'on introduit ses jambes dans « la chaussure de nuit » en peau de renne. Que puis-je dire de plus ? Il me reste un vague souvenir d'avoir autrefois dormi plus à l'aise que pendant ces quatre derniers jours et reposé sur quelque chose de moins dur à la chair frissonnante que cette couche de neige qui, tenant le milieu entre la planche de pin et le gril de saint Laurent, vous fait éprouver des sensations indescriptibles. N'importe, notre troupe ne se laisse pas aller à la tristesse ; chacun travaille ou s'amuse à son choix.

La tempête continua à faire rage et n'épuisa enfin sa violence qu'après avoir soufflé pendant dix jours. Mais elle ne put pas nous tenir tout ce temps renfermés, et, dès le 9 avril, nous nous mettions à l'œuvre.

Après avoir été chercher nos provisions au cap Hatherton, nous nous dirigeâmes vers la Terre de Grinnell, avec des traîneaux faiblement chargés, dont les chiens tiraient les deux plus petits. Le vent venant du nord nous prenait en écharpe, presque en arrière, et ne nous incommodait pas beaucoup; mais des embarras d'une autre sorte nous avertissaient de la difficulté de la tâche que nous avions entreprise. A force de serpenter à droite ou à gauche, de revenir sur nos pas lorsqu'il était impossible d'avancer, nous réussîmes à franchir quelques premiers kilomètres sans trop de peine, mais bientôt la route s'enchevêtra au delà de toute description. Le détroit tout entier n'était qu'un vaste chaos de rochers de glace, accumulés les uns sur les autres en énormes monceaux aux faîtes aigus et aux pentes raboteuses ; ils laissaient à peine entre eux plusieurs centimètres carrés de surface plane. Nous devions cheminer dans ces lacis presque inextricables ; et souvent il nous fallait escalader des barrières de trois mètres de hauteur relative, mais de plus de trente au-dessus du niveau de la mer.

Les intervalles de ces prodigieux monceaux sont remplis jusqu'à une certaine profondeur de neiges, poussées par les vents. Qu'on s'imagine nos traîneaux cahotant à travers les enchevêtrements confus de ces glaces déchirées, les hommes et les chiens poussant ou tirant leurs fardeaux, comme les soldats de Napoléon, leur artillerie dans les passes abruptes des Alpes. Nous nous hissons péniblement au sommet des rampes élevées qui nous barrent la route ; à la descente, le traîneau est précipité sur les parois anguleuses ; quelquefois il chavire, souvent il se brise. Après avoir inutilement essayé de franchir quelque crête plus rude que les autres, nous devons nous ouvrir un sentier au pic et à la pelle, pour être encore forcés de retourner en arrière et de chercher un passage moins impraticable ; de loin en loin, nous avons la chance de rencontrer quelque « brèche, » sur la surface inégale et tortueuse de laquelle nous pouvons franchir un ou deux kilomètres avec une facilité relative. Les neiges amassées par le vent sont parfois un obstacle, parfois une aide bien venue. La surface gelée, mais pas assez fortement, manque sous les pas des voyageurs de la manière la plus désagréable et la plus irritante : quand elle ne peut point porter le poids du corps, un pied s'enfonce au moment où l'autre se lève. Les ouvertures qui séparent les blocs disloqués sont souvent à demi cachées par des ponts de neige. Alors nous croyons pouvoir passer ; mais, au beau milieu, un homme plonge jusqu'à la ceinture ; un autre, jusqu'aux épaules ; un troisième disparaît entièrement; le traîneau casse, et nous perdons des heures entières à opérer le sauvetage, surtout si, comme il arrive fréquemment, il nous faut enlever toute la cargaison. Nous sommes, du reste, habitués à la manœuvre. Parfois, chaque chargement doit être divisé en deux ou trois parts; les traîneaux vont et viennent sans cesse et la journée se passe à haler sans fin ni trêve. Les cantilènes des matelots s'encourageant à tirer avec ensemble se mêlent aux interjections souvent peu aimables de Knorr ou de Jensen, gourmandant leurs pauvres attelages surmenés.

On ne saurait inventer un genre de labeur qui détruise plus vite l'énergie des hommes ou des animaux : ma petite troupe y épuisait ses forces et son moral, et lorsque, après une journée de longs et rudes travaux, j'aurais presque pu atteindre notre hutte de la veille d'une balle de ma carabine, je me sentais moi-même bien près du désespoir.

J'abandonnai bientôt la pensée de transporter l'embarcation sur l'autre rive : cent hommes n'auraient pas suffi à la tâche. Mon seul désir maintenant était d'arriver à la Terre de Grinnell avec autant de vivres que je le pourrais et d'y garder mes gens aussi longtemps qu'ils me seraient utiles ; mais j'eus bientôt à me demander s'il ne leur était pas impossible de porter leurs provisions en outre de celles qu'il me fallait pour que nos pénibles travaux ne fussent pas perdus.

En dépit de tout, à travers la tempête, par le froid, la fatigue et le danger, mes compagnons sont restés fidèles au devoir.

Le 24 avril nous trouvait lassés, excédés, découragés, sur le bord de ce champ de glaces que je viens de décrire à vol d'oiseau ; à peine si nous étions à cinquante-cinq kilomètres de Cairn-Point ! Il est vrai qu'en tenant compte de nos tours et détours, de nos retours en arrière, nous devons avoir marché cinq fois autant.

Semaine après semaine, nous avons tourné dans le même dédale, campant le lendemain presque en vue de notre hutte de la veille; le traîneau est cassé, mes hommes sont épuisés, mes chiens exténués de fatigue. Nous avons quitté le navire au commencement d'avril, et, en moyenne, je n'ai pas avancé de cinq kilomètres par jour. Vers le nord, au-dessus de la mer glacée, la Terre de Grinnell se dresse comme pour nous encourager, mais elle ne grandit que bien lentement. J'ai essayé de m'en tenir à mon projet primitif et de gagner le cap Sabine, mais impossible de franchir les masses qui nous en séparent : j'ai dû prendre plus au nord.

27 avril. — Je me résous à renvoyer mes hommes; je donne à Mac Cormick toutes les instructions nécessaires pour que le navire soit prêt lorsque viendra la débâcle. Il creusera la glace tout autour pour lui former un bassin et réparer les avaries de l'automne; on raccommodera les espars (1), on mettra des pièces aux voiles.

Quant à moi, je reste avec mes chiens, pour tenter une dernière lutte.

Mes gens m'ont fourni vingt-cinq jours d'utiles services; ils m'ont transporté huit cents livres de nourriture presque au milieu du détroit; c'est tout ce qu'ils pouvaient faire : leur œuvre est finie.

Je n'ose guère compter sur le succès, mais je sens que, tout périlleux qu'est ce dernier effort, il est de mon devoir de le tenter. J'ai choisi pour compagnons : Knorr, Jensen et le matelot Mac Donald, tous trois, j'en suis sûr, hommes de cœur et déterminés à me suivre jusqu'au bout. D'autres aussi me suivraient volontiers; mais, si le courage ne leur manque pas,

---

(1) Longs mâtereaux de sapin, qui servent ordinairement à faire des mâts de canot ou de chaloupe. — J. B.

leur force physique est épuisée, et les chiens auront bien assez de deux personnes par traîneau.

28 *avril*. — Ma troupe est partie ce matin ; la séparation a été fort émouvante : je n'ai jamais vu d'hommes en plus déplorable condition que mes pauvres camarades. Après les avoir accompagnés à une courte distance et leur avoir tristement dit adieu, je revins à la hutte, puis je me retournai pour les voir encore : ils s'étaient arrêtés, tournant leurs yeux vers nous, évidemment pour nous envoyer les trois hourras d'usage. Vaine tentative : leur faible voix s'éteignait dans leur gorge.

Bientôt après, nous nous replongions dans les glaces. Une terrible chaîne se dressait devant nous, et pour la franchir il nous fallut déposer une partie de la cargaison. Le traîneau de Knorr fut brisé, nous le raccommodâmes à grand'peine ; celui de Jensen chavira à la descente d'une pente escarpée et blessa un de nos chiens à la jambe ; on détela le pauvre animal, qui nous suivit en clopinant. Au bout de quelques heures, nous retournâmes en arrière prendre le reste des provisions. Nous avions avancé de trois kilomètres à vol d'oiseau, mais à cause des détours j'en puis bien compter plus de sept : cela fait vingt-deux kilomètres pour les trois fois que nous avons parcouru cette route abominable. De tout le voyage, nous n'avions pas eu de si pénible étape, et nos gens n'auraient certainement pas pu faire passer leur traîneau sur ces amas de glace. Les chiens les grimpent comme des chamois, ils ne sont pas si lourds que les hommes, et la croûte de neige gelée se rompt moins vite sous leurs pas : en outre, leurs traîneaux sont petits et plus faciles à diriger. Nous sommes maintenant au pied d'une formidable barrière que nous ne nous sentons pas le courage d'escalader ; nous campons donc dans une sorte de caverne formée par des tables qui nous évitent la peine de construire une hutte. La trouvaille est d'autant plus précieuse que Jensen n'aurait pas pu nous aider à creuser notre tanière. Pour mieux voir où poser ses pieds, il avait ôté ses lunettes et en ce moment il couve une ophthalmie. Nos quartiers sont bien clos et plus confortables que d'habitude. Le thermomètre y monte à 9 degrés au-dessous de zéro, pendant que dehors il en marque 25.

Ce matin, nous marchions avec ardeur ; mais le soir nous trouve toujours assez mélancoliques. De si lents progrès, achetés par tant de travaux, ne sauraient nous inspirer beaucoup d'entrain ; dormir est notre seul soulagement, et il est heureux que la température nous permette de nous abandonner au repos sans crainte d'être gelés vifs. Le sommeil, qui a déjà calmé les chagrins de tant de malheureux, a noyé bon nombre de mes soucis pendant ces vingt-cinq jours.

29 *avril*. — Encore dans notre caverne.

30 *avril*. — Tout ce que nous avons pu faire aujourd'hui c'est de transporter le reste de la cargaison à l'endroit où se trouvait déjà sa première moitié. Nous ne devons pas surmener les chiens : s'ils succombaient, tout serait perdu. Ce soir, ils sont accablés de fatigue et ont besoin d'être soignés ; Jensen vient de leur préparer un repas chaud et abondant, en viande, pommes de terre et lard. La voracité avec laquelle ils se jettent sur leur nourriture surpasse tout ce qu'on peut imaginer. Rien n'échappe à leurs crocs aigus. Si l'on n'y prenait pas garde, ils dévoreraient leurs harnais, et il nous faut cacher dans la hutte tout ce qui pourrait tomber sous leur dent. Ils nous ont déjà happé force traits ; beaucoup d'autres de ceux-ci ayant cassé, nous les remplaçons peu à peu par des cordes. Pour ajouter à nos infortunes, Jensen a oublié hier soir de couvrir son véhicule (celui de Knorr forme le toit de notre maison), et quand ce matin nous avons mis le nez

dehors, les courroies d'assemblage étaient avalées, et les fragments du traîneau gisaient éparpillés sur la neige.

J'ai près de huit cents livres de pâtée, mais nos chiens mangent énormément, et nous avançons si peu que je ne sais si nous réussirons à nous tirer d'affaire.

3 mai. — La tempête nous a retenus douze heures dans notre misérable tanière. Mes chiens sont un peu restaurés et nous n'avons jamais mieux travaillé qu'aujourd'hui. Mais, pas de rose sans épines, point de jour sans épreuve : Jensen, qui n'y voit presque plus, a trébuché sur les glaces; il s'est donné une mauvaise entorse. Sa jambe s'était engagée dans une fissure; le cas est d'autant plus grave qu'elle a été cassée il y a deux ans à peine et que la fracture, étant oblique, n'a pu être réduite que d'une manière imparfaite.

4 mai. — Knorr et Mac Donald hachent les gâteaux de bœuf desséché pour le repas des chiens, et, comme une horde de loups affamés, ces brutes remplissent l'air de leurs cris hideux. La meute-fantôme du noir chasseur du Hartz ne déchirait pas l'oreille du voyageur attardé de sons plus effrayants. Les misérables nous dévoreraient si nous leur en donnions la moindre chance. Knorr s'est laissé choir au milieu d'eux en leur distribuant leur souper, et, si Mac Donald ne se fût élancé à la rescousse, je ne doute pas que ces bêtes sauvages ne l'eussent mis en pièces en un clin d'œil.

5 mai. — Journée vraiment écrasante. Nous avons très-peu avancé et nos affaires s'assombrissent. Jensen souffre beaucoup de sa jambe et n'aurait point pu faire un pas de plus; la douleur lui arrache des gémissements. Knorr résiste à tout avec une tenacité et une résolution héroïques : il n'a pas une seule fois voulu s'avouer fatigué, après de longues heures passées à soulever le traîneau, à fouailler, et à encourager incessamment les chiens. Quand je lui demandais, ce soir, s'il ne sentait pas le besoin de repos, il m'a répondu sans hésiter : « Non, Monsieur. » Mais, la hutte prête et la tâche finie, je l'ai trouvé blotti contre un amas de neige derrière lequel il était allé cacher sa prostration et sa faiblesse physique. Mac Donald, non plus, semblerait ne reculer devant rien; mais, je le vois, la fatigue commence à l'éprouver rudement, malgré son courage et sa persistance, qui rappellent ceux d'un bouledogue bien entraîné.

Pour clore la liste de mes plaintes, mes chiens sont tout à fait éreintés ce soir, et par ma faute : je regrette chaque once de nourriture qu'on leur donne, et leur ration n'était hier que d'une livre et demie par tête. Le résultat, je viens de le dire. Dans leur terrible faim, les pauvres bêtes ont démantibulé le traîneau de Jensen, que, trop fatigués pour le décharger, nous avions recouvert seulement d'un mètre de neige. Les brutes en ont éparpillé tout le contenu, et, de leurs dents aiguës, ont essayé d'entamer nos boîtes de fer-blanc; elles ont mangé nos bottes de rechange, le dernier rouleau de courroie qui nous restât, des bas de fourrures, et brisé sans merci la pipe d'écume de mer enveloppée de peau de phoque que maître Knorr avait imprudemment suspendue aux montants. Nous n'avons plus que des cordes de chanvre, et les traîneaux se rompent sans cesse, et les traits cassent du matin au soir. Un chien a déchiré un sac plein de tabac et a dévoré le tout; un autre a avalé notre seul morceau de savon. Triste perspective pour nos futures ablutions! Mais rien n'émousse la délicatesse exagérée comme trente-deux jours de voyage par des températures semblables. On se débarbouillait d'abord avec une poignée de neige ; maintenant nous sommes moins recherchés et nous ne prendrons pas le deuil de notre savon comme nous l'eussions fait il y a quelques semaines.

Nos provisions disparaissent avec une rapidité alarmante; mais, dès que je me permets la moindre lésinerie avec mes chiens, ils s'affaiblissent à vue d'œil, et, s'ils venaient à nous manquer, où en serions-nous?

11 *mai.* — Campés enfin sous la berge, heureux comme des gens qui ont remporté la victoire et attendent leur souper.

Pendant que je choisissais l'emplacement de notre hutte de neige, Mac Donald regardait la haute pointe qui se dresse au-dessus de nos têtes; et je l'entendais grommeler, tout en préparant le fourneau pour un repas dont nous avions tant besoin : « Après tout, je voudrais bien savoir si c'est là la terre ou seulement son ombre fugitive? »

Vestiges d'anciennes habitations d'Esquimaux sur la terre de Grinnell (page 176).

CHAPITRE VIII

LA MER LIBRE

Triste station au Cap Hawks. — Traversée au cap Napoléon. — Souvenir de 1854 près du cap Frazer. — Jensen est laissé aux soins de Mac Donald et je pousse en avant avec Knorr. — L'aspect du ciel annonce la proximité de l'eau. — Impossible de franchir la baie Lady-Franklin. — J'aperçois la mer libre. — Nous hissons le pavillon des Etats-Unis. — Qu'est-ce que la Mer Libre du pôle? — Ses communications avec l'Atlantique et le Pacifique. — Ses causes. — Tentatives faites pour y pénétrer. — Les eaux ne se couvrent de glace qu'à l'abri de la terre.

Je me trouvai fort heureux d'abord d'avoir atteint la côte, en dépit de si terribles obstacles; mais, quand je vins à réfléchir sur ma position et à la comparer avec mes espérances passées, je ne me sentis plus le cœur au triomphe. Ces trente et une journées perdues à traverser le détroit; ce bateau, impossible à transporter; ma troupe, forcée de retourner au navire : que d'échecs à mes plans primitifs! En outre, l'extraordinaire brèche faite aux vivres par les rations que, contre tout calcul, nous devions donner aux chiens, sous peine de les voir succomber à la fatigue, avait tellement diminué nos ressources que je ne pouvais plus penser à prolonger beaucoup mon exploration.

Nos bêtes mangeaient plus du double de ce qui leur est habituellement nécessaire en voyage : cette consommation, et les petits dépôts que je laissais en vue de notre retour, avaient réduit leur provision de pâtée à trois cents livres, qui devaient fournir à peine à douze de leurs repas quotidiens. Tout au plus avais-je le temps d'étudier les routes de la Mer Polaire, en vue d'une plus longue exploration, ajournée à l'été suivant, si alors je réussissais à amener la goëlette vers la rive occidentale. J'avais, en un mot, à étudier les chances qui, dans ce cas douteux, me resteraient pour l'exécution de projets déjà très-compromis par notre hivernage sur les côtes du Groënland.

Je ne m'attendais certes pas à franchir les glaces disloquées à la course; mais je n'étais nullement préparé à les trouver si formidables, et le triste échec de ma troupe portait un terrible coup à mes espérances.

Après nous être arrêtés au cap Hawks le temps de reposer les attelages, nous commençâmes à remonter la côte, et, à notre première étape, nous franchîmes la vaste échancrure qui nous séparait du cap Napoléon. Cette fois, la cargaison était au complet, et cependant le chemin n'était rien moins que favorable. La configuration des côtes empêche les vents de souffler dans la baie, et les neiges, à peine durcies et accumulées à une hauteur de plus de soixante centimètres, rendaient la marche fort pénible; mais, ne voulant à aucun prix nous rejeter dans le chaos des glaces, nous plongions de notre mieux dans cette couche épaisse. Les traîneaux enfonçaient jusqu'aux traverses et les chiens jusqu'au ventre. Pour couronner le tout, Jensen souffrait cruellement, et ne pouvait plus marcher; mais je n'avais pas le loisir de faire halte : une partie des bagages fut donc transférée sur l'autre véhicule, et, nous passant une sangle aux épaules, Mac Donald, Knorr et moi, nous tirâmes, chacun aussi bravement que la plus forte bête de l'attelage.

Les glaces hérissaient de la plus terrible manière les abords du cap Napoléon : impossible d'approcher du rivage ; toute la journée suivante, il nous fallut haler au large, et tracer de nouveaux zigzags dans ces maudits hummocks. Un brouillard épais venait du nord et nous cachait entièrement la côte, une lourde chute de neige acheva de nous dérouter, et nous nous arrêtâmes pour attendre une température plus favorable. Le lendemain, nous pûmes gagner la glace de terre et, pour la première fois depuis la Pointe du Cairn, nos chiens prirent le grand trot : nous arrivâmes en peu d'heures au nord du cap Frazer, et nous construisîmes notre hutte près du point le plus reculé que j'eusse atteint en 1854.

Nous nous trouvions maintenant dans le canal de Kennedy où j'avais à peine pénétré alors. La glace de l'entrée paraissait tout aussi mauvaise que celle du détroit, et nous fûmes obligés de nous en tenir à la « banquette, » même pour traverser la baie de Gould, qui s'ouvre entre les caps Leidy et Frazer. C'est celle-là même que j'avais choisie pour notre hivernage et que j'aurais tant voulu atteindre l'automne précédent. Sur les roches se dressait encore la hampe du petit pavillon que j'y avais placé, en 1854, mais il n'y restait plus un seul lambeau d'étoffe.

J'ai remarqué sur une des terrasses schisteuses qui s'élèvent en cet endroit les vestiges d'un camp esquimau ; et je fus d'autant plus heureux de la découverte de ces traces, fort visibles encore, quoique fort anciennes, qu'elles me confirmaient les traditions racontées par Kalutunah. On en voit de semblables partout où les Esquimaux séjournent pendant l'été. C'est tout simplement un cercle de trois mètres soixante-cinq de diamètre formé des lourdes pierres avec lesquelles les naturels assujettissent le bord inférieur de leur tente de cuir, et qui restent à l'endroit où elles étaient placées lorsqu'ils retirent les peaux pour aller camper ailleurs.

La journée suivante fut la meilleure que nous eussions encore eue; elle nous apporta cependant sa bonne part d'ennuis.

Tout harassé que je me sentais de ma journée, je profitai du moment où mes camarades préparaient la hutte et le souper, et j'escaladai la colline pour me rendre compte de notre position. L'air était parfaitement serein et un immense horizon se déroulait du côté de l'orient. Vers le nord, le canal paraissait beaucoup moins rude à traverser que le détroit de Smith. La gelée de l'automne et de l'hiver n'avait pas comprimé les vieux *icefields* avec autant de violence, et je n'apercevais plus de glace nouvelle. Il est évident que la mer, restée ouverte jusqu'à une période très-avancée, ne s'était pas refermée avant le printemps. Comme à Port Foulke, du reste, je fus très-surpris de voir la couche qui la recouvrait déjà amincie et lavée par les eaux : de petites flaques se montraient partout où la configuration du rivage permettait de conclure qu'un remous de courant avait usé les glaces plus vite qu'ailleurs.

Par une atmosphère aussi pure, il n'eût pas été difficile de distinguer la côte à plus de cent kilomètres; mais aucune terre ne paraissait à l'orient. Je crois donc le canal de Kennedy un peu plus large qu'on ne l'a supposé jusqu'ici.

Le nord-est était sombre et couvert de nuages, et Jensen, qui surveillait avec sollicitude la marche rapide de la saison, ne tarda pas à me faire remarquer ce ciel où se reflétaient les eaux.

La température s'était singulièrement adoucie ; nous la trouvions même trop chaude pendant nos étapes; elle nous permettait maintenant de dormir en plein air sur nos véhicules.

Pendant l'étape suivante, nous franchîmes une assez longue distance, mais je n'eus guère d'autre motif de me réjouir : la glace de terre était excessivement difficile, et nous ne pouvions contourner certaines pointes qu'avec les plus grandes fatigues. Pendant un de ces affreux passages, Jensen tomba encore sur sa malheureuse jambe et, pour comble d'infortune, prit un effort dans les reins en soulevant le traîneau. Ces accidents retardèrent beaucoup notre marche du lendemain, et me mirent dans le plus cruel embarras.

Ce matin-là, Jensen, loin d'aller mieux, ne pouvait plus se mouvoir. Je me décidai promptement à le remettre aux soins de Mac Donald, et à continuer ma route seul avec M. Knorr. En cas de malheur, et on pouvait en craindre un du fait des glaces pourries, je donnai cinq chiens au brave matelot, lui enjoignant de nous attendre juste le même nombre de jours, puis... de faire tous ses efforts pour regagner le Port Foulke.

Notre simple repas terminé, nous replongeâmes entre les blocs de glace pour jouer notre dernière carte. Nous traversâmes d'abord une baie si profonde que, si nous avions dû suivre sur la glace de terre les sinuosités de ses rivages, notre route eût été plus que quadruplée. Je voulais maintenant pousser aussi loin que le permettraient nos ressources, atteindre la plus haute latitude possible, me choisir un lieu favorable d'observation, et me former une opinion définitive au sujet de la mer du pôle et des chances de la parcourir avec le navire ou un de nos bateaux. Je me trouvais déjà plus au nord que n'était parvenu, en 1854 (vers la mi-juin, un mois plus tard dans la saison), le lieutenant Morton, de l'expédition Kane, et je contemplais la même étendue, d'un point situé à cent ou cent dix kilomètres du cap Constitution, où la mer ouverte avait arrêté sa marche (1).

(1) *La Mer Libre du pôle, vue par les compagnons du docteur Kane en juin 1854.*

La reconnaissance que Morton poussa droit au nord fut, sous tous les rapports, le plus remarquable épisode de l'expédition du docteur Kane.

«.... Il quitta le vaisseau le 4 juin, accompagné de Hans le Groënlandais.

« La glace était d'abord d'un difficile accès, et dans la neige sèche ils enfonçaient jusqu'aux genoux ; mais, après avoir traversé quelques inégalités, ils la trouvèrent assez solidifiée pour porter le traîneau ; les chiens firent alors 6435 mètres par heure, et ils parvinrent ainsi au milieu de la baie de Peabody. En cet endroit, les voyageurs furent au milieu des pics de glace qui avaient empêché les autres partis de pousser plus loin. Ils avaient dans la journée laissé sur leur droite, par 79º de latitude, cet étrange jeu de la nature que, dans une excursion précédente, Kane avait nommé *le monument de Tennisson*, minaret ou obélisque de 146 mètres 30 de haut, qui élève solitaire, au débouché d'une sombre et profonde ravine, son fût calcaire, aussi régulièrement arrondi que s'il eût été taillé pour la place Vendôme.

« Par suite du rapprochement inaccoutumé des montagnes de glace, les voyageurs ne pouvaient distinguer devant eux, à plus d'une longueur de navire, les vieux glaçons qui faisaient saillie à travers les nouveaux en disloquant leur surface. On ne pouvait se glisser entre ces aspérités qu'en suivant des couloirs qui n'avaient souvent pas 1 mètre 20 de largeur et dans lesquels les chiens avaient peine à mouvoir le traîneau. Il arrivait même que l'intervalle qui semblait séparer deux montagnes se terminait par une impasse impossible à franchir. Dans ces circonstances, il fallait transporter le traîneau au-dessus des blocs les moins élevés ou rétrograder en quête d'un chemin plus praticable.

« Parfois, si une passe assez convenable apparaissait entre deux pics, ils s'y engageaient gaiement et arrivaient à une issue plus étroite ; puis, trouvant le chemin complétement obstrué, ils étaient obligés de rétrograder pour tenter de nouvelles voies. Malgré leurs échecs et leurs désappointements multipliés, ils ne perdirent pas courage, déterminés qu'ils étaient à aller en avant. A la fin, une sorte de couloir long d'une dizaine de kilomètres les conduisit hors de ce labyrinthe glacé, mais ils furent,

Je désirais avancer vers le nord autant que faire se pourrait. En ménageant avec soin nos provisions, il

depuis huit heures du soir jusqu'à deux ou trois du matin, forcés de diriger leurs pas avec autant d'incertitude et de tâtonnements qu'un homme aveugle parmi les rues d'une ville étrangère.

« Dans la matinée du lundi 16 juin, Morton grimpa sur un pic afin de choisir la meilleure route. Au delà de quelques pointes de glace, il apercevait une grande plaine blanche qui n'était autre que la surface du glacier de Humboldt vu au loin dans l'intérieur, car en montant sur un autre mamelon il en découvrit la falaise faisant face à la baie. C'était près de son extrémité nord ; il semblait couvert de pierre et de terre, et çà et là de larges rocs faisaient saillie à travers ses parois bleuâtres.

« Les deux explorateurs se trouvaient le 20 par le travers de la terminaison du grand glacier. Là, glaces, roches et terres formaient un mélange chaotique ; la neige glissait de la terre vers la glace, et toutes deux semblaient se confondre sur une distance de 12 à 16 kilomètres vers le nord, point où la ligne de terre, se relevant abrupte, surplombait le glacier d'environ cent trente mètres.

« Au delà de cet endroit, la glace devint faible et craquante, les chiens commencèrent à trembler ; la terreur manifestée par ces animaux sagaces indiquait un danger peu éloigné.

« En effet, le brouillard venant à se dissiper en partie, les voyageurs aperçurent, à leur grand étonnement, au milieu du détroit et à moins de quatre kilomètres sur leur gauche, un chenal d'eau libre ; Hans ne pouvait en croire ses yeux et, sans les oiseaux qu'on voyait voleter en grand nombre sur cette surface d'un bleu foncé, Morton dit qu'il n'y aurait pas ajouté foi lui-même.

« Le lendemain, la bande de glace qui les portait entre la terre et le chenal ayant beaucoup diminué de largeur, ils virent la marée monter rapidement dans celui-ci. Des glaçons très-épais allaient aussi vite que les voyageurs ; de plus petits les dépassaient, avec une marche d'au moins quatre nœuds. D'après les remarques faites par eux dans la dernière nuit, la marée, allant du nord au sud, entraînait peu de glace. Celle qui courait maintenant si vite au nord semblait être la glace brisée autour du cap et sur le bord de la banquise.

« Le thermomètre dans l'eau donnait 36° 22 du thermomètre de Fahrenheit, c'est-à-dire quatre degrés au-dessus du point de congélation.

« Après avoir contourné le cap, qui est marqué sur la carte du

m'en restait encore suffisamment pour terminer avec succès une exploration qui approchait de son terme, comme nous le disait assez l'obscurité croissante qui, s'amassant sur le ciel du nord-est, nous annonçait la présence des eaux.

Dix heures de marche ce jour-là et quatre le lendemain nous amenèrent à la pointe méridionale d'une baie si profonde que, selon notre habitude, nous pré-

nom d'André Jackson, ils trouvèrent un banc de glace unie à l'entrée d'une baie, qui a reçu depuis le nom du célèbre financier américain Robert Morris. C'était une glace polie, sur laquelle les chiens couraient à toute vitesse. Là le traîneau faisait près de dix kilomètres à l'heure. Ce fut le meilleur jour de marche de tout le voyage.

« Quatre escarpements se trouvaient au fond et sur les côtés de la baie, puis le terrain s'abaissait se dirigeant en pente vers une banquise peu élevée, offrant une large plaine entre des pointes longues et coupées de quelques monticules. Un vol de cravants (*anas bernicla*) descendait le long de cette basse terre ; beaucoup de canards couvraient l'eau libre ; des hirondelles, des mouettes de plusieurs variétés tournoyaient par centaines ; elles étaient si familières qu'elles s'approchaient à quelques mètres des voyageurs ; d'autres grands oiseaux blancs s'élevaient très-haut dans l'air et faisaient retentir les échos des rochers de leurs notes aiguës. Jamais Morton n'avait vu autant d'oiseaux réunis : l'eau et les escarpements de la côte en étaient couverts. Sur les glaces arrêtées dans le chenal Kennedy, se jouaient des phoques de plusieurs espèces. Les eiders étaient en si grand nombre que Hans, tirant dans une troupe, en tua une paire d'un seul coup.

« Il y avait là plus de verdure que les voyageurs n'en avaient vu depuis leur entrée dans le détroit de Smith. La neige parsemait les vallées et l'eau filtrait des roches. A cette époque encore peu avancée, Hans reconnut quelques fleurs, Il mangea de jeunes pousses de *lychnis* et m'apporta des capsules sèches d'une *hesperis* qui avait survécu aux vicissitudes de l'hiver. Morton fut frappé de l'abondance de petites joubarbes de la dimension d'un pois. La vie semblait renaître à mesure qu'ils s'avançaient au nord.

« Le 24 juin, Morton atteignit le cap Constitution qu'il essaya en vain de tourner, car la mer en battait la base. Faisant de

férâmes la traverser plutôt que de suivre la ligne sinueuse du rivage. Mais à peine avions-nous fait quelques kilomètres que notre course fut arrêtée : nous cheminions au large de la côte, sur une bande de glace ancienne, et nous nous dirigions vers l'énorme promontoire formant l'éperon septentrional de la baie et qui nous semblait être à bien près du quatre-vingt-deuxième parallèle, à trente-six kilomètres de nous,

son mieux pour gravir les rochers, il n'arriva qu'à une centaine de mètres. Là il fixa à son bâton le drapeau de *l'Antarctic*, une petite relique bien chère, qui m'avait suivi dans mes deux voyages polaires. Ce drapeau avait été sauvé du naufrage d'un sloop de guerre des États-Unis, *le Peawech*, lorsqu'il toucha dans la rivière Colombia. Il avait accompagné le commodore Wilkes dans ses lointaines explorations du continent antarctique. C'était maintenant son étrange destinée de flotter sur la terre la plus septentrionale non-seulement de l'Amérique, mais de notre globe ; près de lui étaient nos emblèmes maçonniques, l'équerre et le compas. Morton les laissa flotter une heure et demie au faîte du noir ocher qui couvrait de son ombre les eaux blanchissantes que la mer libre faisait écumer à ses pieds.

« La côte au delà du cap doit, selon lui, s'abaisser vers l'est, puisqu'il lui fut impossible, au point où il était placé, de voir aucune terre sous le cap. La côte ouest au contraire courait vers le nord où son œil la suivait durant près de 80 kilomètres. Le jour était clair, il permettait d'apercevoir aisément plus loin encore la rangée de montagnes qui la couronnent ; elles étaient fort hautes, arrondies et non coniques à leur sommet comme celles qui l'avoisinaient, quoique peut-être ce changement apparent provînt de la distance, car il remarqua que leurs ondulations se perdaient insensiblement dans l'horizon.

« La plus haute élévation du point d'observation où il fut obligé de s'arrêter lui parut être d'une centaine de mètres au-dessus de la mer. De là il remarqua, à six degrés ouest du nord, un pic très-éloigné tronqué à son sommet comme les rochers de la baie de la Madeleine. Nu comme la roche vive, il était strié verticalement avec des côtes saillantes. Nos estimations réunies lui assignent une élévation de 760 à 900 mètres. Ce pic, la terre la plus septentrionale connue, a reçu le nom du grand pionnier des voyages arctiques, sir Edward Parry. »
—F. de L.

environ ; je désirais ardemment y atteindre. Par malheur, le vieux champ de glace qui nous portait se termina soudain, et, après avoir cahoté au milieu de sa frange disloquée, nous nous trouvâmes sur la glace nouvelle. L'instinct infaillible des chiens les avertit du danger. Ils avancèrent d'abord avec des précautions inusitées, puis s'éparpillèrent à droite ou à gauche, refusant d'aller plus loin. Cette manœuvre m'était trop familière pour me laisser le moindre doute sur ce qui pouvait la causer : nous trouvâmes en effet la glace pourrie et en très-mauvais état. Je pensai que cela venait de quelque circonstance locale, de la direction des courants par exemple, et je repris notre vieux champ pour en sortir un peu plus vers l'est. Je marchais en tête des chiens pour soutenir leur courage, mais à peine étions-nous de nouveau sur la glace de l'année qu'elle céda sous mon bâton et que je dus retourner en arrière pour chercher encore un passage plus loin.

Deux heures perdues en efforts semblables, et pendant lesquelles nous fîmes plus de sept kilomètres au large, me démontrèrent l'impossibilité de franchir la glace au delà du golfe ; notre persévérance ne pouvait infailliblement aboutir qu'à de graves accidents. Si la croûte se rompait sous notre poids, même en admettant que nous ne fussions pas noyés, nous serions inévitablement trempés et ce plongeon, non-seulement nous retarderait beaucoup, mais aussi détruirait peut-être notre dernière chance d'atteindre le rivage opposé. Nous revînmes donc à notre champ de glace, et tirant cette fois vers l'ouest, nous essayâmes encore de traverser la baie. Mais la route n'était pas meilleure, et les chiens refusaient obstinément de marcher lorsqu'on abandonnait les anciens glaçons. Je persistai toujours, et je fis tentatives sur tentatives, jusqu'à ce que nous fussions bien convaincus que le chemin était impraticable et qu'il ne nous restait plus qu'à tâcher d'arriver à notre but en suivant les circuits de la glace de terre.

Je voulus m'assurer combien cette route nous ferait dévier de la ligne droite et, pendant que mes chiens se reposaient, je marchai le long du rivage, jusqu'à ce que je pusse voir la tête du golfe ; elle paraissait à peu près à trente-six kilomètres. La baisse de nos provisions ne nous permettait pas un si long détour qui nous eût pris deux journées, si ce n'est trois, et, fatigués de douze heures de travaux, nous remîmes au lendemain des observations plus étendues. L'état des glaces de la baie me surprenait beaucoup. Aussi, pour tâcher d'en reconnaître la cause et voir si je ne découvrirais pas vers l'est un passage plus direct que la courbure du golfe, je me décidai à gravir la colline élevée qui se dressait au-dessus de nous : mais il me fallait d'abord prendre quelque repos, les durs labeurs de notre dernière étape l'exigeaient impérieusement.

Après un sommeil profond et réparateur, résultant d'une lassitude telle que j'en avais rarement éprouvé de semblable, j'escaladai la pente escarpée et me hissai sur une saillie de rocher à deux cent cinquante mètres environ au-dessus du niveau de la mer.

Je vis alors clairement pourquoi nous avions été forcés de battre en retraite.

Partout les glaces paraissaient dans le même état qu'à l'ouverture de la baie. Une large crevasse, partant du milieu du golfe, se dirigeait vers la mer, et ramifiée de nombreuses fissures, dans sa course sinueuse vers l'orient, s'étendait comme le delta d'un puissant fleuve, et, sous le ciel noir qui s'abaissait sur toute la zone du nord-est, allait se perdre dans la mer libre. Dans l'extrême lointain, se profilait vaguement contre le sombre horizon du nord la croupe blanchie d'un noble promontoire, la terre la plus septentrionale qu'on connaisse maintenant sur le globe. Je la crois à 82° 30' de latitude, à huit cent trente kilomètres du pôle. Entre elle et nous surgissait une autre pointe hardie, et, plus près encore du cap vers lequel je dirigeais notre course la veille, une fière montagne s'élevait majestueusement de la mer, et semblait porter jusqu'au firmament sa tête couronnée de neige. Je ne voyais d'autre terre que la côte où nous nous trouvions.

Au-dessous de moi, la mer étalait sa nappe immense, bigarrée de taches blanches ou sombres, ces dernières indiquant les endroits où la glace était presque détruite ou avait entièrement disparu ; au large, ces taches se faisaient plus foncées et plus nombreuses, jusqu'à ce que, devenues une bande de bleu noirâtre, elles se confondissent avec la zone du ciel où se reflétaient leurs eaux. Les vieux et durs *champs de glace* (dont les moins grands mesuraient à peine moins d'un kilomètre), les rampes massives et les débris amoncelés qui en marquaient les bords, étaient les seules parties de cette vaste étendue qui conservassent encore la blancheur et la solidité de l'hiver.

Tout me le démontrait : j'avais atteint les rivages du bassin polaire. L'Océan dormait à mes pieds ! Terminée par le promontoire qui, là-bas, se dessinait sur l'horizon, cette terre que je foulais, était une grande saillie se projetant au nord, comme le Séverro Vostochnoï s'avance loin de la côte que la Sibérie oppose à celle de l'Amérique. Le petit ourlet de glace qui bordait les rives s'usait rapidement : avant un mois la mer entière, aussi libre de glaces que les *eaux du nord* de la baie de Baffin, ne serait plus interrompue que par quelque banquise flottante, errant çà et là, au gré des courants ou de la tempête.

Il m'était donc impossible d'aller plus loin. La crevasse dont j'ai parlé eût déjà suffi pour nous empêcher d'atteindre le nord de la baie ; mais, au large, les glaces paraissaient encore en un pire état. Plusieurs flaques d'eau s'ouvraient près du littoral, et sur l'une d'elles venait de s'abattre une bande de « dovekies » ou de guilleminots à miroir blanc. En remontant le canal Kennedy, j'avais reconnu nombre de leurs stations d'été ; cependant j'étais assez surpris de voir les oiseaux eux-mêmes à une époque si peu avancée de la saison. Les mouettes bourgmestres volaient au-dessus de nous, se dirigeant vers le nord où elles cherchaient les eaux libres pour leur nourriture et leur demeure. On sait qu'autour des lieux qu'elles fréquentent l'été, il n'y a jamais de glace après les premiers jours de juin.

Nous avions donc atteint notre but. A présent, il fallait songer à la retraite. L'approche du printemps, la rapidité du dégel, la certitude que la mer rongeait déjà le détroit de Smith au sud, par la baie de Baffin, aussi bien qu'au nord, par le canal de Kennedy : tout m'avertissait que nous n'avions pas de temps à perdre, si nous ne voulions gravement compromettre notre retour aux côtes groënlandaises.

Il ne nous restait plus qu'à hisser nos pavillons (1)

---

(1) C'étaient 1° un petit pavillon des États-Unis (une flamme de canot) qui avait été porté dans les mers du Sud par l'expédition du capitaine Wilkes, puis dans les expéditions polaires du commandant de Haven, et du docteur Kane ; 2° un autre drapeau national, remis à M. Sonntag, par les dames de l'Académie d'Albany ; 3° deux bannières maçonniques, deux miniatures, qui m'avaient été confiées : l'une par la loge Kane de New-York ; l'autre par la loge Columbia de Boston ; 4° le pavillon de signaux de notre expédition, portant l'étoile polaire rouge sur un fond blanc, également un don de blanches mains. J'avais solennellement promis de déployer ces bannières au point le plus éloigné que nous pourrions atteindre, et je me suis fait un devoir sacré de les porter avec moi, devoir qui m'a été d'autant plus agréable à remplir que, toutes ensemble, elles ne pesaient pas trois livres. — J. H.

en témoignage de cette découverte et à déposer sur les lieux une preuve de notre présence. Les flammes américaines, attachées à une mèche de fouet et suspendues entre deux hauts rochers, flottèrent à la brise pendant que nous élevions un cairn; puis, déchirant une feuille de mon cahier de notes, j'écrivis les lignes suivantes :

« Ce point, le plus septentrional qu'on ait encore pu atteindre, a été visité les 18 et 19 mai 1861 par le soussigné, accompagné de George F. Knorr, après un voyage en traîneau tiré par des chiens. De notre hivernage près du cap Alexandre, à l'entrée du détroit de Smith, nous sommes arrivés ici après une pénible marche de quarante-six jours. Je crois, d'après mes observations, que nous sommes à 81 degrés 35 minutes de latitude septentrionale et à 70 degrés 30 minutes de longitude occidentale. La glace pourrie et les crevasses nous empêchent d'aller plus loin. Le canal Kennedy paraît s'ouvrir dans le bassin polaire. Aussi, persuadé qu'il est navigable en juillet, août et septembre au moins, je retourne à ma station d'hiver pour essayer de pousser mon navire au travers des glaces après la débâcle de cet été.

« J.-J. HAYES. »

19 mai 1861,

Cette note, placée dans une petite fiole apportée tout exprès, fut soigneusement déposée sous le cairn, puis nous poursuivîmes notre route en nous tournant vers le sud; mais je quittais avec répugnance ce lieu qui exerçait sur moi une fascination puissante, et c'est avec des sensations inaccoutumés que je me voyais, seul avec mon jeune camarade, dans ces déserts polaires que nul homme civilisé n'avait foulés avant nous. Notre proximité de l'axe du globe, la certitude

M. Hayes, arrivé à la mer libre, arbore le pavillon étoilé (page 190).

que, de nos pieds, nous touchions une terre placée bien au delà des limites des découvertes précédentes, les pensées qui me traversaient l'esprit en contemplant cette vaste mer ouverte devant nous, l'idée que peut-être ces eaux ceintes de glaces baignent les rivages d'îles lointaines où vivent des êtres humains d'une race inconnue : telles sont les considérations qui semblaient donner je ne sais quoi de mystérieux à l'air même que nous respirions ; elles excitaient notre curiosité et fortifiaient ma résolution de me lancer sur cet océan pour en reconnaître les limites les plus reculées. Je me rappelais toutes les générations de braves marins qui, par les glaces ou malgré les glaces, ont voulu atteindre cette mer, et il me semblait que les esprits de ces hommes héroïques, dont l'expérience m'a guidé jusqu'ici, descendaient sur moi pour m'encourager encore. Je touchais pour ainsi dire « la grande et notable chose » qui avait inspiré le zèle du hardi Frobisher ; j'avais accompli le rêve de l'incomparable Parry.

Arrêtons-nous ici pour étudier sommairement le bassin arctique et arriver à une appréciation correcte de ces mots : LA MER LIBRE DU POLE (1), qu'on emploie si souvent.

---

(1) *Note supplémentaire du docteur Kane sur le bassin de la Mer Polaire.* «.... Les voyages que j'ai faits moi-même et les différentes expéditions de mes compagnons ont démontré qu'une surface solide de glace couvre entièrement la mer à l'est, à l'ouest et au sud du canal Kennedy. Depuis la limite méridionale de cette banquise jusqu'à la région mystérieuse de l'eau libre, il y a, à vol d'oiseau, 180 kilomètres. N'eût-ce été la vue des oiseaux et l'affaiblissement de la glace, ni Hans ni Morton n'en auraient cru leurs yeux, n'ayant aucune prévision de ce fait.

Lorsque, prenant terre en cet endroit, ils continuèrent leurs explorations, un fait nouveau les frappa. Ils étaient sur les bords d'un canal si ouvert qu'une frégate ou une flotte de frégates aurait pu y faire voile. La glace, déjà brisée et frag-

En consultant une carte des parages voisins des pôles, le lecteur peut se former une opinion bien au-

mentée, formait une sorte de plage en fer à cheval, contre laquelle la mer se brisait. En s'avançant vers le nord, le canal formait un miroir bleu et non glacé ; trois ou quatre petits blocs étaient tout ce qu'on pouvait voir sur la surface de l'eau. Vue des falaises, et prenant 58 kilomètres comme le rayon moyen de l'étendue observée, cette mer libre avait plus de 4000 milles carrés.

La vie animale, qui nous avait fait défaut vers le sud, leur apparut d'une manière saisissante. Au havre Rensselaer, à l'exception du phoque netsik ou du rare héralda, nous n'avions aucun objet de chasse. Mais là, l'oie de Brent, l'eider et le canard royal étaient si nombreux que nos voyageurs en tuaient deux d'une simple balle.

L'oie de Brent n'avait pas été vue depuis l'entrée sud du détroit de Smith. Elle est bien connue du voyageur polaire comme un oiseau émigrant du continent américain. Ainsi que ceux de la même famille, cet oiseau se nourrit de matière végétale, généralement de plantes marines avec les mollusques qui y adhèrent. Il est rarement vu dans l'intérieur des terres, et ses habitudes en font un indice de la présence de l'eau. Les troupes de ces oiseaux, qu'on distingue aisément par la ligne triangulaire qu'elles dessinent dans leur vol, traversaient l'eau obliquement et disparaissaient vers la terre au nord et à l'est. J'ai tué de ces oiseaux sur la côte du canal Wellington, à la latitude de 74 degrés 50 minutes de latitude septentrionale, c'est-à-dire 6 degrés plus au sud ; ils volaient dans la même direction.

Les rochers étaient couverts d'hirondelles de mer, oiseaux dont les habitudes demandent l'eau libre, et qui y étaient déjà au moment de la ponte.

Il peut être intéressant pour d'autres personnes que des naturalistes d'établir que tous ces oiseaux occupaient les premiers kilomètres du canal depuis le commencement de l'eau libre, mais que, plus au nord, ils étaient remplacés par des oiseaux nageurs. Les mouettes étaient représentées par non moins de quatre espèces. Les kittiwakes (*larus tridactylis*), rappelant à Morton la navigation de la baie de Baffin, étaient encore occupés à enlever le poisson de l'eau, et leurs tristes cousins, les *bourgmestres*, partageaient un dîner qui leur était servi à si peu de frais. L'animation était partout.

De la flore et de ses indications, je dirai peu de chose, et j'oserai encore moins en tirer des conclusions quant à la tempé-

trement précise que s'il s'en rapportait aux descriptions les plus minutieuses. Aux alentours du pôle

rature. La saison était trop peu avancée pour l'épanouissement de la végétation arctique et, en l'absence d'échantillons, j'hésite à adopter les observations de Morton, qui n'était pas botaniste. Il est évident cependant que beaucoup de plantes à fleurs, au moins aussi développées que celles du havre de Rensselaer, étaient déjà devenues reconnaissables. Et, chose étrange, le seul échantillon rapporté fut une crucifère (*hesperis pygmæa*), dont les siliques, contenant de la semence, avaient survécu à l'hiver, témoignant ainsi de son parfait développement. Cette plante, trouvée au nord du Grand Glacier, ne m'avait pas été signalée depuis la zone sud du Groënland.

Un autre fait remarquable, c'est que, dans la continuation du voyage, la glace qui avait servi de sentier pour les chiens, se rompait, se fondait, et à la fin disparaissait complétement, de sorte que le traîneau devint inutile et que Morton se trouva obligé de gravir les rochers de la plage d'une mer qui, comme les eaux familières du sud, venait briser les vagues à ses pieds.

Là, pour la première fois, il remarqua le pétrel arctique (*procellaria glacialis*); ce fait démontre la régularité de son observation, quoiqu'il n'en connût point l'importance. L'oiseau n'avait pas été vu depuis que nous avions quitté les eaux hantées par les baleiniers anglais, à plus de 325 kilomètres au sud. Sa nourriture, essentiellement marine, consiste en acalèphes, etc.; il s'attroupe rarement, excepté dans les parages fréquentés par les baleines et les plus grands animaux de l'Océan. Ici des troupes de ces pétrels se balançaient au-dessus de la crête des vagues, comme le font les représentants de la même espèce, dans les climats plus doux : c'est-à-dire les pigeons du cap de Bonne-Espérance, les poulets de la mère Carey et autres.

Morton, quittant Hans et ses chiens, passa entre l'île de sir John Franklin et une plage étroite dont la côte, semblable à une muraille, était formée de sombres masses de porphyre allant se perdre dans la mer. Avec des difficultés croissantes, il entreprit de grimper de rocher en rocher, dans l'espérance de doubler le promontoire et d'apercevoir la côte au delà ; mais l'eau entravait de plus en plus le chemin.

Ce dut être un spectacle imposant que la vue de la vaste étendue d'eau étalée devant lui. Au plus haut point de son ascension, il n'apercevait pas un atome de glace. Là, d'une hauteur de 145 mètres, avec un horizon de 65 kilomètres, ses oreilles furent réjouies par la nouvelle musique des vagues ; un

nord s'étend une vaste mer, un océan plutôt, qui a, en moyenne, un rayon de dix-huit cents kilomètres au

ressac se brisant à ses pieds au milieu des rochers arrêta sa marche.

Au delà de ce cap, tout est supposition. Les hauts sommets du nord-ouest s'évanouissaient en gradins de plus en plus bleus, puis se confondaient avec le ciel. Morton baptisa le cap qui arrêta sa marche vers le nord du nom de son commandant ; mais je lui ai donné le nom plus durable de cap de la Constitution.

Le voyage de retour, employé à compléter ses observations, ne fut signalé par aucun fait nouveau ; aussi n'en parlerai-je pas. Mais je ne veux point terminer ma notice sur cette mer libre de glaces, sans ajouter que les détails de Morton concordent pleinement avec les observations de tout notre parti. Et maintenant, sans discuter les causes de ce phénomène, sans rechercher à quelle distance cette mer s'étend, soit comme une particularité de cette région, soit comme partie de la grande arène encore inexplorée du bassin polaire, toutes questions du ressort des hommes scientifiques, je me contenterai de l'humble tâche de rapporter ce que nous avons vu. Se présentant ainsi au milieu des vastes plaines de glace, cet élément fluide était de nature à soulever les émotions de l'ordre le plus élevé ; il n'y avait pas un de nous qui ne fût animé du désir de s'embarquer sur ces eaux resplendissantes et solitaires. On sait comment nous fûmes forcés de renoncer à ce désir.

Une mer libre près du pôle, ou même un bassin polaire, a été un sujet de théories débattues longtemps ; nous venons de le raviver par nos découvertes. Déjà, à l'époque de Barentz, en 1590, sans mentionner de plus incertaines chroniques, l'eau fut aperçue à l'est du cap septentrional de la Nouvelle-Zemble ; et jusqu'à ce que son étendue fût déterminée par des observations directes, elle fut prise pour la mer elle-même. Les pêcheurs hollandais autour du Spitzberg poussèrent leurs croisières aventureuses à travers la glace dans des espaces libres, variant en étendue et en forme suivant la saison et les vents, et le docteur Scoresby, une respectable autorité, fait allusion à ces ouvertures dans la banquise comme indiquant une eau libre dans le voisinage du pôle. Le baron de Wrangell, à 65 kilomètres de la côte de l'Asie arctique, vit, il le crut du moins, un océan sans rivages, oubliant pour l'instant combien sont bornées les limites de la vision humaine sur une sphère. Plus récemment, le capitaine Parry proclama l'existence d'une mer libre dans le détroit de

moins. Presque partout, cette mer est environnée de terres, et le littoral en est assez bien connu, à l'excep-

Wellington, à l'endroit même où sir Edward Belcher a depuis été contraint d'abandonner ses navires pris dans les glaces. Enfin mon prédécesseur, le capitaine Inglefield, du haut d'un mât de son petit navire, annonça un bassin polaire à 25 kilomètres de la glace qui arrêta notre marche l'année suivante.

Toutes ces découvertes illusoires ont sans doute été notées avec une parfaite intégrité, et d'autres peuvent penser que mon observation, quoique sur une plus grande échelle, se rangera dans la même catégorie. Toutefois la mer, que je me suis hasardé à appeler *libre*, a été suivie pendant nombre de kilomètres le long de la côte, et vue d'une élévation de 145 mètres, toujours sans limite et sans glace, se soulevant et se brisant contre les rochers du rivage.

Il est impossible, en rappelant les faits relatifs à cette découverte, — la neige fondue sur les rochers, les troupes d'oiseaux marins, la végétation augmentant de plus en plus, l'élévation du thermomètre dans l'eau, — de ne pas être frappé de la probabilité d'un climat plus doux vers le pôle. Mais, signaler les modifications de température au voisinage de la mer libre, ce n'est pas résoudre la question, qui reste sans réponse : Quelle est la cause de la mer libre ?

Ce n'est pas ici le lieu d'entrer dans cette discussion. Il n'y a pas de doute pour moi qu'à une époque comprise encore dans les temps historiques, le climat de cette région était plus doux que maintenant. Je pourrais fonder cette opinion sur le fait, mis en relief par notre expédition, du soulèvement séculaire des côtes. Mais indépendamment des anciennes plages et terrasses, et d'autres marques géologiques, qui montrent que le rivage s'est élevé, des huttes de pierres sont éparpillées tout le long de ces parages, dans des lieux maintenant entourés de glace, au point d'exclure la possibilité de la chasse, et par conséquent, pour les peuplades qui en vivent, la possibilité d'y demeurer.

La tradition signale ces parages comme ayant été autrefois des champs favoris de chasse. Au havre Rensselaer, appelé par les indigènes *Aunatok* ou *la place du dégel*, nous rencontrâmes des huttes en bon état de conservation, avec des assises de pierres pour soutenir les carcasses de phoque et de walrus.

A Lanny Georges et dans la grande coupure de la baie Dallos, sont les restes d'un village, qui entourent les os des phoques et des baleines, le tout maintenant enfermé dans la glace. En rapport avec ces faits, attestant non-seulement l'extension antérieure

tion des côtes du Groënland septentrional et de la Terre de Grinnell, qui, s'avançant au milieu des eaux boréales, sous des latitudes très-élevées, ne sont pas encore déterminées. Les rivages sont à peu près à la même distance de ce pôle et sont tous situés dans la région des gelées éternelles. Leurs habitants sont des peuplades de même race, qui, ne pouvant tirer du sol aucun moyen d'existence, vivent exclusivement de chasse ou de pêche, et ne se rencontrent que sur le bord de la mer ou le long des rivières glacées et dirigées vers le nord. Cette longue ligne de côtes, où errent les nomades des déserts arctiques, présente trois grandes solutions de continuité : la baie de Baffin, le détroit de Behring et l'immense ouverture qu'on remarque entre le Groënland et la Nouvelle-Zemble. Par ces estuaires, les eaux de la mer Polaire se mêlent à celles de l'Atlantique et de l'océan Pacifique. Si on examine ensuite la direction des courants; si, par

de la race des Esquimaux plus au nord, mais encore les changements du climat, il faut ranger le patin trouvé par M. Morton sur les bords de la baie Morris, à une latitude de 81 degrés. Il était fait d'un os de baleine très-habilement travaillé.

Dans cette récapitulation, je laisse de côté la question de savoir si le climat plus chaud de cette région dépend d'une loi physique applicable aux lignes isothermes actuelles. Encore moins suis-je disposé à exprimer une opinion touchant l'influence que les courants peuvent exercer sur la température de ces contrées. Je laisse cette discussion à ceux qui font leur étude spéciale de la physique du globe. C'est à ceux-là que je proposerai humblement d'examiner si le Courant du Golfe, déjà suivi jusqu'à la côte de la Nouvelle-Zemble, ne se prolonge pas le long de cette île jusque auprès du pôle. Une différence de quelques degrés dans la température moyenne de l'été suffirait pour amener le renouvellement périodique de l'eau libre, ou, comme le disent les Russes, d'une grande *Polynia*.

Les lois qui limitent la ligne de la neige perpétuelle et des glaciers sont certainement liées au problème de ces espaces d'eau dans le voisinage du pôle.   F. DE L.

(Dr Kane, *Arctic Explorations*, tome I, p. 280-309.)

exemple, on remonte le Courant du Golfe, qui, dans sa course vers le nord, porte les eaux chaudes de la zone tropicale à travers le vaste espace océanique ouvert à l'est du Spitzberg, et force, en retour, des courants d'eau froide à descendre à l'ouest de ces îles et par le détroit de Davis, on comprendra sans peine que, dans ce déplacement continuel des eaux du pôle par celles de l'équateur, la majeure partie des premières ne soit jamais refroidie jusqu'au point de congélation ; et que cet océan, égalant sans doute en profondeur et presque en largeur l'Atlantique entre l'Amérique et l'Europe, présente une masse énorme et fournisse à toute la région qu'il baigne une chaleur plus élevée que celle qui lui serait propre, sans les causes par lesquelles il est modifié. La Providence met ainsi une barrière à l'accumulation des glaces, et affirme une fois de plus la grande loi de circulation qui, dispensant les pluies à la terre altérée et l'humidité à l'air desséché, modère la température de chaque climat, rafraîchit celle des tropiques avec les eaux des pôles, et réchauffe la zone glaciale avec celles de la zone torride.

Partant de ces faits, on peut admettre que la surface seule de l'eau se réfrigère assez pour se changer en glace ; et que, lorsqu'elle est agitée par les vents, ses particules refroidies au contact de l'air se mêlent, dans le roulis des vagues, avec les eaux plus chaudes des couches inférieures. Conséquemment, la glace ne se forme que dans les endroits abrités, dans les baies où le fond est élevé et où le courant est assez lent pour ne mettre aucun obstacle à l'action de la température extérieure ; ou bien encore, lorsque l'atmosphère est uniformément calme, circonstance assez rare du reste puisque les vents se déchaînent avec autant de violence sur la mer Polaire que dans toute autre région du globe. Les glaces ne peuvent donc couvrir qu'une petite partie de l'océan Arctique et n'existent que dans les lieux où la terre les protége et les entretient. La banquise s'attache aux côtes de Sibérie et, franchissant le détroit de Behring, elle presse les rivages d'Amérique, engorge les canaux étroits de l'archipel de Parry, d'où les eaux polaires s'écoulent dans la baie de Baffin, puis elle traverse cette mer, suit les bords du Groënland, atteint ceux du Spitzberg et de la Nouvelle-Zemble, investissant ainsi le pôle d'un rempart continu de glaces adhérentes à la terre, plus ou moins disloquées en hiver comme en été, et dont les débris, flottant çà et là, sans laisser jamais entre eux de passes bien étendues, forment une barrière que n'ont pas encore pu forcer toute la science et l'énergie de l'homme.

Si maintenant le lecteur veut bien poser la pointe d'un compas non loin du pôle boréal, par exemple à l'angle d'intersection du 86e parallèle et du 162e méridien à l'ouest de Paris, puis décrire un cercle de dix-huit cent cinquante kilomètres de rayon, il rencontrera le bord moyen des terres et de la ceinture de glaces qui entoure ce vaste circuit et enceindra un espace de près de dix millions de kilomètres carrés.

Quoique cette formidable barrière n'ait jamais été entièrement traversée, on y a pénétré sur plusieurs points et on en a suivi le contour extérieur, soit le long des eaux accumulées près de la terre, par les rivières qui servent de déversoirs aux lacs septentrionaux de l'Asie ou de l'Amérique, soit en se frayant un chemin au travers des glaces plus ou moins désagrégées par l'été. Divers navigateurs ont, de cette manière, tenté le passage nord-ouest, et c'est en suivant le littoral depuis le détroit de Behring jusqu'à la Terre de Banks, puis en poussant dans les glaces brisées, que Sir Robert Mac Clure a pu mener à bonne fin un voyage si souvent entrepris. Il est vrai qu'il n'a point réussi à faire passer son navire : il a dû franchir à pied cinq cent cinquante kilomètres sur la glace d'hiver, depuis la Terre de Banks (1) jusqu'au canal de Wellington, d'où, par la mer de Baffin, il est retourné en Angleterre sur un bâtiment venu de l'est. Le capitaine Collinson, naviguant aussi de l'ouest à l'est, a presque atteint l'endroit où, peu auparavant, avait péri Franklin, entré dans les glaces du côté opposé. De même, en explorant les côtes de Sibérie, les Russes n'ont trouvé que deux obstacles insurmontables à la navigation de l'Atlantique au Pacifique : le cap Yakan, contre lequel les glaces sont toujours entassées et que Behring essaya vainement de franchir, et le cap Sévéro Vostochnoï, que le jeune et vaillant lieutenant Prondtschikoff fit de si héroïques efforts pour doubler. Déjà, en 1598, William Barentz, le brave nautonier d'Amsterdam, avait tâché, par la même voie et la même méthode de navigation, de s'ouvrir un passage, par le nord-est, vers les régions du Cathay.

Les tentatives faites contre cette ceinture de glace dans l'espoir d'atteindre la mer libre du pôle ont été fort nombreuses, et on a essayé de toutes les brèches par lesquelles les eaux méridionales communiquent avec l'océan Glacial. Je n'ai pas le projet de raconter ici l'histoire de ces diverses tentatives : ce n'est qu'un long récit de déceptions, du moins quant à ce qui concerne la découverte du pôle. Cook et ses émules n'ont pas trouvé la glace suffisamment ouverte pour naviguer au nord du détroit de Behring ; Hudson a échoué, de même que tous ceux qui l'ont suivi dans les mers du Spitzberg ; et les essais tentés par la mer de Baffin n'ont pas mieux réussi. Les efforts les plus persévérants ont été essayés à l'ouest du Spitzberg, et c'est

(1) Il dut abandonner son vaisseau, *l'Investigator*, dans la baie de Mercy à l'extrémité nord de la Terre de Banks, après trois hivernages successifs. — F. DE L.

par cette voie que les navigateurs se sont approchés du pôle plus que par toute autre. La plus haute latitude authentiquement atteinte avec un navire est celle de 81 degrés 30 minutes, constatée par l'érudit baleinier Scoresby. Quelques-uns soutiennent que Hudson est allé plus loin, et, si on devait croire les traditions recueillies par Daines Barrington parmi les pêcheurs d'Amsterdam et de Hull, les anciens mariniers anglais et hollandais, en cherchant encore plus haut de nouveaux théâtres de pêche, auraient trouvé partout la mer libre.

Contraints de renoncer à ouvrir un passage à leurs navires, d'autres explorateurs, les Russes surtout, ont voulu franchir les glaces en traîneaux. En Sibérie, de courageux officiers se sont, dès les premiers jours du printemps, hardiment lancés sur l'océan Polaire, au moyen des attelages des tribus qui habitent la côte septentrionale. Le plus célèbre de tous est l'amiral Wrangell, alors simple lieutenant de marine, dont les entreprises, poursuivies pendant plusieurs années (de 1822 à 1824), prouvent qu'en toute saison la mer reste ouverte au nord. Lui et ses compagnons furent invariablement arrêtés par les eaux, et l'existence de la Polynia, ou mer libre, au nord des îles de la Nouvelle-Sibérie, est maintenant un fait aussi bien établi que celui de la pente des rivières vers l'océan.

Sir Edward Parry essaya de la même méthode au nord du Spitzberg ; mais il se servit d'hommes au lieu de chiens et se munit de bateaux en cas de débâcle. Il se dirigea du côté du pôle, jusqu'à ce que les glaces, détachées par la saison, l'eussent reporté vers le sud plus vite qu'il ne marchait vers le nord; elles finirent par se briser sous lui et le laissèrent à la dérive sur la mer libre.

Vint ensuite le capitaine Inglefield, qui essaya de pénétrer dans les eaux circompolaires par le détroit de Smith; il fut suivi par le docteur Kane. Celui-ci ne put pousser son navire plus loin que Port van Rensselaer, et, comme les Russes, dut continuer son œuvre avec des traîneaux. Après de graves difficultés et de nombreux échecs causés par les amas de glaces du détroit, une de ses escouades réussit enfin à atteindre la mer si souvent annoncée, et pour citer les paroles du docteur : « d'une éminence de 145 mètres, on voyait les vagues libres de glaces, sans limites et gonflées par un puissant roulis, venir se briser en écume sur la côte hérissée de récifs (1). » Cette côte est celle qu'il a nommée Terre de Washington.

A mon tour, je me suis jeté dans ces aventures, et le dernier chapitre me laisse avec mon traîneau sur les bords de la mer décrite par Kane, à environ cent quatre-vingts kilomètres au nord-ouest du promontoire d'où Morton en contempla les eaux. Des courts détails que j'ai déjà donnés, on peut facilement déduire mon opinion sur cette mer, que Wrangell avait trouvée ouverte à l'autre extrémité de son grand diamètre, qu'à ma droite une des bandes de Kane vit onduler *libre de glaces*, et que le voyage de Parry prouve aussi être libre au delà du Spitzberg. Je me hâte de terminer en peu de mots.

Les limites de l'océan Polaire sont suffisamment connues pour que nous puissions nous faire quelque idée de la configuration des côtes boréales du Groënland et de la Terre de Grinnell, les seules parties de cet immense contour qui restent encore inexplorées.

La direction de la ligne septentrionale des rivages du Groënland peut être présumée d'après les analogies de la géographie physique, et un semblable mode de déduction me porte à conclure que la Terre de Grinnell ne peut guère s'étendre au delà des bornes de mes

---

(1) Voir la note insérée quelques pages plus haut. — J. B.

recherches. Je suis convaincu, comme Inglefield l'a été avant moi, que le détroit de Smith s'épanche dans le bassin polaire. Au-dessus du passage resserré entre le cap Alexandre et le cap Isabelle, les eaux s'élargissent toujours jusqu'au cap Frazer, où elles se déploient brusquement. Sur les côtes groënlandaises, la terre s'infléchit vers l'est, d'une manière régulière, jusqu'au cap Agassiz, où elle plonge sous un glacier et disparaît aux regards. Dernière saillie d'un éperon montagneux, ce cap est composé de roches primitives qui reparaissent sur divers points du rivage, mais sont presque partout recouvertes par des couches de grès et de trapp qui forment les falaises de la ligne des côtes. A environ cinquante-cinq kilomètres dans les terres, ces mêmes roches constituent la chaîne des montagnes qu'en 1854 je traversai avec M. Wilson pour trouver la *mer de glace*, appuyée sur leur versant intérieur. Plus au nord, cette *mer de glace* se déverse dans l'océan Polaire et, en poussant au travers des eaux, a fini par atteindre dans cette direction la Terre de Washington, tandis que, vers le sud, elle touche au détroit de Smith. J'ai déjà dit que le front du glacier de Humboldt doit être plus reculé à l'orient qu'il ne l'est sur la carte de Kane, et diverses raisons me font supposer que la Terre de Washington doit être aussi reportée plus loin dans la même direction. D'après le rapport de Morton, on peut conclure que cette terre fait partie du soulèvement granitique, qui, interrompu brusquement au cap Agassiz, reparaît au cap Forbes et forme une ligne de côtes symétriquement analogues à celles du Groënland. Il est probable qu'à une époque reculée c'était une île, partout baignée par les eaux du détroit de Smith, dont le bras oriental est maintenant comblé par le glacier de Humboldt et dont le bras occidental porte le nom de canal de Kennedy.

On l'a déjà vu : les eaux chaudes du Courant du Golfe se déversent au nord et empêchent la température de l'océan Arctique de descendre au-dessous du point de congélation ; les vents soufflent sous le ciel polaire comme sous les tropiques ; les courants incessants du fond et les marées de la surface, tenant les eaux toujours en mouvement, s'opposent à ce qu'une partie considérable du vaste bassin arctique soit prise par la gelée. Sur aucun point de l'intérieur du cercle boréal, on ne trouve, en hiver ni en été, une barrière de glace qui s'étende à plus de quatre-vingt-dix ou cent soixante kilomètres de la terre. Même dans les passes qui séparent les îles de l'archipel Parry de la baie de Baffin, dans les *eaux du nord*, à l'ouverture du détroit de Smith, partout, dans l'aire immense de la zone polaire, les eaux ne se couvrent de glace que lorsqu'elles sont abritées par la terre ou par quelque banquise qu'une longue persistance des mêmes vents a accumulée. Pendant le dernier hiver, je n'ai certes pas manqué d'occasions de m'assurer que la mer ne se referme que lorsqu'elle est en repos : en tous temps, même les jours où la température descendit au-dessous de celle de la congélation du mercure, j'entendais le bruit des vagues du pont de ma goëlette.

Les faits parlent donc d'eux-mêmes, et il serait inutile de fatiguer le lecteur de nouvelles conclusions. Il me suffira d'ajouter que, lorsque, le 19 mai 1861, je contemplais la mer lointaine du pôle, il était impossible, à un homme ayant quelque expérience de la glace marine et du changement des saisons polaires, de ne pas s'apercevoir qu'avant peu de jours la mer libre allait se frayer sa voie vers le détroit de Smith à travers le canal de Kennedy.

CHAPITRE IX

L'ÉTÉ POLAIRE

La route est ouverte chaque été dans le chenal Kennedy. — Voyage à marches forcées, sans provision, depuis la baie Lady Franklin. — Nous retrouvons Jensen. — Nos denrées, cachées en allant, nous permettent d'accomplir notre périlleux retour. — En vue de Cairn-Point, sur un glaçon en dérive. — Nous sautons à terre et rentrons péniblement au Port Foulke. — Le détroit de Hayes. — Projet d'une nouvelle expédition. — Dépérissement de la race des Esquimaux. — La végétation et la vie au lac Alida. — Marche du Frère Jean. — Chasse aux guillemots. — Tempête de neige. — Végétation estivale. — Terrasses prouvant l'exhaussement du sol. — Leur formation. — Transport des blocs erratiques. — Chasse aux morses. — Notre goëlette est remise à flots. — Départ du Port Foulke. — Origine asiatique des Esquimaux.

Port Foulke, 3 juin. — Je n'ai pas fait moins de deux mille quatre cents kilomètres depuis le 3 avril, et, si je compte notre première course de mars, ce chiffre s'élève bien à trois mille. Je suis quelque peu usé et abattu par ces terribles labeurs ; mais le repos, le confort de la vie civilisée, d'abondantes ablutions, le luxe d'un lit, ma table couverte de brillante vaisselle que remplissent les mets les plus recherchés qu'invente mon cuisinier suédois, tout cela forme un ensemble merveilleusement rajeunissant, et aussi puissant sur moi que le fut la main d'Hébé sur Iolas, le vieil invalide.

Tout a bien marché à bord de la goëlette. Radcliffe m'a présenté son rapport et Mac Cormick me raconte en détail ses aventures après qu'il m'eut quitté au milieu du détroit. J'en parlerai plus tard, quand j'aurai transcrit les principaux incidents de mon voyage, pendant qu'ils sont encore frais dans ma mémoire. L'officier me prévient qu'il est impossible de réparer le navire de manière qu'il puisse affronter de nouveau les glaces, mais je ne veux point accepter cette conclusion sans un examen que je ne me sens pas encore le courage de faire. Pour tout dire, ces dernières journées m'ont terriblement secoué, et quoique l'atmosphère de ma cabine calfeutrée me paraisse suffocante après des mois en plein air, le docteur, qui me surveille de près, m'ordonne de garder mon cadre un jour ou deux. Heureux encore qu'il ne me défende pas d'écrire!

Le canal de Kennedy est navigable; j'en suis sûr à présent. Reste à savoir si le détroit de Smith voudra bien nous livrer passage. Si j'avais un navire à vapeur, je ne douterais pas du succès; mais, avec les voiles seulement, je n'ai pas la même certitude, quoique je sois loin de désespérer encore.

J'ai rapporté de mon voyage la conviction qu'une route vers le pôle s'ouvre chaque été au nord du cap Frazer. Je ne prétends pas qu'elle soit absolument désobstruée de glaces, mais elle est praticable au moins pour la navigation à vapeur. Ainsi la vraie difficulté est d'arriver au point précité. Je reviendrai sur ce sujet à mesure que l'occasion s'en présentera. Demain matin, je compte être assez remis de mes fatigues pour commencer la projection de ma carte, d'après les matériaux recueillis dans mon voyage.

Le cœur pénétré de gratitude envers Celui qui n'admet point qu'un passereau tombe à terre sans sa permission, j'ai le bonheur de dire que, pendant ces deux mois de périls, Il nous a tous garantis d'accidents graves ou d'infirmités permanentes.

Mon carnet de poche ne raconte pas notre retour de ces parages lointains. Ce malheureux livre, tout imprégné d'humidité et fort peu présentable, est ouvert maintenant devant moi, et j'en copie les dernières lignes :

« ... Forcés de faire halte contre un énorme mur de glace pour nous abriter d'une tempête qui nous a assaillis dès les premiers moments de notre retour vers le sud, nous avons dix-huit kilomètres dans les jambes ; il nous en faudra encore quatre-vingt-dix ou cent avant de rejoindre Jensen. Les chiens viennent de dévorer leur dernière ration. Il vente et il neige horriblement.... »

Nos malheureuses bêtes étaient tellement exténuées que nous avions les plus grandes difficultés à les forcer à mettre une patte devant l'autre ; elles tombaient à plat dès que le fouet ne faisait pas son office sans trêve ni merci. Je ne les avais jamais vues dans un si pitoyable état. Une halte leur eût fait plus de mal que de bien, car il ne nous restait pas un atome de provisions. Force était donc de marcher, de marcher toujours et d'arriver au camp de Jensen, ou de périr dans la tempête ; par bonheur, nous avions vent arrière.

Nous continuâmes donc notre course sinueuse à travers les trombes de neige et nous réussîmes à atteindre la pointe septentrionale de la baie au midi de laquelle se trouvait le campement de Jensen. Alors commença la plus terrible partie de notre route. Ce passage du golfe me revient à la mémoire comme le sombre et confus souvenir d'un affreux cauchemar : je sais à peine comment nous en avons pu sortir. Pendant ces dernières heures, nous n'avions plus dans l'esprit d'autre sentiment que celui d'un immense besoin de nous reposer pour dormir, et il est fort heureux que nous n'ayons pas tout à fait perdu la conscience des dangers qu'aurait entraînés la satisfaction de ce désir presque irrésistible.

Sans attendre leur repas, les chiens tombèrent sur la neige aussitôt qu'ils furent abandonnés à eux-mêmes et enfournés dans la hutte que Mac Donald avait construite pour son malade; nous nous plongeâmes bientôt dans un sommeil léthargique.

Nous avions marché vingt-deux heures depuis notre halte de la veille sous le bloc de glace.

Quand nous rouvrîmes les yeux, la bourrasque était tombée et le soleil brillait joyeusement. Mac Donald avait pansé les chiens et nous préparait un pot de café bien chaud et un dîner abondant que trente-quatre heures de jeûne nous firent accueillir avec enthousiasme. Convenablement restauré, je montai sur la colline pour voir encore cette mer que nous allions quitter. La tempête avait fait son œuvre; le ciel sombre qui indique la présence des eaux nous suivait le long de la côte. Agrandies par le vent et les petites vagues qui en rongeaient les bords, les flaques couvraient un espace plus étendu. Déjà nombre de crevasses s'avançaient tout près du rivage, et la *charnière* de la banquette de glace se descellait visiblement.

Jensen ne marchait encore qu'à grand'peine. Assis sur son traîneau, il se trouvait cependant assez fort pour conduire ses chiens, et nous transférâmes sur le véhicule de Knorr tout notre bagage dont, il est vrai, les dimensions étaient maintenant fort réduites : il ne nous restait plus que nos peaux de bison, une carabine, mes instruments et quelques échantillons géologiques. Nos vivres étaient consommés jusqu'à la dernière once, et désormais nous étions condamnés à nous coucher sans souper si nous ne réussissions pas, dans notre journée, à atteindre une de ces *caches* où, sous un monceau de pierres, nous avions déposé les provisions nécessaires pour un repas. Restait à savoir encore si les ours ne les auraient pas découvertes.

5 juin. — Après seize longues heures de marche, nous eûmes la bonne chance de trouver intact un de nos dépôts.

Je pus, dans la soirée, mesurer quelques-uns des glaçons jetés sur le rivage par la pression de la banquise. En certains endroits, ils étaient entassés les uns sur les autres de manière à former une barrière presque infranchissable; sur quelques points, ils avaient soulevé ou redressé la *banquette ;* une table épaisse de vingt mètres et longue de trente-six, forcée de remonter la berge inclinée, avait poussé devant elle les débris accumulés à la base des rochers, puis, quand la cause de tout ce bouleversement avait dérivé plus loin, cette masse était restée encastrée sur le bord, son extrémité inférieure surplombant le plus haut niveau de la marée. D'autres blocs étaient empilés autour d'elle, et, forcés de contourner l'énorme amoncellement, nous dûmes grimper assez haut sur le flanc de la colline.

L'étape suivante fut encore plus difficile. Après nous être engagés dans de profonds amas de neige au-dessous du cap Frazer, nous ne pûmes réussir à atteindre les champs de glace, vu le mauvais état de la couche qui longeait le rivage. J'essayai par deux fois, et fus sur le point de payer cher ces tentatives : un de nos attelages plongea dans la mer et nous eûmes beaucoup de peine à l'en retirer ; puis, comme, selon mon habitude, je servais de pilote à notre petite bande, le bâton à glace avec lequel je sondais le terrain s'enfonça subitement, et disparut sous la croûte pourrie. Nous ne désirions guère prendre un bain froid ; aussi cet avertissement nous fit retourner à la glace de terre.

La route se trouva beaucoup meilleure dans la baie au-dessous du cap Napoléon, et nous atteignîmes le cap Hawks en deux journées. Il nous fallait maintenant reprendre notre ancienne voie et rentrer dans les blocs des glaces disloquées.

Il était tombé de la neige ; mais, en plusieurs endroits, le vent l'avait balayée de dessus les traces que nous avions laissées en allant vers le nord, ce qui nous permit de retrouver facilement les petits dépôts dont nous les avions jalonnées. A une exception près, ceux-ci avaient échappé aux recherches des ours ; mais, notre première étape, à partir du cap Hawks, ayant été franchie assez rapidement, nous pûmes économiser la première cache que nous rencontrâmes, et nous faire ainsi une réserve d'un jour d'approvisionnement : bonne fortune sur laquelle nous n'avions pas osé compter.

La côte du Groënland parut enfin à l'horizon ; elle s'éleva peu à peu, et nous arrivâmes en vue de Cairn-Point. Pourtant l'état du ciel, depuis quelque temps, nous annonçait la rapide approche de la débâcle et révélait une mer ouverte s'étendant jusqu'au cap vers lequel nous nous dirigions. Au nord seulement du promontoire, la glace paraissait solide encore, et, pensant atterrir dans cette direction, nous nous dirigeâmes sur l'ancienne couche raboteuse et épaisse, en évitant avec soin la nouvelle, poreuse partout et déjà complètement usée en divers endroits. A près de deux kilomètres de la terre, s'ouvrait une fissure de trente centimètres de largeur seulement ; nous sautâmes par dessus et continuâmes notre route. Par malheur, un vent violent soufflait du détroit, et non loin du rivage, l'eau, nous barrant le chemin, nous força de retourner au large. A notre stupéfaction, à notre horreur, pourrais-je dire, la crevasse que nous avions traversée s'ouvrait maintenant d'une vingtaine de mètres : nous étions sur un glaçon qui dérivait vers la haute mer !

Son mouvement, du reste, s'opérait avec lenteur. Après quelques instants d'indécision sur ce que nous avions à faire, nous nous aperçûmes que le bord extérieur de ce glaçon marchait seul assez vite, tandis son extrémité opposée restait presque stationnaire : un petit iceberg échoué sur le fond et encore attenant à notre radeau, formait un pivot autour duquel nous commencions à tourner. S'il pouvait résister, le glaçon devait immanquablement frapper la terre. Revenant donc à l'espoir, nous allâmes de ce côté.

L'événement si ardemment désiré ne se fit pas attendre; la marée haute nous favorisait, et au moment même de la collision, nous nous élançâmes prestement sur la glace de terre. Le contact ne fut pas de longue durée ; la glace pourrie se détacha de l'iceberg qui nous avait donné un secours si opportun, et nous ne fûmes pas fâchés de la voir s'éloigner sans nous.

Nos chiens qui avaient vaillamment supporté les fatigues du voyage vers le nord, étaient en ce moment complètement fourbus. Les faibles rations du retour avaient été insuffisantes pour réparer leurs forces : en outre, nous n'avions pas prévu qu'il leur faudrait traîner Jensen quelques jours durant. Dès notre première journée au milieu des glaces, l'un d'entre eux mourut dans les convulsions; deux autres le suivirent bientôt et je me décidai à fusiller un quatrième qui ne pouvait plus ni tirer, ni même suivre. A ma grande surprise, aussitôt que la balle l'eut atteint, ne le blessant que légèrement, mais lui arrachant un cri terrible, ses camarades lui coururent sus et le dévorèrent en un clin d'œil; ceux qui furent assez heureux pour en happer quelque fragment, déchiraient les derniers lambeaux de sa chair que l'écho de son hurlement s'éteignait à peine dans les solitudes.

Au-dessus de la Pointe du Cairn, la mer était encombrée de glaces éparses, évidemment détachées par une tempête très-récente. En longeant la terre, nous pûmes descendre le long de la côte et arriver au cap Hatherton ; mais plus loin, la banquette elle-même avait disparu, et il nous fallut monter sur le rivage. Comme il était impossible de franchir les montagnes avec les traîneaux, nous les abandonnâmes pour revenir plus tard les chercher avec une embarcation.

Exténués comme nous l'étions, et souffrant cruellement des pieds, la route de terre nous parut très-longue et très-fatigante; mais nous nous en tirâmes encore mieux que les chiens. Dès qu'ils se sentirent débarrassés de leurs traîneaux, la plupart d'entre eux s'écartèrent et refusèrent de nous suivre ; nous les appelâmes en vain; mais je ne m'en inquiétai pas davantage, pensant qu'une fois reposés ils sauraient bien trouver notre piste. Trois seulement nous restèrent fidèles : notre brave vieux Ousisoak, Arkadik, sa vaillante compagne, et Nenok, le plus beau des chiens de Kalutunah. Trois autres n'ont pas tardé à nous rejoindre, mais j'ai envoyé inutilement à la recherche des quatre derniers. Je crains qu'ils n'aient pas eu la force de se traîner jusqu'ici.

Voilà donc mon voyage terminé.

8 *juin*. — J'ai fini de dessiner ma carte et, comme je l'ai déjà remarqué, je trouve que la côte, du cap Sabine au cap Frazer, diffère quelque peu de celle qui fut dressée d'après mes relèvements de 1854. Je souffrais alors d'une ophthalmie partielle, l'atmosphère était chargée de vapeurs, et je ne vis pas le détroit qui s'ouvre à l'ouest, au-dessus du cap Sabine, et dont l'existence m'a été surabondamment confirmée pendant notre voyage de retour. Mes matériaux, coordonnés maintenant et reproduits sur la carte, donnent une idée correcte de cette côte.

L'orée de ce canal est un peu plus large que celle

du détroit de Smith, mais elle se rétrécit promptement à partir d'un vaste estuaire ressemblant à celui du détroit de la Baleine. Suivant toute vraisemblance, et bien que je n'aie pas pu le constater, il s'étend vers l'ouest, parallèlement à ceux de Jones et de Lancaster, entre deux grandes îles : les Terres de Grinnell et d'Ellesmere.

J'avais imposé à ce détroit le nom de mon navire; il porte aujourd'hui le mien.

Les extraits de mon journal que j'ai cités plus haut, suffisent pour donner au lecteur un aperçu du résultat de mes courses en traîneau. Il sait que je les regardais seulement comme les préliminaires d'une future exploration. Désormais, je connaissais mieux les glaces du détroit; la délimitation précise de la ligne de côtes me faisait calculer plus correctement l'influence de la débâcle d'été. Les glaces pourries dans le canal Kennedy à une période aussi peu avancée que le mois de mai et l'existence d'une mer libre au delà ne me laissaient aucun doute sur la possibilité d'y naviguer dans une saison qui ne serait pas exceptionnellement défavorable.

Tout dépendait maintenant de l'état du navire.

C'est alors que je constatai que l'état déplorable de la goëlette allait me forcer très-probablement à renoncer à gagner avec elle le canal Kennedy et par suite la mer Polaire. Pour les tentatives d'une autre année, je ne pouvais compter sur les traîneaux ni sur l'embarcation. Avec ces seules ressources, je n'avais pu réussir à transporter mon bateau par dessus les terribles glaces du détroit de Smith, et je me trouvais plus pauvre en chiens que jamais. Un des six qui avaient survécu au voyage, était mort quelques jours après notre arrivée, d'épuisement absolu, et un autre avait été rendu à Kalutunah.

Je commençai donc à réfléchir sérieusement s'il ne

serait pas plus sage de retourner en Amérique, d'y radouber le navire, d'ajouter, chose de toute importance, la vapeur à mes ressources et de revenir immédiatement. Une fois arrivé au cap Isabelle avec un navire convenable, j'étais tout à fait certain de m'ouvrir une route jusqu'au canal Kennedy et de parvenir enfin au pôle boréal en dépit des luttes et des dangers. La vapeur devait augmenter beaucoup mes chances de succès.

Dès que j'eus tenu conseil avec Jensen et Kalutunah, je demeurai convaincu qu'en ramenant deux navires, dont l'un resterait à Port Foulke et l'autre nous porterait vers le nord, l'avenir et le succès de notre expédition étaient certainement assurés. Je me proposais d'établir une colonie ou station permanente de chasse auprès du lieu de notre hivernage ; je voulais y rassembler les Esquimaux, organiser une vigoureuse escouade de chasseurs et obtenir de leur industrie tout ce qui était indispensable pour soutenir indéfiniment un système d'exploration poursuivi jusqu'au pôle. Jensen, fort de son expérience, acquise au milieu des colonies groënlandaises, m'approuvait d'une manière complète et il accepta sans hésitation l'offre que je lui fis de le nommer surintendant de l'établissement projeté. Kalutunah se réjouissait de la perspective de voir se rassembler son peuple, et je n'en étais pas moins heureux que lui. Mes rapports avec cette race qui s'éteint si rapidement m'avaient appris à sympathiser avec la condition de ces pauvres tribus, et je m'intéressais vivement à leur sort. Les misères de leur vie les assaillent sans relâche, et si la philanthropie et la bienfaisance chrétienne ne viennent pas à leur secours, ces infortunés nomades des parages glacés seront avant un demi-siècle avec les choses du passé.

Le chef me demanda d'abord si je n'avais point

trouvé d'Esquimaux dans mon voyage. Sur le point de partir, j'avais souvent causé avec lui de l'extension de sa race vers le Nord, et il m'avait rapporté une tradition bien établie parmi ses compatriotes, suivant laquelle leurs ancêtres auraient vécu fort loin au nord aussi bien qu'au midi. A une époque assez récente, la tribu qui habite le rivage, depuis le cap York jusqu'au détroit de Smith, a été séparée des autres par l'invasion des glaces venant de la mer et du continent. Kalutunah croyait qu'il existe encore des Esquimaux dans ces deux directions. Je ne fais pas de doute qu'autrefois les naturels de cette côte ne pussent librement communiquer avec ceux qui habitaient les parages d'Upernavik, le long de la baie de Melville, et Kalutunah pense qu'il en était de même dans la direction opposée. Les glaces se sont accumulées dans le détroit de Smith comme dans la baie de Melville, et les riches territoires de chasse, qui s'étendaient jusqu'au pied du glacier de Humboldt, sont aujourd'hui des solitudes désolées, rarement parcourues par quelque créature vivante. Sur les côtes, Kane a reconnu en divers endroits les vestiges d'anciennes huttes, et plus bas encore, vers la bouche du détroit, on en voit plusieurs de dates récentes. Près de Cairn-Point s'en trouve une, abandonnée seulement l'année qui précéda la visite du docteur en 1853; elle n'a pas été occupée depuis. Celles qu'on découvrit à Port van Rensselaer n'avaient pas servi à la génération actuelle.

Je racontai au nalegak que nous avions reconnu des vestiges de son peuple sur la Terre de Grinnell, mais cela ne le satisfaisait pas complétement; il avait espéré que je ramènerais de mon voyage des Esquimaux vivants. Malgré cette déception, il se montra heureux de voir se confirmer les récits de ses ancêtres et ajouta que, si j'avais poussé plus loin, j'aurais trouvé bon nombre d'indigènes. « Il y a là-bas de bons territoires de chasses, force oumenaks (bœufs musqués), et, partout où il y a de bons territoires de chasses, on est sûr de trouver des Esquimaux. »

Kalutunah devint plus triste que je ne l'avais jamais vu, lorsque je lui parlai de l'avenir de sa race : « Hélas ! dit-il, nous serons bientôt tous partis ! » Quand il entendit que je comptais revenir à Port Foulke, que des hommes blancs s'établiraient près d'Étah pendant plusieurs années, il ajouta vivement : « Revenez donc bientôt, ou il n'y aura personne ici pour vous souhaiter la bienvenue (1) ! »

Il est vraiment douloureux de réfléchir sur les destinées de cette petite tribu. Ces races ont beaucoup de points dignes d'admiration. Elles ne soutiennent leur pauvre existence qu'au prix des plus énergiques combats contre des obstacles qui nous décourageraient : souvent, des Esquimaux restent sans nourriture pendant des journées entières ; ils ne la conquièrent jamais qu'au prix du danger ; aussi le lien qui les rattache à la vie est-il bien faible. Ils n'ont d'autre champ de récolte que la mer et, ne possédant pas de bateaux pour y suivre leur proie, ils doivent attendre que la marée ou le changement de saison ouvre quelques fissures, le long desquelles ils errent à la recherche des phoques ou des morses qui viennent y respirer. Les chances incertaines de ces chasses difficiles les forcent souvent de s'abriter en hiver sous de grossières huttes de neige ; en été, ils n'ont que les oiseaux aquatiques en place des animaux marins, qu'ils ne savent guère capturer lorsque les glaces ont dérivé au large.

D'après les détails donnés par Hans et Kalutunah, je ne crois pas que la tribu soit composée aujourd'hui

(1) Hall a constaté également le dépérissement de cette race des Esquimaux. (*Revue Britannique*, septembre 1865, p. 67.) — J. B.

de plus de cent personnes. Elle aurait même bien diminué depuis le départ de Kane en 1855. Hans m'a tracé à grand'peine une esquisse de la côte, du cap York au détroit de Smith, et y a placé les villages, si on peut donner ce nom aux lieux habités par les Esquimaux. Ils sont toujours situés sur le bord de la mer et, pour la plupart, sont composés d'une seule hutte. La station la plus importante en compte trois. Inutile de décrire ces demeures, qui ressemblent toutes à celle du nalegak à Etah.

Une nouvelle visite au Frère Jean me prit une semaine. Je plantai ma tente près du lac Alida, et nous procédâmes méthodiquement à mesurer et à photographier notre vieille connaissance du dernier automne.

Nous arrivâmes au lac au milieu d'une scène fort animée. Le blanc tapis était presque entièrement enlevé de la vallée et, quoique les fleurs n'eussent pas encore paru, la verdure couvrait déjà les bords de l'eau, et sous la neige même, poussait fraîche et vivace entre le gazon gelé; les tendres bourgeons ouvraient leurs petites feuilles, et les plantes paraissaient tout aussi heureuses du retour du printemps que leurs ambitieuses cousines de nos chaudes régions. De nombreux troupeaux de rennes descendaient des montagnes pour paître l'herbe nouvelle, des ruisseaux bouillonnants et de capricieuses cascades mêlaient leur aimable musique au gazouillement des oiseaux posés par myriades sur les pourtours du lac, perchés sur les falaises ou fendant les airs en troupes si serrees que parfois elles semblaient un nuage noir nous cachant le soleil. C'étaient des guillemots nains, palmipèdes de la grosseur d'une caille; le bruit de leurs ailes rapides et de leurs cris continuels me rappelait le murmure de la tempête agitant les grands arbres d'une forêt. La vallée étincelait au soleil du matin qui rayonnait sur le glacier et revêtait de magnificence les montagnes, les collines et la plaine.

L'aspect du Frère Jean avait beaucoup changé. D'énormes blocs détachés gisaient maintenant épars dans la vallée; le glacier lui-même s'inclinait encore plus sur sa pente et refoulait devant lui les rochers, les neiges.et les débris de glace en une moraine confuse formant comme une immense vague. Sa marche vers la mer était continue et irrésistible.

Tous calculs faits, j'ai pu établir que le centre du glacier est descendu de trente mètres vers la mer, en moins de six mois.

Quelques jours après, je prévins le nalegak que je désirais l'accompagner à une chasse aux guillemots. Le digne personnage arriva de fort bonne heure à ma tente, tout fier de la faveur que lui faisait le grand chef, et s'empressa de me conduire vers les rochers de la côte. Nos oiseaux y étaient encore plus bruyants que de coutume; ils revenaient en bandes immenses de la mer où ils avaient déjeuné (1). Kalutunah portait, au bout d'un bâton de plus de deux mètres, un petit filet de légères courroies de phoque, nouées très-ingénieusement. Après avoir longtemps trébuché sur les pierres raboteuses et tranchantes, nous parvînmes à mi-chemin de la base des falaises : le nalegak se tapit derrière un rocher et m'invita à suivre son exemple. A quelques exceptions près, les bandes nombreuses qui s'agitaient au-dessus de nos têtes n'étaient

---

(1) *Little auk* des navigateurs anglais. — *Uria minor* de Brisson. — *Petit pingouin* de Buffon. — *Uria alle* selon Temmink.— *Arctica alle* selon Richardson.—(*The polar Regions*.) — F. de L. Comme tous les autres palmipèdes arctiques, les guillemots se nourrissent des diverses variétés d'invertébrés marins, crustacés pour la plupart, qui pullulent dans les mers polaires. C'est cette abondance de la vie organique dans les eaux boréales qui y attire ces oiseaux en si grand nombre, pendant la saison des couvées qui commence en juin et finit en août. — J. H.

composées que de mâles. Ils couvraient une pente de près de deux kilomètres de large ; on les voyait sans cesse passer à peine à quelques pieds des rochers, parcourant dans leur vol rapide toute l'étendue des falaises, pour revenir un peu plus haut dans les airs et recommencer encore le même circuit. Parfois des centaines ou plutôt des milliers de ces jolis oiseaux s'abattaient soudain comme à l'ordre de quelque chef, et en un clin d'œil, sur une superficie d'une dizaine de mètres, les rocs disparaissaient sous la bande pressée ; leur dos noir et leur poitrine d'un blanc pur bigarraient fort agréablement la colline.

Je suivais leurs évolutions avec beaucoup d'intérêt ; mais Kalutunah, tout entier à sa besogne, me pria de ne plus relever la tête : les oiseaux m'apercevaient et volaient beaucoup trop haut. Je fis comme le désirait mon sauvage compagnon, et la chasse commença bientôt. Ils s'approchaient tellement de nous que j'aurais pu, ce me semble, en abattre avec mon bonnet. Kalutunah s'était préparé sans bruit ; il lança son filet au milieu d'une troupe épaisse, et une demi-douzaine d'oiseaux, étourdis par le coup, restèrent engagés dans les mailles ; il fit prestement glisser le bâton, et comprimant d'une main les pauvres petites créatures, pendant que de l'autre il les sortait une à une, il écrasa leur tête entre ses dents et croisa leurs ailes sur leur dos pour les empêcher de voleter plus loin ; puis le vieux barbare me regarda d'un air de triomphe en crachant le sang et les plumes qui lui remplissaient la bouche. Il continua à jeter son filet et à le retirer avec la même dextérité, jusqu'à ce qu'il eût mis une centaine de victimes dans son sac. Nous retournâmes alors au camp, faire un excellent repas de ce gibier ainsi capturé au mépris de toutes les règles de l'art. Carl prépara un immense salmis, pendant que le nalegak se divertissait à déchirer les oiseaux

Esquimau chassant aux guillemots (page 218).

et à en dévorer la chair crue encore toute chaude.

Notre séjour dans la vallée fut brusquement terminé par une violente tempête de neige qui nous força tous à chercher au plus tôt un refuge ailleurs. La trombe venait de l'ouest; elle arracha la tente de Hans, la fit tournoyer comme un ballon et finit par la jeter au milieu du lac. Les Esquimaux partirent pour Étah sans perdre de temps à déplorer leur infortune. Comme ils passaient devant notre campement, Kalutunah mit le nez à notre porte, et en dépit de la terrible rafale et de la neige qui le couvrait de la tête aux pieds, le même imperturbable sourire s'épanouissait encore sur sa figure. « Si tu avais vu la tente de Hans ! » dit-il en se tenant les côtes au souvenir de la malheureuse famille subitement dépossédée de son abri, dont les parois de peaux s'envolaient emportées sur les eaux du lac. Mais l'hilarité du nalegak ne connut plus de bornes quand il ajouta, tout joyeux, que la tempête augmentait et que notre tour allait venir. La prédiction du vieux sauvage ne tarda pas à se réaliser. Un grand bruit se fit entendre; la tente sous laquelle était installé notre appareil photographique venait de céder sous la pression du vent, les instruments avec les plaques étaient lancés sur les rochers et les verres brisés en mille morceaux. Nous courûmes dehors recueillir les épaves du naufrage ; mais à l'instant même nos palans furent arrachés, et notre toile, comme la tente de Hans, nous abandonna sans défense à la fureur de la tempête.

Nous retournâmes en toute hâte au navire; il se trouvait dans une situation assez critique : les vergues qu'on avait replacées donnaient prise à la rafale, et la goëlette étant encore solidement fixée dans la glace, les mâts subissaient une dangereuse tension et couraient risque de se rompre. Je fis assujettir à leur cime de forts cordages liés à des pieux enfoncés dans la glace du côté opposé à la tempête. Le vent chassait dans la baie d'immenses débris formés par la débâcle, les monts de glace voguaient au large et la mer libre s'avançait à moins d'un demi-kilomètre du navire.

22 *juin*. — Il y a juste six mois que j'écrivais : le soleil a atteint aujourd'hui sa plus grande déclinaison australe, et nous avons passé le minuit de l'hiver. C'est tout le contraire maintenant : la lumière continuelle a succédé aux constantes ténèbres, et un monde d'activité joyeuse remplace notre pénible solitude d'autrefois.

« L'hiver est passé, les fleurs vont émailler la terre, le temps des oiseaux et des chants est revenu. »

Et cette longue nuit d'où nous sortons nous semble maintenant un rêve étrange.

23 *juin*. — Journée magnifique. Vent léger du sud, thermomètre à huit degrés centigrades au-dessus de zéro. Avec mes jeunes amis, je suis allé recueillir des plantes et des lichens : ces derniers tapissent presque entièrement les rocs; une variété surtout, de couleur orangée et qui s'étend en immense et grossier tissu, communique aux falaises une teinte assez agréable, tandis qu'une autre, la *tripe de roche*, fort abondante aussi, donne un aspect lugubre aux pentes pierreuses qu'elle recouvre. J'ai rapporté une belle collection de fleurs; c'est maintenant, je crois, qu'elles s'épanouissent en plus grand nombre : elles se sont ouvertes ici quelques jours plus tôt qu'à Port van Rensselaer, en 1854. J'ai dans ma cabine un joli bouquet que je renouvelle à volonté sur le rivage du petit lac, derrière l'observatoire (1).

---

(1) 1 Ranunculus nivalis. — 2 Papaver nudicaule. — 3 Hesperis Pallasii. — 4 Draba alpina. — 5 Draba corymbosa. — 6 Draba hirta. — 7 Draba glacialis. — 8 Draba rupestris. — 9 Cochlearia officinalis. — 10 Vesicaria arctica. — 11 Arenaria arctica. — 12 Stellaria humifusa. — 13 Stellaria stricta. — 14

2 *juillet*. — Après de nouvelles averses, j'ai passé ces deux dernières journées à prendre des alignements de notre petite anse jusqu'au golfe et à lever le plan des terrasses (1). J'en ai compté vingt-trois qui s'élèvent très-régulièrement jusqu'à une altitude de trente-sept mètres au-dessus de la hauteur moyenne des marées. La plus basse en est à onze mètres et, à partir de ce point, elles s'étagent avec la plus grande symétrie, se composant de galets arrondis par l'action des eaux.

Ces terrasses, dont j'ai reconnu l'existence dans plusieurs localités analogues, sont des monuments géologiques pleins d'intérêt, qui constatent ici le soulèvement graduel des terres groënlandaises au nord du soixante-seizième degré de latitude. A partir du cap

---

Cerastium. — 15 Silene acaulis. — 16 Lychnis apetala. — 17 Lychnis pauciflora. — 18 Dryas integrifolia. — 19 Dryas octopetala. — 20 Potentilla pulchella. — 21 Potentilla nivalis. — 22 Alchimilla vulgaris. — 23 Saxifraga oppositifolia. — 24 Saxifraga flagellaris. — 25 Saxifraga cæspitosa. — 26 Saxifraga rivularis. — 27 Saxifraga tricuspidata. — 28 Saxifraga cornuta. — 29 Saxifraga nivalis. — 30 Leontodon palustre. — 31 Campanula linifolia. — 32 Vaccinium uliginosum. — 33 Andromeda tetragona. — 34 Pyrola chlorantha. — 35 Bartsia alpina. — 36 Pedicularis Kanei. — 37 Armeria Labradorica. — 38 Polygonum viviparum. — 39 Oxyria didyma. — 40 Empetrum nigrum. — 41 Betula nana. — 42 Salix arctica. — 43 Salix herbacea. — 44 Luzula (trop jeune). — 45 Carex rigida. — 46 Eriophorum vaginatum. — 47 Alopecurus alpinus. — 48 Glyceria arctica. — 49 Poa arctica. — 50 Poa alpina. — 51 Hierocloa alpina. — 52 Festuca ovina. — 53 Lycopòdium annotinum. — J. H.

(1) Ces terrasses formées par les érosions glaciaires se retrouvent partout. Elles sont aussi évidentes en France, par exemple dans le Périgord, qu'en Ecosse, à ce qu'on appelle les *routes parallèles* de Glenroy ; MM. Milton et Cheadle ont signalé les trois étages de terrasses qui existent dans la vallée de la Bonaparte en Colombie Britannique (De l'*Atlantique au Pacifique*, etc., p. 324, et dans notre abrégé, ch. VIII). Bien plus, Agassiz a retrouvé des traces glaciaires identiques dans tout le Brésil. (*Voyage au Brésil*, ch. VIII et IX.) — J. B.

York (1), au contraire, le sud du même pays s'enfonce sous les eaux. Les preuves de cet affaissement, qui continue encore depuis l'occupation européenne, sont trop bien établies pour que je m'y arrête en ce moment : d'ailleurs, je ne veux m'occuper ici que des régions plus septentrionales. Autour des saillies très-proéminentes, dans les lieux où le courant est rapide et la glace poussée avec force contre la terre, les rocs, usés par le frottement, deviennent polis comme la surface d'une table : on peut s'en assurer sans peine lorsque l'eau est suffisamment claire. Il en est de même bien au-dessus du niveau de la mer, jusqu'à une élévation que je n'ai pu nulle part déterminer avec exactitude, mais qui correspond généralement à l'altitude des terrasses de Port Foulke, dont la plus haute, je l'ai dit, est à trente-sept mètres du niveau moyen des marées. A Cairn-Point, les phénomènes d'érosion sont très-marqués et la ligne de démarcation, séparant le roc de syénite poli par les eaux de celui qui est encore brut et raboteux, est parfaitement tranchée. La même chose a lieu à l'île Littleton (ou plutôt à l'îlot Mac Gary, situé immédiatement au large), et se retrouve, sur la côte opposée, à la Terre de Grinnell, où les berges en gradins portent témoignage de ces soulèvements successifs.

Il est curieux d'observer ainsi, s'accomplissant sous nos regards, les événements géologiques qui, dans les latitudes plus méridionales, se sont passés pendant l'époque glaciaire, et qui se manifestent non-seulement par l'érosion des rocs de Cairn-Point et d'autres promontoires, mais aussi par les transformations opérées dans la profonde mer. C'est ici que *la banquette de glace* a une influence considérable. Cette ban-

(1) C'est le cap qui termine au nord la baie de Melville. — J. B.

quette est tout simplement la glace tabulaire, collée pour ainsi dire contre le rivage; la ceinture d'hiver des côtes polaires. Elle est large ou étroite suivant que la berge s'incline en pente douce vers la mer ou y plonge brusquement. Se disloquant presque toujours à la fin de l'été et emportant sur les eaux les masses des rochers écroulés des falaises, elle les laisse tomber à mesure qu'elle se dissout elle-même. La quantité de débris ainsi charriés au large est immense, et pourtant presque infime en comparaison de ceux que fournissent les monts de glace flottants : le poids des roches et du sable, qui se mêlent à ces derniers, pendant qu'ils sont encore attachés au glacier, est parfois suffisant pour ne laisser paraître hors de l'eau qu'une très-petite partie de leur volume. La masse glacée se désagrége peu à peu, les matières plus lourdes coulent au fond de l'Océan et, si les lieux où elles reposent s'élèvent un jour au-dessus du niveau de la mer, quelque géologue des siècles futurs sera peut-être aussi embarrassé de dire comment elles se trouvent là, que ceux de notre génération le sont pour expliquer l'origine des blocs erratiques de la vallée du Connecticut.

3 *juillet*. — Cette journée a été marquée par une chasse aux morses, qui peut compter dans la vie d'un chasseur. Beaucoup de glace brisée nous arrivait du détroit dans ces derniers temps, et, sous le brillant soleil, ces animaux aiment à sortir de la mer pour dormir et se prélasser sur les glaçons.

Ce matin, j'étais sur la colline, occupé à choisir l'emplacement d'un cairn, lorsque mon oreille a été frappée de rauques beuglements; alors, en me tournant vers le large, j'ai vu la banquise poussée par la marée en travers de l'ouverture de notre petit golfe, et toute couverte de morses remplissant l'air de leurs cris bizarres. Ils faisaient songer aux troupeaux du vieux Protée ; les glaçons en étaient chargés aussi loin que l'œil pouvait s'étendre. On les aurait comptés par centaines et par milliers.

Je me hâtai de revenir à bord et de faire appel aux gens de bonne volonté. Bientôt une baleinière portant trois carabines, un harpon et des rouleaux de lignes, fut traînée sur la glace et lancée rapidement à la mer. Il nous fallut ramer pendant quatre kilomètres avant d'atteindre le bord de la banquise. Deux ou trois douzaines de morses étaient couchés sur le glaçon vers lequel nous nous dirigions. Ils le couvraient presque en entier. Pêle-mêle les uns contre les autres, étendus au soleil, ou s'étirant et se roulant paresseusement, comme pour exposer à ses rayons toutes les parties de leur lourde masse, ils ressemblaient à des pourceaux gigantesques, se vautrant avec délices : évidemment, ils ne soupçonnaient pas le danger. Du reste, nous nous approchions secrètement, ayant mis des sourdines à nos avirons.

A mesure que diminuait la distance entre nous et notre gibier, nous commencions à comprendre que nous aurions affaire à de formidables adversaires. Leur aspect était effrayant au possible et nos sensations peuvent se comparer à celles du conscrit lorsqu'il entend pour la première fois l'ordre de charger l'ennemi. Si la honte de l'aveu ne nous eût retenus, nous aurions tous, je crois, préféré battre en retraite. Leur peau rude et presque sans poil, épaisse de deux centimètres et demi, me rappelait singulièrement la cuirasse d'un vaisseau blindé, pendant que les énormes défenses qu'ils brandissaient avec une vigueur que leur gaucherie ne diminuait en rien, menaçaient de terribles accrocs les bordages de l'embarcation et les côtes du malheureux qui aurait la mauvaise chance de tomber à la mer au milieu de ces brutes. Pour compléter la laideur de leur expression faciale, que les défenses rendaient déjà assez formidable, la nature leur a donné un large museau épaté, dont la partie inférieure est toute parsemée de rudes moustaches semblables aux dards du porc-épic et remontant jusqu'au bord de narines très-ouvertes. L'usage qu'ils font de ces piquants est aussi problématique que celui de leurs défenses ; je suppose que ces dernières leur servent à la fois d'armes de combat et de dragues pour détacher du fond de la mer les mollusques qui forment leur principale nourriture. Deux vieux mâles du troupeau partageaient leur loisir entre le sommeil et les querelles; de temps à autre, ils s'accrochaient par leurs défenses, comme pour s'entamer la face, quoique du reste ils parussent traiter la chose avec assez d'indifférence, leurs dents ne faisant point brèche dans leur derme épais. Ces dignes personnages, qui devaient avoir environ cinq mètres de longueur, et dont la circonférence égalait celle d'une barrique, relevèrent la tête à notre approche et, après nous avoir considérés à leur aise, parurent trouver que nous ne méritions pas une plus longue attention. Ils essayèrent encore de se transpercer mutuellement, puis retombèrent endormis sur la glace. Cette calme indifférence était bien un peu alarmante pour nous. S'ils avaient montré le moindre signe de crainte, nous aurions pu y puiser quelque encouragement; mais ils semblaient faire si peu de cas de nos personnes qu'il ne nous fut pas très-facile de conserver le front d'airain avec lequel nous nous étions jetés dans l'aventure. Cependant il était trop tard pour reculer ; nous avançâmes donc, tout en nous préparant au combat.

 Outre les deux mâles, le groupe contenait plusieurs femelles et des jeunes de tailles diverses, quelques-uns encore à la mamelle, des veaux d'une année et d'autres parvenus déjà aux trois quarts de leur croissance. Les premiers n'avaient pas encore de dents ; elles commençaient à poindre chez les autres, celles des plus âgés étaient de toutes les grandeurs ; les défenses des deux taureaux, cônes solides d'ivoire recourbé, avaient à peu près un mètre. Il est probable qu'aucun d'eux n'avait vu de bateau ; mais, quand nous fûmes arrivés à trois longueurs d'embarcation de leur radeau de glace, la bande entière prit l'alarme. Nous étions prêts pour l'attaque. Le morse enfonce toujours dès qu'il est mort, à moins qu'on ne le retienne au moyen d'une forte ligne, et nous n'avions que deux chances de nous rendre maîtres de notre gibier : il fallait ou bien le harponner solidement, ou bien le tuer sur le glaçon même, chose assez difficile, car l'épaisseur de leur derme détruit la force du plomb avant qu'il ait pu atteindre quelque partie vitale ; souvent même il s'aplatit sur la surface ; enfin, le crâne est si dur qu'une balle ne peut guère y pénétrer qu'à travers l'orbite de l'œil.

Miller, froid et courageux marin, qui avait poursuivi les baleines dans les parages du nord-ouest, prit le harpon et se tint à l'avant, pendant que Knorr, Jensen et moi, nous étions à l'arrière, nos carabines en main. Chacun choisit son but et nous tirâmes ensemble par-dessus les têtes des rameurs. Aussitôt que les armes furent déchargées, j'ordonnai de laisser porter, et le canot fila comme une flèche au milieu des animaux effrayés qui se précipitaient pêle-mêle dans la mer. Jensen avait atteint un des taureaux au cou, et Knorr tué un des jeunes qui fut entraîné à l'eau dans le tumulte général et coula immédiatement. Ma balle pénétra quelque part dans la tête de l'autre vieux mâle et lui arracha un beuglement terrible, plus fort, j'ose le dire, que celui du taureau sauvage des Prairies. Pendant qu'il roulait dans la mer, soulevant des flots d'écume qui nous couvraient de leurs fusées, il faillit atteindre la proue du canot, et Miller, en habile chasseur, profita de cet instant pour lancer son harpon.

Le troupeau tout entier plongea dans la profondeur des eaux et la ligne se déroula sous le plat bord avec une vitesse alarmante ; mais nous en avions une bonne provision et elle n'était pas encore au bout de son rouleau, qu'elle commençait à se détendre : les animaux remontaient. Nous ramenâmes la ligne à nous, en nous tenant prêts pour ce qui allait suivre. La ligne vint à s'emmêler en ce moment autour d'une des pointes des glaces qui flottaient autour de nous, et nous aurions couru un fort grand péril, si un des matelots n'eût lestement sauté parmi les glaçons et dégagé la ligne ainsi que la baleinière.

Quelques minutes après, le troupeau reparaissait à la surface de la mer à environ cinquante mètres de nous, et entourant encore l'animal blessé. Miller tirait vigoureusement sur le harpon et la bande entière s'élança vers notre canot. Alors commença une scène impossible à décrire. Tous poussaient avec ensemble le même cri sauvage, lamentable appel d'une créature aux abois ; l'air retentissait des voix rauques qui se répondaient. Le *heuk, heuk, heuk* des taureaux atteints semblait trouver partout des échos et passait de glace en glace comme le clairon des batailles se répétant d'escadron en escadron. De chaque radeau flottant, les bêtes effarouchées se précipitaient dans les ondes comme le matelot se jette à bas de son cadre au bruit du branle-bas. Leur tête monstrueuse au-dessus des eaux, leur bouche grande ouverte, vomissant sans relâche leur lugubre clameur, ils s'avançaient vers nous de toute la vitesse de leurs nageoires.

En peu de minutes, nous fûmes entièrement cernés. Le nombre des morses se multipliait avec une rapidité merveilleuse ; la surface de la mer en était toute noire.

Ils paraissaient d'abord timides et irrésolus, et nous ne pensions guère qu'ils méditassent un mauvais coup, mais notre illusion fut bientôt dissipée et nous vîmes qu'il fallait veiller soigneusement à notre salut.

Nous ne pouvions plus en douter : ils se préparaient à une attaque, et le temps nous manquait pour fuir le dangereux guêpier où nous venions de nous fourrer si imprudemment. Miller n'avait pas lâché prise et le morse blessé, devenu le point central d'un millier de gueules béantes et mugissantes, nageait maintenant à notre poursuite.

Évidemment ces animaux voulaient percer de leurs défenses le plat bord de l'embarcation. Si nous leur laissions le temps de l'atteindre, le canot serait mis en pièces et les hommes lancés à la mer : nous n'avions pas une seconde à perdre. Miller saisit sa lance et en porta aux assaillants plus d'une terrible blessure; les matelots faisaient force de rames et nous chargions et déchargions nos carabines avec toute la célérité possible. Un coup de gaffe, une balle ou la lance du harponneur venait à la rescousse à l'instant du péril; une ou deux fois cependant, chacun de nous put croire sa dernière heure arrivée. Un morse énorme, à la physionomie brutale et féroce, s'élançait contre nous et allait aborder le canot; je venais de tirer, il ne me restait plus le temps de recharger mon fusil et je me préparais à le lui plonger dans la gorge, lorsque M Knorr l'arrêta soudain par une balle dans le crâne. Une autre bête monstrueuse, la plus grosse que j'aie jamais vue et dont les défenses avaient un mètre de longueur au moins, traversait le troupeau et nageait sur nous, la gueule béante et mugissant avec furie. Je rechargeais encore mon arme, Knorr et Jensen venaient de tirer et les hommes étaient aux avirons. Ma carabine fut prête au moment critique; l'énorme animal élevant sa tête au-dessus du canot, allait s'abattre sur le plat bord, quand j'épaulai mon fusil et le déchargeai dans la gueule du monstre; il fut tué sur le coup et coula immédiatement comme une pierre.

Ce fut la fin de la bataille. Je ne saurais dire ce qui leur donna subitement l'alarme, mais les morses plongèrent soudain en faisant rejaillir à grand bruit les eaux tout autour d'eux. Quand ils remontèrent, ils beuglaient encore, mais ils étaient à quelque distance de nous, et, leurs têtes tournées vers la haute mer, ils détalaient aussi vite que possible, leurs cris s'affaiblissant à mesure que s'accroissait la distance qui nous séparait.

Nous avons dû en tuer ou en blesser deux douzaines au moins, car, en certains endroits, l'eau était toute rouge de sang et plusieurs animaux flottaient autour de nous dans les dernières convulsions de l'agonie.

Le taureau harponné essaya de s'enfuir avec ses camarades, mais ses forces l'abandonnèrent; nous le sentions faiblir et tirions sur la ligne; bientôt nous le ramenâmes assez près de nous pour que nos balles pussent le blesser dangereusement. La lance de Miller lui donna le coup de grâce, puis nous le halâmes sur un glaçon et j'eus bientôt un magnifique spécimen à ajouter à ma collection d'histoire naturelle. Nous ne réussîmes à en capturer qu'un second, tous les autres ayant coulé avant que nous eussions réussi à en approcher.

Jusqu'alors je n'avais pas regardé le morse comme un animal redoutable, mais ce combat me prouve que je ne rendais pas justice à son courage (1). Ce sont de

---

(1) Parry avait déjà constaté que ces amphibies sont de courageux batailleurs dans leur colère. (*Bibl. univ. des voyage* par Albert de Montemont, t. 40, p. 421). — J. B.

batailleurs fort acharnés ; sans notre sang-froid et notre activité, le canot aurait été mis en pièces, et nous-mêmes aurions été noyés ou déchirés. On peut à peine rêver d'ennemi plus effrayant que ces monstres énormes, aux gorges mugissantes, aux défenses formidables. A la prochaine rencontre, je veux armer de lances tout l'équipage : la carabine n'est pas toujours suffisante en pareil cas, puisque, sans l'énergique emploi de nos gaffes et de nos avirons, nous étions, ce jour-là, infailliblement atteints et coulés.

9 *juillet*. — J'ai fait une dernière visite à la vallée de Chester et dit adieu au Frère Jean. Si ce dernier continue à s'étendre jusqu'à ce que je revienne, les jalons que nous lui avons plantés sur le dos seront intéressants à relever.

11 *juillet*. — Journée d'émotions qui ne sont pas encore à leur terme ; la houle se maintient, les crevasses s'étendent, l'eau a touché le navire. Assez tard dans l'après-midi, au bout de trente-six heures d'anxieuse attente, la glace s'est ouverte tout auprès de nous et quelques minutes après, une fente se formait diagonalement à la goëlette. L'avant s'est assez vite dégagé, mais l'arrière tenait encore, et les secousses imprimées au navire faisaient craquer toutes les pièces de la membrure. A la fin, la passe que nous avions sciée en prévision de ces accidents s'est un peu élargie ; un roulis sur bâbord a détaché la glace de dessous la poupe du navire et nous nous sommes trouvés à flot, mais non sans avoir subi bien des dégâts dans nos œuvres vives.

13 *juillet*. — Je viens de prendre congé de mes amis les Esquimaux. Ils ont planté leur tente tout près de nous et je suis réellement triste de quitter ces braves gens. Chacun d'eux m'a rendu, à sa manière, des services plus ou moins importants, et leur empressement

à mettre à ma disposition leurs attelages, sans lesquels je n'aurais absolument rien fait, est la meilleure preuve qu'ils aient pu me donner de leur dévouement et de leur affection. Leurs chiens sont leurs plus précieux trésors ; seuls, ils empêchent la femme, les enfants, l'Esquimau lui-même, de mourir de faim, et rien ne les peut remplacer. J'ai fait tout mon possible pour venir en aide à la tribu, j'ai donné à mes voisins une foule de choses qui leur seront utiles ; mais je n'ai pu leur rendre que deux bêtes de trait, les seules qui eussent survécu de toutes celles qu'ils m'avaient fournies. Je leur promets de revenir bientôt, et cet espoir semble les consoler un peu.

Il est triste de penser à l'avenir de ces infortunés, et cependant ils contemplent leur future destinée, qu'ils jugent inévitable, avec un air d'indifférence, difficile à comprendre. Kalutunah, seul, paraît sérieusement affecté devant la perspective de la désolation qui s'étendra avant longtemps sur leurs pauvres habitations. Cet être singulier, mélange de gravité, de bonhomie et d'intelligence, s'enorgueillit des traditions de sa race (1) et se montre réellement affligé de

---

(1) «... Ethnologiquement liés aux Samoyèdes et aux Sibériens des rivages du Pacifique, les Esquimaux ont été sans doute l'avant-garde, les éclaireurs de la race humaine sur le sol américain. Ils se rapprochent du pôle plus qu'aucune autre variété de notre espèce ; mais, au XIIe siècle de notre ère, ils s'étendaient vers le sud jusqu'aux rives du Potomac et de la Delaware, où les Scandinaves les rencontrèrent pour la première fois et leur donnèrent le nom de Skrællingar, c'est-à-dire *misérables*. Celui d'Esquimaux ou *Mange-Cru*, s'il faut en croire Charlevoix, leur a été donné par les Abénakis. Quant à eux-mêmes, ils s'attribuent la qualification d'Inouit, *les hommes*. Refoulés peu à peu vers le nord par les invasions de peuplades plus jeunes et plus puissantes, ils ne pénétrèrent dans le Groënland que vers la fin du XIVe siècle, en même temps que la peste noire, et les Sagas islandaises attribuent à ces deux fléaux

la voir peu à peu disparaître. Aujourd'hui, quand je lui ai pris les mains pour lui dire que c'était la dernière fois que je descendais à terre, des larmes ont brillé dans ses yeux, et il m'a profondément touché en me disant d'une voix suppliante : « Reviens, pour nous sauver ! » Ah ! certes, si je le puis, je reviendrai et je les sauverai ; car, j'en suis sûr, aucun être de ce

réunis la ruine des établissements scandinaves qui florissaient depuis quatre cents ans dans cette contrée.

Séparés des Peaux-Rouges de l'intérieur par une haine mutuelle, égale à celle qui séparait, il y deux mille ans, les chasseurs de la Germanie des pêcheurs finois de la Baltique, les Esquimaux n'occupent que la côte du continent et des îles. Ils ne la quittent jamais, et ne pourraient pas le faire sans changer entièrement leurs usages et leur genre de vie, dont l'identité parmi toutes leurs peuplades, depuis la presqu'île d'Alaska jusqu'au cap Farewell et depuis la baie de James jusqu'au fond du détroit de Smith, n'est pas un des faits les moins remarquables de l'anthropologie. Non-seulement l'intérieur d'une habitation de la baie Norton est la répétition exacte du gîte d'un Groënlandais ; mais les mœurs, les caractères physiques, le langage, l'attitude, l'habillement des habitants de ces deux huttes, séparées par 110 degrés de longitude, sont semblables. Ils préfèrent la viande et le poisson crus à toute autre nourriture ; l'huile de cétacé et le sang chaud de mammifère, à toute autre boisson. Ils n'ont, dans leurs tanières d'hiver comme dans leurs tentes d'été, d'autre feu que celui d'une lampe fabriquée en pierre ollaire et alimentée par une longue tranche de graisse de phoque ; leurs canots et les instruments de pêche qui y sont attachés sont pareils et disposés de la même manière ; enfin, et c'est le point principal, leurs errements sociaux, leurs modes d'adoption, de mariage et de funérailles ne présentent rien qui marque une différence. Ils ont les mêmes croyances superstitieuses et reconnaissent, en tremblant à un égal degré, le pouvoir mystérieux des angekoks ou sorciers. » (*Voyages dans les glaces du pôle arctique à la recherche du passage nord-est.*)

A l'appui des lignes précédentes écrites, en 1854, pour un livre destiné au peuple et à la jeunesse, nous pourrions invoquer aujourd'hui des noms et des œuvres qui font autorité dans la science. Il nous suffira de citer : sir John Richardson, *the Polar Regions* ; — le docteur Latham, *Des Variétés de la race hu-*

vaste monde ne mérite plus que ceux-là le dévouement des chrétiens (1).

14 *juillet*. — Un léger vent d'est gonfle nos voiles vers la mer. Nous marchons lentement, mais sans temps d'arrêt, à travers la glace disloquée. Des boîtes vides, des chiens morts, des tas de cendres et autres débris de l'hiver voguent autour de nous sur les gla-

---

maine; — Sven Nilsson, *Les premiers habitants de la Scandinavie*, — et enfin le commodore Maury, qui, dans une lettre, publiée par Schoolscraft en tête du dernier volume de son grand ouvrage sur les tribus indiennes, dit textuellement :

« ... L'origine asiatique de la population américaine est hors de doute pour moi.

« Je suis convaincu que, dès la plus haute antiquité, en supposant l'océan régi par les mêmes lois physiques qu'aujourd'hui, les eaux du Pacifique ont été pratiquées par l'homme, en balsas, en pirogues, en radeaux et autres embarcations grossières des premiers âges.

« ... Encore aujourd'hui un va-et-vient de *baïdares* et d'*oumyaks*, un commerce d'échange, est régulièrement établi entre les deux côtes de la mer de Behring, entre les Tchoukchis d'Asie, pasteurs de rennes, et les Esquimaux d'Amérique, dresseurs de chiens de trait.

« ... Les ancêtres des Esquimaux et des Peaux Rouges, pour passer d'Asie en Amérique, ont eu, pour points de départ, tout le littoral compris entre le Japon et la mer Glaciale ; pour étapes, les Kouriles, les îles Aléoutiennes, la presqu'île d'Alaska, etc., pour voies et pour guides, les courants et les vents.

« ... Les îles Aléoutiennes ne produisent point de bois. Pour fabriquer leurs canots, leurs ustensiles de pêche, pour fouir et creuser les tanières souterraines où ils habitent, les grossiers habitants de cet archipel ne peuvent se servir que de bois flotté. Or l'essence la plus commune que leur apporte la mer est le *camphrier*; et les rivages les plus rapprochés d'où puisse venir cet arbre, sont ceux du Japon méridional ! Les courants portent donc des côtes orientales de l'Asie aux côtes nord-ouest de l'Amérique. » — FERD. DE L.

(1) Ce passage n'est pas en parfait accord avec les sentiments exprimés au chapitre III de ce volume; mais penser mieux des gens en les quittant qu'en les abordant est honorable pour toutes les parties intéressées. — J. B.

çons ; reliques éphémères de nos dix mois d'hivernage. Les Esquimaux, debout sur la berge, nous regardent encore ; le petit observatoire blanc s'évanouit dans le lointain, et je descends du pont avec un mélancolique : «Adieu, Port Foulke ! » sur mes lèvres et dans mon cœur.

CHAPITRE X

RETOUR A BOSTON

Une mère morse et son petit. — Résultats généraux du voyage. — L'animal pullule dans la mer de Baffin. — Le glacier Tyndall sert à expliquer le système glaciaire du Groënland. — Littoral de ce glacier. — Son fleuve fangeux. — Parfaite similitude du cours d'eau et du cours de glace. — A Upernavik, premières nouvelles de la guerre civile des États-Unis. — A Halifax, nous apprenons le premier désastre de Bull's Run. — Lugubre débarquement à Boston. — Les études et les entreprises de la science abstraite sont souvent applicables au bien-être de l'humanité. — Courage et persévérance.

Nous trouvâmes un bon mouillage entre les îles Littleton et Mac Gary. A peine étions-nous ancrés qu'une tempête, accompagnée d'épaisses ondées de neige, mais annoncée par l'état du ciel, se déchaîna avec violence et nous retint à l'ancre pendant plusieurs jours. Nos gens trouvèrent quelques distractions dans la chasse : un troupeau de rennes campait dans l'île, et les morses étaient fort nombreux dans les eaux environnantes.

Hans en captura quatre, sans embarcation, et à la vraie manière esquimaude. Ces amphibies couvraient au loin la berge sur laquelle ils prenaient le soleil ; Hans s'approcha à pas de loup, et accrocha l'une après l'autre ses victimes avec son harpon. La ligne fut fixée à un roc et filée jusqu'à ce que les animaux fussent épuisés de fatigue; on les ramena alors, et les carabines les achevèrent promptement. Je désirais avoir un jeune morse pour ma collection; je choisis sur la plage celui qui me convenait et le tuai du premier coup. Toute la bande s'empressa de disparaître sous les eaux; mais la mère ne parut quitter le bord qu'avec la plus grande répugnance, et quand, revenue à la surface et se tournant vers la terre, elle vit son petit gisant encore sur le rocher; quand elle s'aperçut qu'il ne répondait pas à ses cris d'appel, elle s'élança frénétiquement au-devant du danger, et en face même de la cause de ses maux (car j'avais eu le temps d'accourir), elle se traîna hors de l'eau, et tout en gémissant douloureusement, elle rampa autour du corps de ma victime et le poussa vers la mer. J'essayai d'abord de l'effrayer, et dans mon zèle de naturaliste, je tirai même sur elle, mais, quoique grièvement blessée, elle réussit à cacher son petit sous sa poitrine et plongea avec lui dans les flots. Je n'avais jamais vu chez aucun animal d'exemple aussi touchant de dévouement maternel, et j'étais loin de m'attendre à le trouver chez les morses.

La tempête de neige nous faisant des loisirs, j'allai à Cairn-Point examiner encore le détroit de Smith.

Le spectacle que j'eus sous les yeux acheva de me convaincre que ce serait folie que d'essayer de pousser plus loin avec le navire. Je n'hésitai plus, même en pensée, et voici mon opinion, telle que je la résumai alors :

Il ne me reste pas le moindre doute sur le parti à prendre : nous devons retourner en Amérique et revenir l'année prochaine, ravitaillés, radoubés et renforcés d'une machine à vapeur. Mon désir me pousserait encore à affronter les glaces; mais la raison me dit que ce serait une imprudence inexcusable. Aussi bien, pour pénétrer dans ce terrible détroit de Smith, autant vaudrait prendre en guise de bélier les légers bateaux à vapeur de la rivière Hudson que nous servir de notre pauvre goëlette avec sa proue en si mauvais état!

Voici les résultats que j'ai obtenus, et dont je suis, par force, obligé de me contenter aujourd'hui :

1º En ramenant mon équipage en bonne santé, je démontre que l'hiver arctique n'engendre pas nécessairement le scorbut ni le mécontentement.

2º On peut vivre dans le détroit de Smith, même sans le secours de la mère patrie.

3º Une station se suffisant à elle-même peut être établie au Port Foulke et y devenir la base d'explorations étendues.

4º Du Port Foulke, il est possible d'explorer la région tout entière ; c'est de ce point que, sans aucune autre troupe pour coopérer avec moi, et dans les circonstances les plus défavorables, j'ai pu pousser mes découvertes au delà de toutes celles de mes prédécesseurs.

5º Je suis porté à croire, et par de bonnes raisons, qu'avec un fort navire on peut traverser le détroit de Smith et déboucher directement dans la mer polaire.

6º La mer libre du pôle existe.

Longeant ensuite les rives septentrionales de la banquise, nous nous dirigeâmes vers le nord-est au travers des eaux du Nord, par une des plus charmantes journées que j'aie vues sous le ciel polaire. Un faible zéphyr ridait à peine la surface de la mer, et, par un soleil éblouissant, nous glissions sur les flots paisibles, semés partout de monts de glace étincelants, et de débris de vieux champs de glace ; çà et là brillait quelque étroite bande de cristal détachée de la banquise. Les animaux marins et les oiseaux des cieux s'assemblaient autour de nous en animant les eaux calmes et l'atmosphère tranquille ; les morses s'ébrouaient et mugissaient en nous regardant ; sur notre passage les phoques levaient leurs têtes intelligentes ; les narvals, en troupes nombreuses et soufflant paresseusement, émergeaient leur longue corne hors de l'eau, et leurs corps mouchetés dessinaient leur courbe gracieuse au-dessus de la mer, comme pour jouir du soleil, eux aussi ; des multitudes de baleines blanches fendaient les ondes ; l'air et les montagnes de glace foisonnaient de mouettes, et des bandes de canards et de petits pingouins volaient sans cesse au-dessus de nous (1). Assis sur le pont, je passai de longues heures à essayer, sans beaucoup de succès, de rendre sur mon papier les splendides teintes vertes des monts de glace qui voguaient près du navire, et à contempler un si merveilleux spectacle. Les cieux polaires sont de grands artistes en fantasmagorie magique. L'atmosphère était d'une rare douceur, et nous rendit témoins d'un très-remarquable mirage, phénomène assez fréquent du reste, pendant les beaux jours de l'été boréal. L'horizon tout entier s'élevait et se doublait, pour ainsi dire ; les objets situés à une très-grande distance au delà montaient vers nous comme appelés par la baguette d'un enchanteur et, suspendus dans les airs, changeaient de forme à chaque instant. Icebergs, banquises flottantes, lignes de côtes, montagnes éloignées apparaissaient soudain, gardaient parfois leur contour naturel pendant quelques minutes, puis s'étendaient en long ou en large, s'élevaient ou s'abaissaient, selon que le vent agitait l'atmosphère ou retombait paisible sur la surface des eaux. Presque toujours, ces évolutions étaient aussi rapides que celles d'un kaléidoscope,

(1) Cette abondance d'animaux vivant vers le pôle a déjà causé l'étonnement de plusieurs voyageurs, entre autres de Hall. — J. B.

toutes les figures que l'imagination peut concevoir se projetaient tour à tour sur le firmament. Un clocher aigu, image allongée de quelque pic lointain, s'élançait dans les airs; il se changeait en croix, en glaive, il affectait une forme humaine, puis s'évanouissait pour être remplacé par la silhouette d'un iceberg se dressant comme une forteresse sur le sommet d'une colline. Les champs de glace qui le flanquaient prenaient peu à peu l'aspect d'une plaine parsemée d'arbres et d'animaux, puis des montagnes déchiquetées, et se dissolvant rapidement, nous laissaient voir une longue suite d'ours, de chiens, d'oiseaux, d'hommes dansant dans les airs, et sautant de la mer vers les cieux. Impossible de peindre cet étrange spectacle. Fantôme après fantôme venait jouer son rôle dans le branle magique pour disparaître aussi soudainement qu'il s'était montré.

Cette merveilleuse féerie se prolongea durant une grande partie de la journée; puis la brise du nord souleva les eaux, et la scène entière s'évanouit à son premier souffle, sans laisser plus de traces que la vision fantastique de Prospéro. Deux heures après, au milieu d'une terrible tempête de grêle et de pluie, nous luttions contre le vent, toutes les voiles serrées.

Un autre jour, je visitai en canot la baie de Barden; j'emportais les instruments magnétiques, ceux qui servent à l'arpentage, les objets nécessaires pour compléter mes collections et photographier divers points de vue. Je pris terre au nord de la baie : le talus des collines était couvert en maints endroits de la plus riche verdure que j'eusse vue au nord d'Upernavik, si ce n'est, à mon premier voyage, sur l'île Northumberland. Ces pentes sont couronnées des mêmes hautes falaises qu'on retrouve partout et sur les parois desquelles les neiges fondues par l'été se précipitaient pour descendre au penchant des collines. L'air était calme et les cieux presque sans nuages ; le soleil nous inondait de flammes et le thermomètre marquait 10 degrés et demi au-dessus de zéro. De nombreuses troupes de baleines ou de morses et quelques phoques isolés se jouaient sur les flots ; des bandes de palmipèdes tournoyaient autour des monts de glace flottants ou passaient au-dessus de nos têtes ; des myriades de papillons voltigeaient de fleur en fleur. Un immense glacier, qui gardera le nom du professeur John Tyndall et dont le front est presque enseveli sous les eaux, attirait nos regards du côté opposé de la baie. Au delà du large et sinueux vallon où il est venu reposer après avoir descendu les marches élevées d'un gigantesque escalier, il s'étage en vastes plateaux d'une blancheur uniforme, entoure la base des collines, perce les nuages pour reparaître encore au-dessus des traînées de vapeurs et se perdre enfin sous le dôme azuré des cieux.

Ce large fleuve de glace, à la surface irrégulière et tourmentée, s'est ouvert un lit au milieu des eaux ; il se fait à lui-même une ligne de côtes de près de quatre kilomètres de développement. A notre droite, nous en voyions un beaucoup plus petit, touchant à peine la mer, et suspendu sur une déclivité rapide, comme s'il hésitait à avancer ; un autre, au fond de la baie, est encore assez loin des eaux.

Tout le système glaciaire du Groënland se présentait devant moi, bien que sur une échelle réduite : un rempart de hautes montagnes, semblable au dos d'une monstrueuse baleine, endigue l'immense mer de glace ; mais, à travers une large coupure, le glacier de Tyndall se précipite, comme une cataracte par-dessus la digue d'un lac élevé. Deux chaînons rocheux courent parallèlement à gauche du glacier et rehaussent le pittoresque de cette scène : ce sont des digues de trapp, dont les crêtes se dressent d'une quinzaine

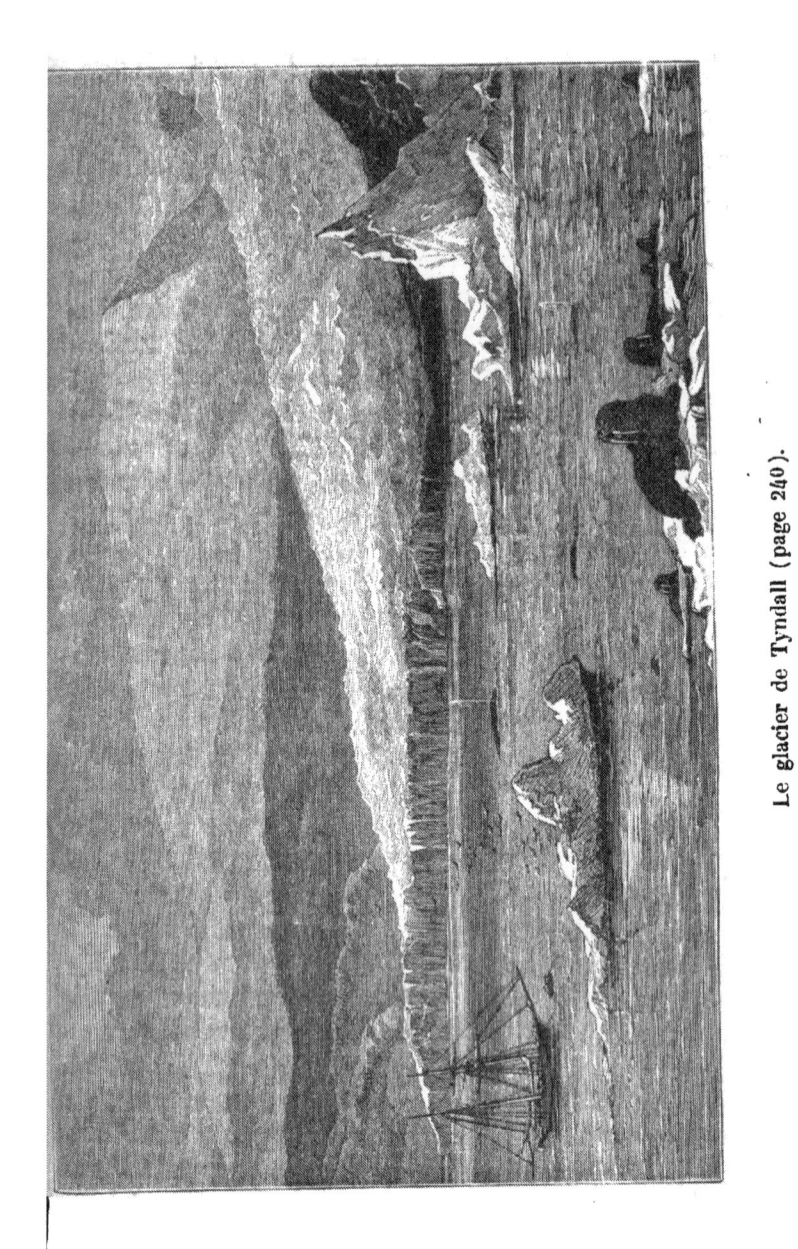

Le glacier de Tyndall (page 240).

de mètres au-dessus du talus des collines, et qui restent isolées depuis la lente érosion des grès au milieu desquels elles se sont frayé un passage lors de quelque ancien bouleversement de la nature.

Le lendemain, nous visitâmes le glacier lui-même et je l'explorai soigneusement. Il serait difficile d'imaginer un spectacle qui étonne l'esprit et stimule la fantaisie autant que l'aspect de ces côtes de glace que nous longions en canot à quelques mètres de distance seulement. Elles offraient toutes les apparences possibles et ne présentaient rien de cette uniformité habituelle aux parois antérieures d'un glacier.

C'était quelque chose de dévasté, comme le portique croulant d'un temple étrange et gigantesque. Ici, le comble saillant d'une cathédrale gothique ; là, une fenêtre en ogive ; plus loin, un porche normand à la baie profonde ; puis des colonnes unies ou cannelées, des pendentifs distillant des gouttes de cristal de la plus belle eau : tout cela se baignant dans une douce atmosphère d'azur. Au-dessus de ces arches merveilleuses, de ces galeries pleines d'ombres, quelques hauts clochers et des tours à créneaux se dressaient sur l'immense façade, puis se multipliaient en arrière. Les teintes admirables de la mer et des glaces, les jeux de la lumière me rappelaient cette splendide soirée passée au milieu des icebergs et que j'ai décrite plus haut. Nulle part, rien ne rappelait à l'esprit l'idée du froid ni de la désolation : la glace elle-même semblait pénétrée de la tiède haleine de l'air. Je me sentais un ardent désir de m'enfoncer bien loin dans les grottes fantastiques, et de ramer sous les colonnades mystérieuses ; mais la chute fréquente de ces glaces vieillies eût rendu ma promenade beaucoup trop dangereuse.

Je quittai l'embarcation à l'ouest du glacier, et je dus me hisser le long d'un talus rapide, par des amas de boue et de pierres que les glaces avaient poussées hors de leur lit et qui se dérobaient sans cesse sous mes pieds. Parvenu au sommet, je ne vis plus qu'une forêt de flèches et de pyramides, parmi lesquelles il n'était pas facile de monter à l'assaut du glacier lui-même ; j'en étais, du reste, encore séparé par un torrent d'eau sale qui, se précipitant avec furie entre les boues et les rochers d'une de ses rives et les glaces qu'il usait dans sa course, me laissait admirer la structure stratifiée de la base du glacier. En le remontant toujours, j'arrivai à un lieu où le principal affluent du petit fleuve vient le rejoindre à angle droit, et je n'eus pas de peine à découvrir un gué au-dessus. Je suivis la branche orientale qui bondissait de cascade en cascade en s'ouvrant une route au travers des couches de glace inclinées sur un angle de 35 degrés et je parvins à un point où le glacier formait un rempart très-ébréché, très-ruiné, mais dominant à pic d'environ 45 mètres la plaine où je me trouvais : de dessous cette paroi, et par un tunnel gigantesque auprès duquel l'aqueduc de Croton (1) ne serait qu'un pygmée, s'élançait le torrent sauvage, sifflant et écumant, roulant ses flots de vase. Du cœur même de la glace si pure et si translucide, s'épanchait ce fleuve fangeux qui me rappela la description que Virgile fait du Tibre, alors que le pieux Enée en vit pour la première fois les ondes troubles et jaunâtres à travers le brillant feuillage qui l'ombrageait.

L'ouverture du tunnel avait environ dix mètres de haut et autant de large, et les voûtes en étaient composées d'arceaux gothiques de toutes formes, ciselées et cannelées avec l'art le plus merveilleux, et taillées dans un albâtre sans tache. Cependant, en s'enfonçant sous ces arches, on les voyait presque aussitôt s'as-

---

(1) Aqueduc qui porte les eaux à New-York en traversant par un pont superbe le fleuve Hudson. — F. de L.

sombrir en reflétant le noir torrent qui coulait au-dessous :

« Flot bourbeux atteignant à la voûte du cintre »

si je puis ainsi paraphraser un vers de Dryden.

En suivant une banquette glissante au-dessus des eaux furieuses, je m'avançai sous cette voûte jusqu'à ce que la lumière eût presque disparu derrière moi, et assez loin pour rencontrer à ma droite plusieurs autres tunnels qui venaient se joindre à celui que je parcourais, comme les petits conduits qui aboutissent à l'égout collecteur d'une grande ville.

Retourné en plein air et continuant à remonter le glacier pendant près de quatre kilomètres, je découvris que le torrent prenait sa source dans la montagne à ma droite, où les neiges fondues se précipitaient, sur les pentes rocheuses, par un canal nouvellement formé, car les eaux roulaient au milieu de mousses et de dépôts sableux et vaseux ; elles bondissaient comme une avalanche de la hauteur d'une centaine de mètres, pour s'engouffrer dans un abîme béant qui s'étend sans aucun doute sous la base du glacier. Là, les eaux, après avoir serpenté sur les rocs que recouvre le torrent, se sont ouvert une route jusqu'aux fissures formées par les glaces dans leur descente sur la rude et abrupte déclivité, puis se sont lentement creusé les passages que je viens de décrire.

J'étais maintenant parvenu à la gorge par laquelle le glacier se déverse dans la vallée. La vue que l'œil embrasse de ce point doit ressembler à celle qu'on aurait de la mer de glace à Trélaporte dans les Alpes, si les Grandes Jorasses, le Tacul et les autres montagnes qui forment le bassin du glacier de Leschaux et de celui du Géant étaient toutes nivelées. Au lieu de la variété que présentent les amas de glaces des Alpes, on ne voit ici qu'une nappe immense, un unique courant, qui, en arrivant à la brèche, se resserre jusqu'à n'avoir plus que trois kilomètres et demi, puis, descendant vers la mer, se disloque et se brise sur les anfractuosités d'une pente rapide.

Je n'avais pas encore contemplé de spectacle qui dévoilât aussi clairement la marche des glaciers, ou qui démontrât mieux la parfaite similitude des fleuves d'eau courante et des fleuves d'eau congelée (1). Je ne pouvais escalader cette masse, mais mon œil en suivait les degrés gigantesques, franchissait la passe rocailleuse, montait toujours plus haut, vers le sommet vertigineux, et, de ce faîte de glace, revenait errer sur la mer et les montagnes. Jamais la grandeur et la puissance de Dieu ne m'avaient paru plus imposantes! Jamais aussi, plus évidents, le néant de l'homme et la vanité de ses œuvres. Je descendis en répétant les vers de Byron, promenant son imagination de poète sur les flancs ceints de glace et les sommets neigeux des Alpes :

« Voici les palais de la nature, dont les vastes murailles élèvent jusqu'aux nues leur faîte couronné de neiges. Là se forme l'avalanche ; là, calme et froide, sur un trône d'azur, siége l'Éternité ! » (*Childe-Harold*, ch. III, st. 42.)

Mon récit sera bientôt terminé maintenant.

Au bout de quelques jours de tâtonnements, nous jetions l'ancre dans le port d'Upernavik.

Le cliquetis de la chaîne dans les écubiers se faisait encore entendre qu'un vieux Danois, habillé de peaux de phoque, possédant un fort petit bagage de mauvais

---

(1) Nous avons déjà renvoyé (p. 78) nos lecteurs au magnifique ouvrage de M. Élisée Reclus, intitulé *La Terre*, ouvrage parfaitement conforme aux doctrines exposées par M. Agassiz dans son *Voyage au Brésil* et citées aussi dans notre précédent chapitre. La Mer de Glace et les Glaciers du Tacul, des Grandes Jorasses et de Leschaux sont représentés sur la planche XI du 2ᵉ volume de *La Terre*, p. 242. — J.-B.

anglais et une pacotille bien fournie d'articles de commerce, nous abordait avec ses rameurs esquimaux et, sans cérémonie aucune, grimpait par-dessus les passavants. Knorr alla à sa rencontre et, sans plus se gêner que lui, s'informa de ce qu'il avait à nous dire de neuf.

« Oh! beaucoup, beaucoup de nouvelles!
— Lesquelles? Dites-les vite!
— Oh! les États du Sud contre les États du Nord,... et il y a des combats partout! »

J'entendais cette réponse et, me demandant par quelle étrange complication de politique européenne une nouvelle guerre continentale s'était allumée, je fis appeler à l'arrière le Protée arctique. Savait-il quelque chose sur notre pays?

« Oh! mais, c'est de l'Amérique, je vous dis! Les États du Sud, vous voyez! contre les Etats du Nord, vous voyez! et querelles et combats partout! »

Eh oui, je voyais! mais je ne pouvais croire que ce fût la vérité; je voulais d'abord les lettres qui avaient dû nous arriver par le navire du Danemark, je les envoyai chercher sans retard à la Maison du Gouvernement. Mais le messager avait à peine touché le rivage que notre ancien ami, le docteur Rudolph, de retour de Copenhague depuis quelques semaines, montait lui-même à bord et nous remettait le courrier.

Nos correspondances, quelques séries de journaux et la mémoire du docteur nous mirent au fait des événements qui s'étaient passés jusqu'à la fin de mars 1861 : l'élection du Président et les orages qui la suivirent. Les nouvelles s'arrêtaient là : nous ignorions encore que la guerre fût déclarée, nous apprenions seulement les intrigues pour la séparation des États et les actes qui la préparaient.

En arrivant à Halifax, nous ne savions pas autre chose que les nouvelles recueillies à Upernavik. A peine avions-nous jeté l'ancre, que deux messieurs, qui ne sont pas restés longtemps des étrangers pour moi, se hâtaient de nous souhaiter la bienvenue et de nous porter les journaux de New-York. La terrible lutte avait commencé et se poursuivait depuis plusieurs mois ! Nous n'en pouvions être très-surpris après ce que nous avions appris à Upernavik, et cependant j'avais espéré que les hostilités seraient évitées par la sagesse et la prudence de nos hommes d'État. Notre émotion fut telle que ne la sauraient comprendre ceux qui, jour par jour, ont suivi la marche des événements. Nous apprîmes coup sur coup la désastreuse bataille de Bull's Run, le siége du fort Sumpter, les émeutes de Baltimore, la destruction de l'arsenal maritime de Norfolk, la perte de Harper's Ferry, puis la prise d'armes générale et l'élan des volontaires.

Nous quittâmes Halifax aussitôt que le navire fut un peu réparé, et quatre jours après nous distinguions dans la brume la faible lueur des phares de Boston. Nous prîmes un pilote par le plus épais brouillard que j'aie vu au midi du cercle polaire ; un vent léger nous poussait vers le port, mais quelques heures avant l'aube le vent tomba tout à fait, la brume devint encore plus lourde, et nous dérivâmes pesamment dans la morte eau jusqu'à l'ancrage. Cette nuit était d'une tristesse navrante. Nous marchions au milieu du silence, les fanaux suspendus aux mâts des bâtiments immobiles sur leurs ancres ressemblaient aux flammes livides de cierges brûlant dans un charnier, les navires eux-mêmes nous faisaient l'effet de vaisseaux fantômes flottant dans l'air ténébreux. Jamais, dans nos plus grands dangers, l'équipage n'avait paru si abattu, si à bout de courage et de vie.

Le soleil commençait à verser dans l'atmosphère ses clartés indécises, lorsque notre ancre mordit le fond du port ; mais il ne nous semblait pas que nous fussions arrivés, ni qu'une grande ville se trouvât tout près de nous. Nul n'était impatient de toucher la terre; chacun paraissait craindre quelque mauvaise nouvelle, et désirer en retarder l'émotion le plus possible. — Je descendis sur le quai Long et entrai dans State-Street. Deux ou trois personnes passaient dans la brume épaisse et le bruit de leurs pas interrompait seul un silence pire que celui des solitudes arctiques. Entré dans la rue Washington, je me dirigeai anxieusement vers l'ouest. Je croisai un marchand de journaux. Je saisis une feuille, et la première chose qui frappa mes regards fut le récit de la bataille de Bull's Bluff où venaient de tomber tant de nobles fils de Boston! L'atmosphère semblait s'être revêtue de ténèbres en signe de douleur, et mener le deuil sur les morts de la cité !

Je me dirigeais vers la maison d'un ami, quand tout à coup je m'arrêtai, pensant que lui aussi devait être *là-bas*. Au milieu de cette ville que je connaissais si bien, je me sentais étranger comme un voyageur errant dans une contrée lointaine. Amis, nation, tout me semblait englouti dans une immense calamité ; triste et découragé, je retournai à bord enveloppé du morne brouillard.

La réalité terrible commençait à se faire jour dans mon imagination : la patrie que j'avais laissée heureuse et paisible était maintenant arrosée de sang humain ; une violente convulsion ébranlait les bases de l'union nationale, et le pays que j'avais connu me semblait ne pouvoir plus redevenir ce qu'il avait été. Puis j'en vins à penser à ma propre carrière. En marchant par ces rues désertes, le récit de la bataille meurtrière dans les mains, je compris, pour la première fois, qu'il me fallait désormais abandonner une tâche qui m'avait déjà coûté tant de peines et d'efforts, laisser avorter en sa fleur une œuvre à laquelle j'avais entièrement donné mon énergie et sacrifié les meilleures années de ma vie d'homme ; qu'il fallait me dépouiller de toutes les espérances dont je m'étais bercé, de toutes les ambitions qui m'avaient soutenu à travers les fatigues ou les périls, et, cessant de poursuivre cette renommée attachée à l'heureuse conclusion d'une grande entreprise, renoncer à me faire une place honorable parmi ceux qui ont illustré l'histoire de leur pays et rehaussé l'éclat de son drapeau. En face des nouvelles qui, depuis Halifax, ne cessaient de nous arriver de plus en plus désastreuses ; en face du devoir imposé à chacun par la patrie en danger, hésiter n'était plus possible.

Avant de redescendre dans ma cabine, lorsque tous nos amis ignoraient encore notre retour, j'avais pris la résolution d'ajourner à un avenir douteux l'œuvre dont je m'étais chargé, et je m'assis pour adresser au président Lincoln la demande d'un emploi immédiat dans le service public et l'offre de mon navire pour le transformer en canonnière.

Cinq années se sont écoulées depuis que la goëlette *les États-Unis* se traînait vers son ancrage au milieu des ténébreuses vapeurs du port de Boston. La terrible commotion est maintenant calmée et fait partie des événements du passé. Les destinées des individus suivent toujours celles de leur pays : en présence des révolutions politiques et sociales, où les idées sont flanquées de baïonnettes et où tous les intérêts sont en jeu, il n'y a pas de place ni de loisir pour les études scientifiques ni pour les travaux qui ne concourent pas à la défense de la patrie.

Aussi, pendant longtemps, je ne m'occupai guère de l'avenir de mon entreprise, et les résultats acquis ont été en grande partie sacrifiés par ces retards. Je ne saurais dire aujourd'hui quand il me sera possible de la recommencer; mais je n'y renonce point, et mes visées sont toujours les mêmes. Je désire fonder à Port Foulke une colonie temporaire, en faire le centre d'une série d'explorations scientifiques très-étendues, car mon expérience personnelle démontre suffisamment que le lieu est bien choisi. L'exécution de ce plan est d'autant plus désirable que le gouvernement prussien, de son côté, va se lancer dans les expéditions arctiques et, suivant les conseils du célèbre géographe Auguste Petermann, veut essayer d'arriver au pôle par les mers du Spitzberg.

Cette entreprise, comme la nôtre, momentanément retardée par la guerre, pourra s'effectuer, m'assure-t-on, dans l'été de 1867 ou 1868 au plus tard (1). Le docteur Petermann espère, et avec raison, je le crois, que des navires à vapeur pourront s'ouvrir une route à travers la ceinture de glaces qui entoure le nord et l'ouest du Spitzberg, et pénétrer par là dans la mer libre du Pôle. Cette voie présente certains avantages sur celle du détroit de Smith; mais une exploration ayant pour base une station comme celle que j'ai projetée à Port Foulke aura des chances exceptionnelles de succès.

Notre dix-neuvième siècle sait profiter des recherches entreprises dans les diverses branches de la science par des hommes qui ne songeaient certainement pas au résultat pratique qu'on pourrait retirer plus tard de leurs laborieuses études. Les travaux désintéressés qui reculent les limites de nos connaissances, servent tous au progrès du commerce, de la navigation, des arts; en un mot, de tout ce qui intéresse le bien-être de l'humanité. Les découvertes qui ont eu le plus d'influence sur la marche de la civilisation n'avaient à l'origine qu'une valeur abstraite et n'excitaient guère d'in-

(1) Voir l'Introduction.

térêt en dehors des sociétés savantes. Le vaste système de communications que la vapeur infatigable étend au monde entier, en fécondant toutes les industries, dérive des expériences d'un enfant sur le couvercle de la bouilloire à thé de sa mère ; le merveilleux réseau de fils télégraphiques qui parcourent les continents et plongent sous les mers, en donnant les ailes de la lumière à nos pensées, nous vient de la rencontre fortuite de deux morceaux de métal dans la bouche de Volta ; les lentilles du gigantesque télescope de lord Rosse, qui font servir à des usages pratiques le mécanisme des cieux, sont le résultat d'observations sur le pouvoir grossissant des gouttes d'eau ; l'aiguille magnétique, qui guide les marins vers leur destination lointaine, est issue du contact accidentel de l'aimant et de l'acier : partout, les progrès les plus remarquables ont eu les commencements les plus infimes au premier abord. L'imprimerie, les machines à tissage, la photographie, toutes ces merveilleuses inventions ont eu des origines pareilles : des esprits attentifs ont interrogé la nature et levé le voile qui en cachait les mystères, sans se douter de la mine féconde qu'ils ouvraient aux chercheurs futurs. La marche de la science précède la marche de la race humaine ; on ne demande plus, à ceux qui viennent nous annoncer des vérités encore nouvelles pour nous, « à quoi bon ce que vous faites et ce que vous dites ? » Quelque part que les hommes aient essayé d'agrandir les domaines de la richesse, de la puissance ou de l'utile, la science les a guidés, instruits, soutenus. Partout où des hommes de bonne volonté ont voulu planter au milieu des peuples barbares l'emblème de la vraie religion, la science est allée devant eux, leur ouvrant les portes et leur aplanissant le chemin. Elle a déchiré l'épais rideau qui aveuglait l'esprit humain, préparé les voies au christianisme qui a banni les superstitions anciennes de l'Occident et qui, chaque jour, précipite dans la nuit du passé les débris du sombre panthéisme de l'Orient, avec le grossier fétichisme des tribus encore sauvages.

La science et l'Évangile parcourent le monde en se donnant la main, renversent les barrières des préjugés, enseignent à l'esprit les choses pratiques de la vie présente, et à l'âme celles qui concernent la vie à venir.

Ayons donc courage et persévérance.

FIN

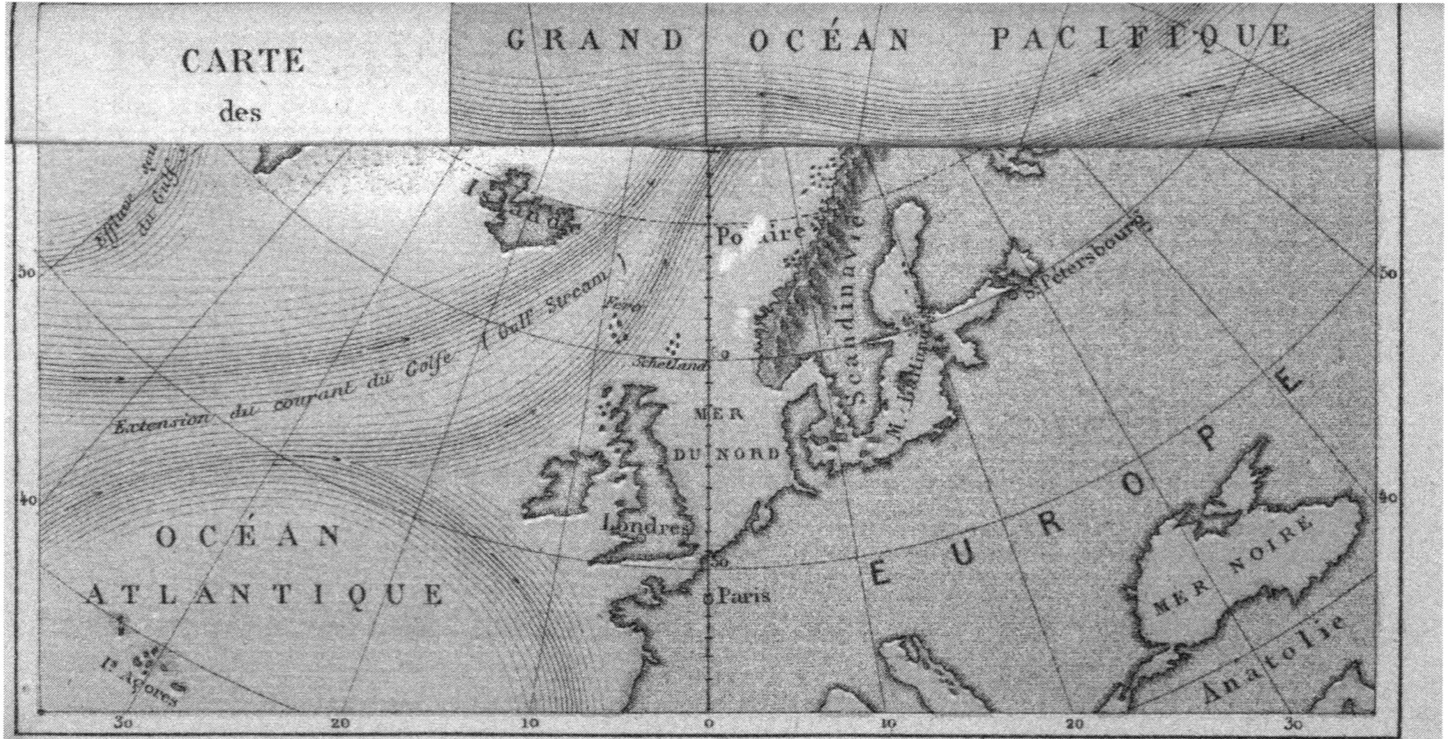

Gravé chez Erhard

TABLE DES MATIÈRES

Introduction... v

Chapitre premier. — *De Boston à Upernavik*. — Projet de rechercher la Mer libre du Nord. — Son utilité. — Obstacles et encouragements qu'il rencontre. — La goëlette *les Etats-Unis* et son équipage. — Départ le 8 juillet 1860. — Installation. — Passage du Cercle polaire arctique. — Magnificence d'une mer glaciale sous le soleil de minuit. — Prœven. — Le kayak. — Maladie des chiens. — Upernavik, ses habitants et son cimetière. — P. Jensen. — Nouvelles recrues. — Festin troublé par la nécessité du départ........................... 1

Chap. ii. — *Mer de Baffin*. — Traversée d'une chaîne de montagnes de glace flottante. — Désagrégation du *Ne me touchez pas*. — Tessuissak. — Nous sommes débloqués. — Baie de Melville. — Les eaux du nord, la glace du milieu, la glace de terre et la passe du rivage. — Les fleuves de l'océan. — Tempête. — Sortie de la chaîne des monts glaciaires. — Le chasseur Hans et sa famille. — Le *pack*. — Notre cuisinier. — Etreinte des champs de glace. — Refuge au fond de la baie de Hartstène................................... 27

Chap. iii. — *Au Port Foulke*. — Description du Port Foulke. — Préparatifs pour l'hivernage. — Nous pendons la crémaillère. — Effets que produit le commencement d'une nuit de quatre mois. — Course de traîneaux sur la glace. — Le fouet et l'attelage de chiens. — Le lac Alida. — Le glacier de Mon Frère John. — Hans est jaloux de Péter. — Caractère des Esquimaux. — Mme Hans et Pingasick. — Nous montons sur le dos du Frère John et y plaçons des points de repère pour vérifier s'il marche. — Fête de Mac Cormick. — Risquant de geler au sommet du glacier, nous nous hâtons d'en descendre................................... 52

Chap. iv. — *La mer de Glace*. — Les fleuves de glace et leur marche séculaire. — Ils forment les monts de glace flottants.

— *Frère John* n'enfantera un iceberg que dans six cents ans. - Bonheur du chez-soi. — La rivalité de Hans et de Péter s'accroît. — Paresse de Mme Hans et sang-froid de son mari. — Monotonie de la vie au milieu des glaces. — Dévouement maternel d'une ourse. — Naissance du *Courrier hebdomadaire du Port Foulke*. — Disparition de Péter. — Hans ne réussit pas à le retrouver.. 78

Chap. v. — *L'hiver polaire*. — Les ténèbres ne sont chaque mois dissipées que durant les dix jours de la course lumineuse de la lune. — La peste des chiens nous en enlève vingt-quatre sur trente-six. — Départ de Sonntag et de Hans en quête d'autres chiens. — La Noël. — Le jour de l'an. — Proximité et influences de la mer libre. — Gentillesses de damoiselle Birdie. — Horreurs des ténèbres et du lugubre silence. — Sonntag est mort. — Circonstances de ce désastre. — Hans revient avec le père, la mère et le frère de sa femme. — La prudence est la meilleure part de la valeur. — Kablunet et Tcheitchenguak. — Leur domicile sous la neige. — Esquimaux chassant au morse............................. 102

Chap. vi. — *Le printemps*. — Dieu soit loué, son soleil de bénédiction a reparu! — Salut au père de la vie! — Kalutunah, Tattarat et Myouk. — Ce dernier est le type du parasite polaire. — Déménagement du chef Kalutunah et de sa famille, suivis de celle de Myouk. — Leur installation. — Détails sur la mort de Péter. — Visite à la résidence de Kalutunah. — Bons services des Esquimaux et de leurs femmes. — Nous rapportons et enterrons le corps de Sonntag au Port Foulke. — Excursion à la pointe du Soleil levant. — Cairn, souvenir de l'expédition de Hartstène. — Mon innovation dans la construction des huttes de neige. — 58 degrés centigrades au-dessous de zéro. — Nous partirons de la Pointe du Cairn. — Mort et funérailles de Kablunet. — Départ pour la Terre de Grinnell... 134

Chap. vii. — *Détroit de Smith*. — Découragement dès la première journée. — L'activité renouvelle nos forces. — Une partie du bagage est laissée à la Pointe du Cairn. — Aspect effrayant du détroit de Smith. — Notre refuge de neige durant la tempête. — Chaos des rochers de glace. — Marche laborieuse jusqu'à l'épuisement. — Au milieu du détroit, je renvoie la plupart de mes hommes, et, avec trois compagnons, je continue mon chemin. — Jensen se blesse à la jambe. — Voracité des chiens. — Arrivée à la Terre de Grinnell.. 162

Chap. viii. — *La mer libre.* — Triste station au Cap Hawks. — Traversée au cap Napoléon. — Souvenir de 1854 près du cap Frazer. — Jensen est laissé aux soins de Mac Donald et je pousse en avant avec Knorr. — L'aspect du ciel annonce la proximité de l'eau. — Impossible de franchir la baie Lady Franklin. — J'aperçois la mer libre. — Nous hissons le pavillon des Etats-Unis. — Qu'est-ce que la Mer Libre du pôle? — Ses communications avec l'Atlantique et le Pacifique. — Ses causes. — Tentatives faites pour y pénétrer. — Les eaux ne se couvrent de glace qu'à l'abri de la terre.. 177

Chap. ix. — *L'été polaire.* — La route est ouverte chaque été dans le chenal Kennedy. — Voyage à marches forcées, sans provision, depuis la baie Lady Franklin. — Nous retrouvons Jensen. — Nos denrées, cachées en allant, nous permettent d'accomplir notre périlleux retour. — En vue de Cairn-Point, sur un glaçon en dérive. — Nous sautons à terre et rentrons péniblement au Port Foulke. — Le détroit de Hayes. — Projet d'une nouvelle expédition. — Dépérissement de la race des Esquimaux. — La végétation et la vie au lac Alida. — Marche du Frère Jean. — Chasse aux guillemots. — Tempête de neige. — Végétation estivale. — Terrasses prouvant l'exhaussement du sol. — Leur formation. — Transport des blocs erratiques. — Chasse aux morses. — Notre goëlette est remise à flots. — Départ du Port Foulke. — Origine asiatique des Esquimaux............ 204

Chap. x. — *Retour à Boston.* — Une mère morse et son petit. — Résultats généraux du voyage. — L'animal pullule dans la mer de Baffin. — Le glacier Tyndall sert à expliquer le système glaciaire du Groenland. — Littoral de ce glacier. — Son fleuve fangeux. — Parfaite similitude du cours d'eau et du cours de glace. — A Upernavik, premières nouvelles de la guerre civile des États-Unis. — A Halifax, nous apprenons le premier désastre de Bull's Run. — Lugubre débarquement à Boston. — Les études et les entreprises de la science abstraite sont souvent applicables au bien-être de l'humanité. — Courage et persévérance.............. 235

FIN DE LA TABLE DES MATIÈRES.

Coulommiers. — Typographie A. MOUSSIN.